# 古墳時代像を再考する

広瀬和雄

同成社

# はじめに

「地域性と多様性」が、近年の考古学研究のキーワードになっている。古墳時代研究に関しては、「中央史観・畿内中心史観」の克服なども一つの主張になっている。いっぽう、各地の史跡公園や歴史・考古系博物館などでは、「〇〇古墳の存在は、大和政権の東国への進出を表す」とか、「この地の豪族が大和王権の支配下に入ったことによって、〇〇古墳がつくられた」といった「中央史観」がいまなお幅をきかせている。そうした解説のない、墳丘の大きさや出土品などに終始した事実主義的なものも目につくし、さほど検証もされないままに、『記紀』の記述がそのまま引かれることも少なくはない。細分化・個別化の途をひた走っている研究と、体系的な解説が要請される場で息づいている通説との乖離が、いよいよ大きくなっている。各種資料集や論文集などが多数刊行され、かなりの基礎体力を蓄えた日本考古学だが、研究の活用という局面ではうまく結実していないのではないか、という現状理解が本書執筆の契機である。

そもそも、みずからをとりまく情況に制約されない観念などは、どのような場合においてもあり得ない。それぞれの論者が下していると思いがちな判断でさえも、その主観的な意図とほとんどかかわりなく、そのときどきの思想的潮流や、通説や定説――永年の学習や教育で各人の頭脳にプログラムとして埋め込まれている――として多数派を形成している学説が、意識しようとしまいと研究者の観念を縛っている。学閥などの帰属意識に基因した、一個の流派を形づくっている学説も大きな影響力を行使している。

しかし、そのような形式でもたらされる理解や方法をもたずに、資料の洪水のなかに分け入っていくのは難しい。そうであればこそ、歴史観にも等値される歴史的かつ社会的なコンテクストを十分に理解しておかないと、研究者コミュニティの情況を止揚しうる研究の主体性は獲得しがたい。もっとも一人ひとりの偏差はあるし、世代や流派（学派）やイデオロギーにもとづいた差異もあるが、各人に刷り込まれたプログラムにはない事実に遭遇したときや、違和感を覚えたときに問題が発生する。

〈見えないものを見えるようにする〉のが学問の目的だが、そのためには現行の古墳時代研究をとりまく学的環境を検討し、どこまでが明らかにされ、どこがまだ見えていないのかなど、問題の所在を明らかにしておかねばならない。そうした作業をとおして考古学的方法論の有効性を探ってみよう、というのも本書の目的である。そういった観点にたって、古墳時代を体系的にとらえるために設定したいくつかのテーマにそって、既往の研究に検討を加えてみる。そして、そこから抽出された課題をふまえながら、最終章で若干の私見を述べる。ちなみに、本書はいわゆる古墳時代研究史を指向したものではないし、網羅的な学史でもないから、テーマにかかわらない個別の古墳論や遺物論などの多くは、検討の対象からは省いてある。

まず最初に論点を提示しておきたい。「古墳時代は律令国家の前史だ、古代国家の形成過程だ」が、研究者が意識するかしないかにかかわらず、考古学もふくめた古代史研究者の通説になっている。古墳時代がそのまま順調に発展して律令国家が成立した、古墳時代社会の矛盾がつぎの律令国家を生み出した、などとみなす謂いだ。そうした見方は、都市や文字などをそなえた律令国家の時代が文明で、その前段階の古墳時代は首長同盟・連合、もしくは大和政権・王権といった未熟な政治システムの社会である、との理史観〉的な歴史の見方が通底している。ところが、前方後円墳が造営されつづけた三五〇年間が律令国家を準備した、との通説が十分に検証されてきたのか、というとはなはだ心許ない。

古墳時代政治システムの根幹は首長と首長の人的な結合にあって、人と人のつながりで政治秩序が維持されていた。北海道・北東北と沖縄諸島を除いた日本列島では、三世紀中ごろから七世紀初めごろに約五二〇〇基の前方後円墳と前方後方墳が造営されたが、墳丘の長さが二〇〇mを超える巨大前方後円墳三六基のうち三二基、一〇〇mを凌駕する大型前方後円（方）墳三〇二基のうちの一四〇基は、いわゆる畿内地域に集中している。つまり、分権的な構造をもちながらも中央—地方の関係が形成されていたのが、三五〇年間におよぶ古墳時代の政治構造である。やがて六世紀ごろには統治対象が中間層にまで拡大され、政治秩序の網の目は細かくなっていくが、どこまでいっても人的統治方式が古墳時代を覆っていた。そして、『記紀』などの文字史料が表す地方統治システムの国造・ミヤケ・部民にしても、中央と地方における首長相互の人的関係にもとづく制度、人と人のつながりを基軸にした政治制度であった。

「大化の改新」のクーデターや壬申の乱を経て、天武・持統朝に完成した法と機構にもとづく律令国家は、二官八省の官僚制を具現した都城などの新しい統治機構をもっている。仏教を鎮護国家イデオロギーに掲げ、律と令にしたがい、文書主義を旨とし、伝統的な人的結合を保持しながらも、戸籍や班田収受法を用いた国・郡・里の領域支配を理念にしている。すなわち、土地をつうじての支配秩序が確立されていたのである。そうした諸制度が唐から継受した統治方式で、隋・唐の統一にともなう朝鮮半島の動乱に際して、国家的危急を克服するためにとられた中央集権的国家建設への動きである、というのが大方の古代史家の了解事項である。

複数の畿内有力首長が、各々中小首長層を統率して中央政権を共同統治した〈人的統治システム〉の古墳時代と、国家的土地所有にもとづく〈領域的統治システム〉の律令国家、その統治原理は異質である。ここでの重要な論点は、前者から後者への移行の原因が古墳時代のなかには認めがたい事実である。往々にして歴史学研究者は、前の時代から次の時代への変化を「発展」とみなしがちだが、それも含めた因果関係はなんら証明されていない。つまり、三五〇年間に前方後円墳は幾多の変化を見せたが、それが古墳を媒介とする社会そのものの崩壊を招いたとの説得力のある説明はなされていないのである。いま一つは、地方分権的な人的統治方式よりも、中央集権的な領域統治方式のほうが優れた政治制度だとの思いこみだが、それも証明の限りではない。歴史の推移を「発展」や「進化」に等値してしまうのは一つのイデオロギーにすぎない。

「西日本各地の首長層がつくった首長同盟が、その後急速に東日本各地へも拡大する。やがて、大王を中心とした畿内有力首長層は各地の『反乱』を制圧しながら強大化し、中央集権化への歩みをはじめる。地方首長層はかつての同盟から服属へと隷属の途をたどって、律令国家へと社会は発展していく」との通説がある。はたしてそうだろうか。たとえば東国では六世紀後半に前方後円墳が爆発的に増加し、それが終焉してからも大型の方・円墳がつづいて築造される。中央集権化の歩みとは整合しがたい事実と言わざるを得ない。そろそろ、律令国家の正統性を著した『日本書紀』の体系的な叙述と、歴史学研究者を規制してきた発展史観からみずからを解き放たねばならない。そして、一九七〇年代からの「記録保存」のための発掘調査で滞留した膨大な考古資料をもとに、墳墓に政治が表象された三五〇年間を一個のまとまった時代として、先験主義に陥らずに古墳時代の特質を解明していくのが急務である。

いつの時代であってもその時代像は、経済的社会構成と政治的社会構成の統一としてとらえなければならない。それらは、従来、強力な謂いでありつづけた下部構造と上部構造の関係ではないから、先験的に一体的にとらえることは正しくない。それらはひとまず峻別して個々に論点を深め、その後、相互規定性もふくめて一個の時代像を構築していくのが望ましい。そのような立場から、今回は前方後円墳などの墳墓を素材とした政治的社会構成について論究する。したがって、古墳時代の農民集落と首長居館などの生活態様や、金属器や土器などの生産と流通などを対象にした経済的社会構成については、あらためて論じなければならない。なお、煩雑になるかもしれないが、引用した論者の見解はできるかぎり客観的になるよう、原文をそのまま引用することに努めた（「　」以外は、引用文がつながるように筆者が補ったところもある）。

二〇一三年一月

広瀬　和雄

# 目次

はじめに

Ⅰ　三〜七世紀の歴史像 …… 1
一　考古学研究の古墳時代像　1
二　文献史学の「大化前代」像　13
三　歴史学（文献史学）と考古学　32

Ⅱ　大和政権の展開 …… 53
一　古墳時代前期の大和政権　53
二　巨大前方後円墳と河内政権論　68
三　「国家形成」への転換期　85

Ⅲ　大和政権の地方への勢力拡大 …… 97
一　東国の「後進性・自立性・直轄性」と畿内勢力　98

二　中央史観と古代東国像　107
三　東国古墳の「特殊な」事例——激増した後期前方後円墳　116

Ⅳ　新しい古墳時代像創出に向けて……131

一　前方後円墳とはなにか　132
二　前方後円墳の成立と消滅　144
三　前方後円墳に媒介された政治秩序　154

終　章……209

参考文献　217
あとがき　229

# I　三〜七世紀の歴史像

## 一　考古学研究の古墳時代像

### 1　第1期

考古学研究者はどのような古墳時代像をつくってきたのか。前方後円墳や前方後方墳、さらには円墳や方墳などの古墳を政治的記念物とみなし、それらを資料にして古墳時代の政治構造を説いた小林行雄や西嶋定生を第1期とし、その後、講座本で通史的に叙述されたり、一般向けの単著でまとめられたものを対象に甘粕健や近藤義郎を第2期に、そして岩崎卓也や白石太一郎を第3期として、先学の業績を検討してみよう。長くなる箇所もあるが、やや丁寧に引用しておこう。

三角縁神獣鏡を中心にした同笵鏡論と伝世鏡論を武器に、それまでの古墳時代研究を一気に歴史の舞台に飛躍させたのは小林行雄であった。「従来の古墳時代研究の枠を大きく破った画期的な業績」とみた藤沢長治は、「畿内からの鏡の分与が段階的におこなわれたことを明らかにして、これが初期大和政権の勢力圏の拡大を具体的にしめすものと考え、さらに同笵鏡の分与と伝世鏡の古墳への埋納を統一的にとらえて、古墳成立の歴史的意義を『貴族の権威の革新』として把握した」。そして、「畿内を中心とする古墳の成立とその波及の具体的な様相をとらえ、その歴史的な意義にまで論をすすめようとこころみた」と、的確に評価している（藤沢一九六六）。

「伝世鏡の保管は、かれが共同体から義務と責任を負わされた、ひとりの代表であることの象徴でもあった」から、「古墳に伝世鏡がうめられているということは、伝世の宝器を廃棄することによって、首長が共同体からうけていたある種の制約を脱して、逆に共同体を支配するものになりきったことをしめしている」。そして、「地方の首長が、その墓に伝世鏡をうめるにいたった時期は、同時に、かれの首長としての地位の承認をうけていた時期であることが考えられる」。古墳時代の「畿内の政府は、大陸にたいする前線地域として北九州と、畿内を北九州にむすびつける中間地域としての瀬戸内海沿岸の確保にまず国内統一の重点をおいた」ので、「古墳は近畿地方から北九州にいたる範囲にまずひろがり、ついで東にむかって関東地方の西半部に達したのである。その期間を古墳時代の第1期とよぶことができる。四世紀の大部分がそのうちにふくまれる」。「畿内に成立した中心勢力が、他の地方を傘下に吸収した方法は、四世紀においては、地方社会の現状を認め、地方首長の既得権を尊重することによって、畿内勢力の優越的な位置を承伏させようとしたものとみることができよう」。そして「後期の古墳の被葬者は、共同体が国家の統治機構のなかに吸収されていく過程において、その上層部に析出された豪族、官人層のあいだにまで、範囲をひろげたものとみられる」（小林一九五九）。

古墳成立の背景に「首長権の世襲制の発生」と「対外関係の変化によって生じた首長の地位の外的承認」（小林一九六一）を考えた小林は、一九五九年に刊行された『世界考古学大系3』の「古墳がつくられた時代」で、「1古墳時代のはじまり、2司祭者、3畿内の支配の拡大、4大陸文化の吸収、5古墳時代の区分」というふうに、それまでの多数の論考をまとめ、以上のような体系的な論旨を展開した。

三角縁神獣鏡に碧玉製腕飾り類の分布なども加え、考古資料の緻密な分析をとおして描かれた前方後円墳などの分布を大和政権の勢力圏とみなし、その支配が近畿以西にまずひろがり、ついで東国に達したという地方支配の段階的展開や、地方首長を尊重しながら大和政権の政治力を貫徹しようとしたなどの言説は、古墳時代研究の大きな定点として機能しつづけている。

なかでも、東国にたいする大和政権の統治が遅れたという考え方は、いまもなお多くの研究者のしたがうところになっている。ところが、もう一つの柱の「首長の地位の外的承認」がなければ古墳は成立しなかった、という視点は、他地域との関係性への視線が脱落してしまう自治体考古学の盛行による地域主義的な研究では、往々にして欠落しがちである。

おなじ頃「特殊具体的なる墳墓形式がそのまま墳形を変容することなく地方に波及することの歴史限定的な意味」をとおして、「古墳というものが大和政権の国家構造における身分的表現として営造された」と、前方後円墳などが媒介した古墳時代の政治秩序を、東アジア史の立場から冊封体制に擬した西嶋定生の業績もその後、永きにわたって大きな影響力を行使しつづける。

前方後円墳の「墳形がひとたび発生すると、それが定式化され踏襲されるということであり、しかもその踏襲はつねに円墳や方墳と併存している」。「それは大和政権との政治的関係を媒介とした場合にのみ営造されたものであって、そのことの中にそれぞれの地方における大和政権の浸透の仕方が秘められている」。そして「定式化された前方後円墳の全国的分布が国家的身分秩序を示すものとするならば、それは国造とか伴造などの支配のための職掌の地位を示すものであると考えるよりも、よりその職掌的機能をその根源において規制するところのカバネという国家的秩序を示すものと想定すべきであり」、「大和政権の地方進展はカバネ秩序の拡大であるとともに大和政権を中心とする族制的体制の拡大であったのである」。「カバネとは大和政権の中核を構成する氏族連合を中心としてこれと擬制的同族関係を形成した地方諸氏族のすべてを包括する秩序体制を意味するものであり、したがってその本質的性格は同祖関係として表現される族制的関係で」あった（西嶋一九六一）。

この論にたいしては、吉田晶の「カバネの出現は早くとも五世紀代であって、古墳の出現をはるかに下る」し、「古墳時代の出現とその波及がただちに国家の成立を意味するとする前提そのものに、未解決の問題があまりにも多く残されている」（吉田一九七二）に代表されるような批判が出されている。しかし、「カバネ」の出現時期はともかく、古墳という墓制が汎列島的な政治的身分秩序を表す、との論理は、小林行雄のそれとあわせて、大和政権の支配秩序の展開として古墳時代をとらえる、という古墳時代研究の基本的な視座を提供している。

もっとも、近年の地域性と多様性がキーワードと化したかのような日本考古学の現状では、個々の地域の自律的な動向だけで前方後円墳の成立などが説明されてしまう傾向がつよい。各地で生産力の増強などをとおして力を蓄えた在地首長が前方後円墳を築造した、といった論法である。そこでは、三世紀中ごろから七世紀初めごろの間だけ、「特殊具体的なる墳墓形式がそのまま墳形を変容することなく地方に波及」したり、各地をつらぬく共通的様相をもった変遷や、畿内地域に中心性を認めざるを得ない分布情況などの歴史的意味の追求は雲散霧消したかのようである。

## 2　第2期

第1期の小林行雄や西嶋定生の研究から数年を経た一九六六年には、近藤義郎・藤沢長治が編集した『日本の考古学　古墳時代（上）（下）』が刊行された。そのなかの甘粕健「古墳時代の展開とその終末」と、おなじく「古墳とはなにか」「古墳発生をめぐる諸問題」を骨子とし、一九八三年に一冊の大系的な著書として刊行された近藤義郎『前方後円墳の時代』の二つをとりあげておこう。第2期のそれらはともに唯物史観に拠って、小林と西嶋らの業績を発展させたものであった。

「初期古墳文化圏の成立は、西日本先進地域の邪馬台国的段階の小国家の首長が、地域の専制権力の確立をめざして急速な成長をとげつつある過程で、大和政権の主導のもとに階級的連合を確立したことをしめす」が、「社会発展の条件の異なる西日本と東日本に、一律な古墳文化の伝播がみられる以上、古墳文化伝播はそれぞれの地域にとっては外的契機、このばあいは大和政権への服属という一元的な契機」を反映する。「大和政権に服属した各地の首長は、統一的な権力に結びつくことによって自己の共同体にたいする階級的な立場を強化するとともに、周辺の共同体にたいしても政治的支配を拡大していった。また地方首長が連合して地域ごとにヒエラルヒーが形成されるようになり、政治的・経済的に有利な条件に恵まれた地方では地方国家ともいうべき広汎な政治勢力の結集をみるにいたった」。ところが「超大形古墳も多くは一代限りで、そのままの巨大さで系列的な発展をしめすことなく、むしろそれぞれの地域の大古墳の系列は、巨大化のピークを迎えた直後から急速に縮小する」。おそらく「雄略以後しばしば記録されている地方豪族の反乱伝承にみられるような、中央と地方の対立抗争を経て、地方国家が解体の道をたどった」。いっぽう「前方後円墳の衰退した後を埋めるように爆発的な勢いで分布を拡げた群集墳は、伝統的な豪族の権威の衰退と、新たな律令的な支配の未完成という国家権力の相対的な不安定な状況の中で開花した農民のエネルギーを物語る」(甘粕一九六七)。

「前方後円墳の築造を通じて各地部族連合の首長と大和連合との擬制的同族的結合が一般的にはまず先行し、ついで部族連合を構成する部族首長と大和との結合が連合の首長を介しあるいは独自に広範に成立していった」。そして「前Ⅳ期に入る頃には畿内に関する限り、大和連合を核とする大王権の圧倒的な優位が成立、全土にわたる諸部族支配の準備態勢がようやく形成された」。「早いところでは前Ⅲ期はじめに、おそいところでも前Ⅳ期の中頃までに、各地の大形古墳は衰退し、ひとり大王古墳と目されるものの卓越化が進む」。すなわち、「大王権への権能の集中化、畿内諸部族の相対的独自性と権威の低下、その中で形成されてくる政治的な強固なまとまり、これが西日本・中部日本への圧力として作用し、それら地域の連合首長権を解体・弱化させ、各地部族への直接的な政治支配を進めるようになる」。そして、「五世紀を通じて大和連合勢力は、まず畿内各地の部族連合を、ついで五世紀末までには西日本・中部日本の大部分を解体あるいは弱体化させ、直接に諸部族の上に権威を及ぼし、六世紀前葉には尾張・筑紫の部族連合をも解体させ、その権威を卓越させるに至ったが、諸部族に対する支配をさらに効果的に進めるためには、その内部に広範に成立し諸生産の現実の担い手として成長しつつあった家父長的家族体を掌握する必要があった。その施策の一つが、古くからの同族関係の表現であり、形骸化しつつあったとはいえ当時なおその命脈を保っていた古墳築造を、これら家父長的家族体に容認ないし強制することであった」(近藤一九八三)。

畿内首長層の連合、もしくは大和の首長層といった差異はあるものの、「大和政権」や「大和連合」が、

「部族連合」や「地方国家」を形づくっていた各地の首長層を、「擬制的同族的結合」の形式をとおして統合していく。各地の首長は、大和政権主導のもとでの「階級的連合」につらなることで、みずからの地域統治を強化していたが、統合の過程では幾度かの「中央と地方の対立抗争」を経て、五世紀末ごろには「各地の部族連合」や「地方国家」の政治権力は、西方から東方への順に徐々に弱められ、あるいは解体させられ、「大王権の圧倒的な優位」が確立される。やがて、首長のもとで諸生産を担っていた「家父長的家族体」が直接、掌握されていく。

「階級的連合」と「部族連合」では、それを構成した首長の共同体での地位や役割、首長的支配の実効性が異なる。しかし、そこに通底しているのは、各地の首長が政治的に「連合」していたとみなす立場で、そのなかでも大和の首長連合が政治的に卓越していた、というのが了解事項になっている。これら二つは、前方後円（方）墳の属性といえる〈共通性と階層性〉から導かれる解釈としては首肯しうるが、大和の首長層だけが政治的に成長の一途をたどって、地方の首長が衰退していくという図式は、はたして前方後円（方）墳などの分析から抽出しうるのであろうか。

おなじ墳墓様式としての前方後円（方）墳を対象にして、あるとき、あるところでは「連合」を言い、別のところではその「解体」を言うことは可能なのであろうか。すなわち各地の首長は、大和首長層との「連合」からそれへの「服属」へと、政治的地位を下降させていくという図式が提出されているのだが、各地の前方後円（方）墳の共通性からすれば、それが表わしているのは最初から最後まで「連合」という首長同士のつながりだけではないのか。

## 3　第3期

一九九〇年と一九九九年にそれぞれ一冊の新書にまとめられた、岩崎卓也と白石太一郎の見解を見ておこう。

「前方後円墳に象徴される古墳の広範な出現は、畿内の首長を頂点とする同族的関係で結ばれた首長連合の形成という、政治社会の成立を意味する」。つまり「大王が強い軍事力を行使して、みずからの専制体制を強化する方向ではなく、各地の首長との同祖関係の形成を軸とする、ルーズな統合体を形づくるみちを選んだ」。そして「四世紀末には日本列島の各地にヤマト王権の直接的介入がおこなわれるようになった」が、「五世紀に巨大化をとげた古墳は、ただ単に首長権力の強大化を反映するだけでなく、実用鉄器の多量副葬、金色かがやく装具を身につけ、騎乗することによって一だんと威儀を正した王者の姿を描き出している。それは首長たちが、かつての司祭者的首長から、現世的・世俗的な王者への質的転換をとげた」ことをあらわす。その後「群集墳が全列島的規模で、ほぼ時と様相を同じくして出現したことは、大和政権を中心に着手された政治秩序の再編成が、短期のうちに広範囲にわたってすすめられたことをうかがわせる」。しかし、「西日本と東日本の間にみられた群集墳消滅期のズレは、大和政権の支配機構の未熟さからくるもの」である（岩崎一九九〇b）。

「同祖意識で結ばれ、共通のイデオロギーにもとづいた古墳を、共通の政治秩序にもとづく基準によって共に造り、共にその葬送儀礼をとり行うことによって、彼らの間の同盟関係の確認や強化がはかられた」「広域の政治連合をヤマト政権」、「畿内の首長連合の盟主であり、また日本列島各地の政治勢力の連合体であったヤマト政権の盟主でもあった畿内の王権をヤマト王権」とよぶ。「ヤマトの王は、三輪山麓に近い『やまと』の地域の複数の地域的政治集団の間から『共立』され」たが、「四世紀末から五世紀初め頃に」「盟主権が大和の勢力から河内の勢力へ移動した」。いっぽう「各地の首長たちは、ヤマトの王に倭国王としての外交権と海外交易の統制権を認め、最高の宗教的権威を承認することによって、自らもその権威に連なるものとして、配下の民衆に臨み、鉄資源を初めとする先進的文物の入手システムに加わることが出来た」。やがて「各地の地域的な首長連合が解体するとともに、その一方でヤマトの王の権威が著しく伸張した」が、「列島各地の大首長や首長たちと同盟関係にあった五世紀中葉までと、『大王』として各地の首長を、その支配下に組み込もうとする五世紀後半以降とでは、その性格が大きく異なる」。また「前方後円墳の造営停止、七世紀中葉の大王墓の八角墳化」などの過程が、「新しい中央集権的な古代国家の形成過程に対応しているということは、古墳の造営が古代国家以前の政治秩序そのものと密接に関連していることを物語る」。したがって、「古墳を資料として古代国家形成の前史」の「ヤマト政権の形成過程やその変質過程を検討することができる」(白石一九九九)。

「鉄資源を初めとする先進的文物」の獲得をめぐって、「畿内の首長連合」を中核にした首長連合・同盟が形成されていた。それは「同祖同族関係」をまとった「未熟な」支配機構の段階であったが、徐々に「司祭者的首長から現世的・世俗的な王」へと転換をとげる。「ヤマトの王」は四世紀末ごろから「各地の首長連合」を解体させていき、五世紀後半以降は「『大王』として各地の首長を、その支配下に組み込」んでいく。そして群集墳からは大和政権の政治支配のいっそうの進展をみる。このように、中央勢力が一方的に成長し、最初は同盟関係にあった地域首長層を五世紀をつうじて支配し、やがては、古代国家が形成される、というプロセスを古墳から読みとるという視座は、甘粕健や近藤義郎などと共通している。

やはりここでも、おなじ前方後円墳などを対象としながら、五世紀後半ごろ以前と以後で、つまり中期と後期とでその性格が大きく異なるとみている。墳丘の形状、横穴式石室の導入と普及、須恵器や馬具などの副葬など、古墳の特性はその頃に大きく変化するが、それと古墳時代政治秩序の変容が有機的な関連をもつという言説が、どのような事実で説明されるのかということは、かならずしも十分なようには思えない。さらに、各地の首長層をつなげた「同祖関係」についても同様である。

上述してきたように、前方後円墳をはじめとした古墳という、いわば時空的に限定された特殊な墓制は、大和政権と地方首長との間に形成された政治秩序を表している、すなわち一元的な契機で造営された、といった見方はほぼ共通している。ところが、近年では、地域の首長が成長すれば古墳を築造しうる、というような、在地の動向だけで理解しようという傾向がつよまっているのは前述した。

一九七〇年代なかば頃から、「記録保存のための発掘調査」が急速に拡大し、それが自治体単位のいわば自治体考古学の隆盛を招いた。古墳の調査も例外ではなく、畿内地域と違う古墳の諸相が各地で明らかになるにつれ、地域の独自性が徐々に強調されはじめる。そして、一九九一年のソビエト連邦の解体にともなうマルクス主義の一気の退潮は、それがほとんど唯一とも言えるような体系的な歴史像を保証していただけに、反法則的かつ反中央史観的な方向性を加速させる役割を果たした。さらに、ポストモダンふうの思潮が蔓延していくにつれて、多様性という坩堝のなかに古墳時代研究も巻き込まれていく。

しかし、大和政権と地方首長の政治的契機をはずしてしまうと、およそ三五〇年間におよぶ前方後円墳の時代を整合的に説明するのが著しく困難になるのは、現状をみれば明らかである。そもそも、そうした視座にもとづく古墳時代像は残念ながら樹立されているとは言い難い。たとえ、かぎられた地域について部分的に論じられたとしても、おなじ様式の古墳が日本列島各地に同時に造られている事実を、中央—地方の契機を捨象したところで論究するのはかなり難しい。

さて、ここまで古墳時代を体系的にとらえようとしたいくつかの著作をみてきた。これらのほかにも一九九〇年には石野博信が、「古墳の出現、祭祀と王権、五世紀の変革、五世紀の地域勢力、反乱伝承と古墳、対外関係、六世紀の社会、古墳の変質—群集墳の階層性、後期古墳の実態、古墳の終末」について、『古墳時代史』で諸説を整理しながら論じている（石野一九九〇）。また、一九九八年に刊行された『シンポジウム日本の考古学　古墳時代の考古学』では、白石太一郎、赤塚次郎、東潮、車崎正彦、高木恭二、辻秀人が「古墳はどう出現したか、前期古墳とはなにか、巨大古墳はいかに造られたか、後期古墳をどう位置づけるか、古墳時代の人はどんな生活だったか、古墳はなぜ造られなくなったか」を議論している。白石太一郎は次のように総括している。

「『古墳とは何か』とか、古墳が当時の社会で果たした役割、さらに古墳時代が日本歴史や国家形成史の中でどのような位置を占めるのかといった本質的な問題については、残念ながらあまり進展がなかった」。「全体としては、多くの研究者の研究が個別的な課題についてのミクロな研究におちいり、マクロな視野からの研究があまりにも少ない」（白石ほか一九九八）。

正しい指摘である。古墳とはなにか、それに表出された政治秩序はどのようなものか、といった、古墳時代の歴史叙述にとっては避けることのできない論点は、いまや古墳時代研究の傍流になってしまったかのようだ。こうした事態がこれからもずっと続くようであれば、考古学研究はみずから未来を閉ざしてしまいかねない。

表1　既往の古墳時代像

| | 前・中期<br>（3世紀中頃～5世紀後半頃） | 後　期<br>（5世紀末頃～7世紀初め頃） |
|---|---|---|
| 中央勢力・大和政権 | 部族同盟、首長連合・同盟 | 大王権力が卓越、中央集権化への動き |
| 首長の特性 | 司祭者的王 | 現世的・世俗的王 |
| 地方勢力・各地首長 | 擬制的同祖同族関係に基づく同盟 | 地方政権が解体し中央勢力に服属 |

さて、ここまで述べてきた考古学から出された古墳時代像を、思い切って要約すると表1のようになるであろうか。ただし、年代観は現行にあわせているので、既往の学史とはやや齟齬をきたすところもある。

最後に、日本の歴史と文化を明らかにすることを目的とした研究機関、国立歴史民俗博物館の『ガイドブック』「前方後円墳の時代」（二〇一一年）の項をそのまま引用しておこう。既往の古墳時代像をまとめた、現在での一つの到達点と思われるからである。

日本各地で各々特色ある墳丘を見せる墳墓が作られた弥生時代の末期には、大規模な墳丘をもつ首長墓も登場しました。その後、三世紀後半から四世紀初頭にかけて、はるかに巨大な規模で画一的な内容をもつ墓として、前方後円墳が西日本各地に現れます。この現象は、西日本各地の有力首長層のあいだに、広範囲な政治的同盟関係ができたためであると考えられます。こうして西日本に誕生した古墳は、四世紀のうちに、急速に東日本にも広がりました。これは近畿を中心にした政治連合に東日本各地の首長層も加わったことを示しています。しかし、同盟関係にあった東国首長も、六世紀にはヤマトの大王に仕える関係へと変化しました。しだいに、ヤマト王権の力が強大になっていったのです。

次に、古墳時代の考古学研究に大きな影響力を行使してきた文献史家は、どのように古墳時代をとらえてきたのかをみてみよう。そして、文献史学が築いてきた「大化前代」像に、考古学の立場から検討を加えてみよう。

## 二　文献史学の「大化前代」像

### 1　『記紀』の史料性

「大化前代」の歴史叙述には、『三国志』魏書東夷伝倭人条、いわゆる『魏志倭人伝』、『宋書』に記された倭王武の上表文、『日本書紀』に引用された百済記などの外国史書、高句麗広開土王の碑文、埼玉稲荷山古墳の「辛亥」銘鉄剣、石上神宮の七枝刀、熊本県江田船山古墳や千葉県稲荷台古墳の鉄剣、和歌山県隅田八幡宮の人物画像鏡などの金石文があるが、内容が圧倒的に豊富で、しかも体系的に記述された歴史書である『古事記』と『日本書紀』が中心になるのはいうまでもない。ただ、当たり前のことだがそれが八世紀に編纂された作品だという事実を忘れてはならない。

『記紀』のもっている特性について、井上光貞は肯定的な立場から、山尾幸久はなかば否定的な観点から、次のように述べる。

「古事記と日本書紀は、六世紀の大和朝廷の宮廷人が自分たちの支配を合理化するためにつくりだした政治的な所産」で、「『日本書紀』の描いている歴史的経過は、事実そのものではなく、編者の構想によって配列されている。しかし、個々の記事の一々について批判的にそれを検討するならば、そこにわれわれは貴重な史料をいくらでも拾いだすことができる」（井上一九六五ａ）。

「不退転の決心で、特異な国家を創りつつある時、旧国家を否定し新体制を正統化する根拠として、構想された『神の国、神の帝国の縁起』の陳述、それが『古事記』『日本書紀』の、神武、崇神〜応神の陳述の本質である。律令体制が旧経済構造の発展の必然で、旧社会構造の総括といったものならば、正統規範としての史的伝統の創作など、する必要がない」。「文献古代史の研究者が引き込まれる陥穽が二つある。一は、文献を遺したごく僅かの人々、つまり王族や貴族の立場からの評価を、己のものにしてしまうことである」。「二は、観念の実体化である。ある時代に、何かの目的から考えられた歴史像を、客観的な実在と取り違えるのである」(山尾二〇〇四)。

『記紀』は当然のことながら、それが編纂された奈良時代の歴史性を負っている。しかし、そのもととなった帝記や旧辞、さらには引用された三国遺事などを復元したり、中国文献や金石文などとのクロスチェックなどをふくめた史料批判をすれば、十分に歴史が叙述できる、というのが古代を対象にした文献史家の『記紀』にたいする態度であろう。もっとも、山尾幸久が指摘した「陥穽」に「引き込まれ」たかのようなものがないこともないが、それよりも上述した国造や天皇名の比定などをみれば、むしろそれは近年の考古学研究者に顕著なようにも見えるのが、おおいに気になるところである。

往々にして考古学研究者が信奉しがちな『日本書紀』は、帝紀や旧辞などの原史料を素材にして八世紀前半に編纂された歴史書だ、との自明の事実を再度認識しなければならない。たとえば池溝開発などのように、時代を違えておなじような記事が重複したり、最近ではほぼ否定されているようだが、幾度も記される朝鮮進出の記事にはどのような意図が込められていたのか。

崇神紀以前は欠史八代と言われるように叙述はきわめて少ない。そのほかの時代でも、成務・反正・清寧・仁賢天皇紀などの記述も、それらとさほど変わらずに記事の希少な箇所もあって、そうした叙述の分量の多寡にはどういう意図があったのか、なども不思議なところである。考古学界に関して、繰り返して指摘しておきたいが、史料批判もなしに、『日本書紀』編者の、ひいては律令支配層の歴史観を考慮しないで、考古資料の解釈に「有益」と思えそうな片言隻句だけをとりあげるのは、けっして正しい方法とは言い難いのである。

『記紀』から「現実の古代に向かおうとする歴史研究は、たとえば発掘された遺跡・遺物を『日本書紀』の記載に結び付けて見るというやりかたで、現在もなされている。ただ、遺跡と一致するように見えることがあったとして、それが『日本書紀』の本質なのではない。テキストの理解は、現実に帰されるべきものではなく、あくまでテキストの語る『古代』として見るべきものである」。「『古事記』『日本書紀』に見るのは、それぞれのテキストがつくろうとした『古代』でなくてはならない」(神野志二〇〇七)。『記紀』は奈良時代の貴族たちの作品として読み込むべきだという、いわゆるテキスト論がある。そのとおりであろう。ただ、神野志隆光のこの主張について、古代史研究者がどのように応答するのかよくわからないが、いうまでもなく「テキストの語る『古代』」をとおして古代史を叙述しようとする試みも十分にありうるのであって、その学問的営みが文献史学という一個の体系なのである。その際、テキストクリティークが不可欠になるのはいうまでもない。それは、考古学研究者が『記紀』を使うときにも同様であるが、そのような手続きが考古学研究の側でとられたことはまずないといって大過はないだろう。

また、確かとみなされることの多い、そして『日本書紀』の記事の信憑性のよりどころになる中国文献についても、たとえば「倭王武の上表文」の事実性について、次の井上光貞と山尾幸久のように一八〇度異なった評価が下される。

「稲荷山出土の鉄剣銘文によって、倭王武の上表文にみえる雄略王権の版図は、金錫亨氏のえがいたように畿内にとどまるものでないことはもちろん、版図の記述には誇張があるとする一部の考えもあやまりで、東は東国、西は九州にもおよんでいたことがたしかめられた」。「その東限・西限において、決して誇張でなかったことが知られる以上、朝鮮海峡をわたって多くの国々を『渡平』とする記載もまた、誇張とは考えがたい」(井上一九八〇)。

「東のかた毛人を征すること五十五国、西のかた衆夷を服すること六十六国、渡りて海の北を平らぐること九十五国」などはそのまま実体視できるものではない。この部分は、宋皇帝の「忠節」なる「臣」としての「祖禰」の「前功」、すなわち「王道は融泰にして土を廓き畿を遐くす（皇帝陛下の徳治をゆきわたらせ、皇帝陛下の領土を広大にしてきました）を具体的に述べようとしたものである」。したがって『征』『服』『平』を字義どおり客観視することなどとてもできない」(山尾二〇〇二)。

古代の文字史料のなかでも、そして中国史料についても、倭人が記した箇所の信頼性には疑惑の眼差しがそそがれる。「渡りて海の北を平らぐること九十五国」のような倭人が掲げた数字などは誇大妄想的にすぎない、と一刀両断されがちである。しかし、そのようなことはなかったであろう、といった先入主のほかに、はたして根拠はあるのかというと、かならずしもそうとも言い難い。文字史料の属性たる主観性についての研究者の主観的な判断——その時代の文字を使った彼我の人びとにたいする信頼性のような——が、そうした事態をもたらしているようにも見える。

実際のところ、どれを採用して、どの部分を排除するかといった判断になると、史料批判の手法に馴染んでいない考古学研究者にとっては、まったく「お手上げ」状態になってしまう。したがって、そのような事情を考慮することなく、考古学研究者が考古資料に十分な考古学的検討をほどこす前に、どちらか一方に与するのには十分な注意が必要になる。文字史料に考古学的事実の解釈をあてはめる場合、こうした学的情況を十分に理解しておかねばならない。

ちなみに、稲荷山古墳出土の「辛亥年銘鉄剣」の一一五文字のなかの「佐治天下」についても、「ワカタケル大王が斯鬼（磯城）宮で政治をとられていた時、私は天下を佐け治めた」と、『魏志倭人伝』「男弟有りて国を佐け治さむ」との解釈の一貫性についての義江彰子の重要な指摘もある。

「なぜ同じ『佐（左）治』の語を眼にしながら、ヒミコは祭祀専門で実際に政治をしたのは『男弟』、と決めつけてしまうのだろう。そこには女の統治者は特別の例外的存在に違いないという思いこみが、無意識のうちに働いているのではないだろうか。『見ること有る者少なし』から、文字通り、閉じこもっていて人に姿を現さない神秘的な王だったとは言い切れない。むしろ、ヒミコとワカタケルは同質の王だった可能性がある、ということはすでに述べてきた通りである。男弟の『佐治』についても、ヲワケがワカタケルを補佐したのと同じように、側にあって卑弥呼の政治を助けた、とみて少しも差し支えないと私は思う」（義江二〇〇五）。

文字史料の難しいところである。ともすれば、私たち考古学研究者が『記紀』などよりも全幅の信頼を置きがちな古代中国文献と金石文だが、その解釈についてもこのような事情があることも、知っておく必要がある。

## 2 文字史料で描かれた「大化前代」の歴史

『記紀』などの史書から描かれた文献史家による「大化前代」の歴史像を、一般向けの単行書にまとめられたものから二、三みておこう。まずは、戦後日本古代史学界をリードしてきた井上光貞である。一九六〇年と一九六五年にあいついで出版され、その後何度も版を重ね、すこぶる多数の人びとに読まれてきた『日本国家の起源』と『日本の歴史1　神話から歴史へ』に、一九七四年に刊行された『日本の歴史3　飛鳥の朝廷』を加え、いささか長くなるが、ここでも繁をいとわずに引用しておこう。

「崇神天皇の代には大和政権を中心として四方に将軍が派せられ、景行天皇の代には国土の統一が成って熊襲や蝦夷のような辺境の地の征定もおこなわれ、成務天皇の代にはさらに国造・県主ら地方官の任命がおこなわれた」。そして、「東北地方の北部その他の辺境の諸地域を残して、だいたい全日本を統一したのは、四世紀末に成立した応神王朝であった」。この「応神王朝のころから大和政権は、直轄領として屯倉を各地に設定していった」。「国土統一と朝鮮への出兵は、同じ時期に平行して進んだ」が、それは「すでに南鮮と深い交渉をもっていた日本が、その転換期に起こった朝鮮の政情の急変化に対応してとった軍事行動であった」。つまり、「五世紀には、日本の国家の境域は、西は九州から朝鮮の南部にわたり、東は関東におよんでいた」。「四、五世紀の日本では大和政権はその内部における諸氏族を服属させ、この世襲体制を周囲の世界に拡大し、地方の独立の諸国家の族長をも自己の法則にしたがって秩序づけはじめていた。だがそこでは、朝廷の諸氏族も、地方の族長も、六世紀以後の史料をもってしてははかりしれないほどの独立性と自由とを保持し、そこに展開された社会と歴史とは、はるかに活気に満ちた時代であった」。すなわち「大和朝廷は畿内の諸氏族の連合からなり、地方に成立していた類似の政治組織にたいしては、ただその首長（のちの国造）との間に、支配と貢納の関係をむすんでいた程度のものであっただろう。しかし朝廷は五世紀のなかばごろから、氏性や部によってなりたつ氏姓国家的な秩序を、広く全国的につくりだしはじめた」。「六世紀の初頭、磐井の反乱が起こったころは、日本の古代史の一大転換期であった。そして大和政権は、この危機を乗りこえる過程で古代国家の形をととのえてきた」。その後「地方豪族の反乱が跡を断ったという事実とあいまって、このころから大和朝廷が直轄領の拡大による中央集権の強化策を打ち出してきた」。やがて「大和政権が蘇我氏の指導のもとに行政機構の合理化をすすめ、中央集権の強化をはかった」。「ここにようやく国家らしい国家、政治らしい政治が生まれてきた」（井上一九六〇、一九六五a、一九七四）。

『日本書紀』の記述にしたがいながら、「大化前代」の歴史が叙述されている。各地への四道将軍の派遣などをつうじて、崇神天皇から景行天皇へと国土統一が徐々にすすめられ、四世紀末の応神天皇によって全国統一がなされる。そして「日本古代史の一代的転換期であった」六世紀初頭の「磐井の反乱」を契機に古代国家の形が整えられ、「国造・県主・屯倉」などの地方官が時代とともに設置される。やがて、蘇我氏の主導性で大和政権は中央集権化を強化していく、というのが骨子である。このような古代国家への道筋は、精緻さを増したその後の研究で、部分的な修正は多々ほどこされてきたものの、朝鮮出兵などを除くと、基本的な骨格はさほど変わっていないように見える。

氏族連合からなる大和朝廷、英雄時代的な地方統治の時代から、専制的かつ権力的な雄略天皇の時代を経て、「直轄領」を拡大した中央集権体制にいたる。いいかえれば、六・七世紀を井上は律令体制の前史としてとらえている。「私は律令体制を、天皇の主権、官人的支配、および国家的土地所有として特徴づけ、後の二つのものの成熟を六、七世紀に求めた」という大化前代のこうしたとらえかたは、いまにいたるまでほとんどの文献史家に共有されている。ちなみに、そのときの国家とは、「行政機構の合理化」のすすんだ「中央集権」体制のことのようである（井上一九六五b）。

井上光貞の業績から四〇年ほどたった二〇〇一年の『日本の歴史03　大王から天皇へ』で、熊谷公男は次のように述べる。「記紀の史料的性格に対する批判的評価が定着するにしたがって、記紀を敬遠する空気が古代史家の間に広がり、その研究対象が奈良・平安時代へと大きくシフトするという現象を生み出した」。そして、一九七〇年代ごろからはじまった膨大な考古資料の蓄積を前に、「いま大化前代の古代史研究に必要なことは、考古学の古墳時代研究の新しい成果を努めて吸収しながら、記紀の史料性を再検討することであろう」と言う。その通史の目次は、「プロローグ『天下』の支配者、第1章　列島と半島と大陸、第2章『治天下大王』の登場、第3章　自立する倭王権、第4章　王権の転換、第5章　律令国家への歩み、エピローグ『天皇』の出現」で、その概要は次のとおりである。

「半島から伝来したモノとヒトの倭王権による一元的な管掌体制は、列島における政治統合を早期に実現したが、一方で、この段階の政治統合は、いまだ王権と地域勢力の間のヒトとモノの流れを媒介にしたプリミティブなもので、王権にとって多分に危うさを内包した、流動的なものであった。この未熟な政治統合の克服は、六世紀の倭王権の最大の政治課題となっていく」。「西暦四〇〇年前後」の「首長系譜の〝断絶〟現象が古墳時代中期初頭に集中するのは、半島ルート伝来のヒトとモノを基礎に基盤を強化した倭王権が、列島内に新しい支配秩序を創出しようとして、各地の在地首長同士の主導権争いに積極的に介入して地域社会での抗争を激化させたことに主要因がある」。「五世紀の倭王権の構成は、倭王家を中心に、葛城・和爾氏などのヤマトの豪族や、筑紫・吉備・出雲・紀・上毛野氏などの有力地方豪族が同盟を結んだ連合政権であった」が、「ヤマトと地方との格差もそれほど大きくひらいてはいなかった」。やがて「倭王権の強化が、半島諸国との外交関係における主導性と相まって、倭王に『天下』的世界を構想させ、『治天下大王』」を生み出す。「ワカタケル大王の時代は、冊封体制からの離脱、治天下大王号の成立、渡来人の第二波、旧豪族の没落などが相ついで起こり、列島社会の歴史はさらにつぎの段階に足を踏み入れていく」。つづく「継体・欽明朝は、倭王権の中央・地方の支配機構が飛躍的に発展した時代で」、地方の国造・ミヤケ・部と中央の氏など、「六世紀の倭王権は機構による支配に大きくふみだしたが、支配機構の内部構造は、多分に人格的結合に依存したウジごとのタテ割り支配であって、多元的な君臣関係が広範に存在していた。大王のもとに君臣関係が一元化されていないということが、やがてさまざまな弊害を産み出していき、それが、大化改新の重要な原因の一つになっていく」。改新政権の課題は「支配層内部の君臣関係と、王権による全国支配の体制とをともに一元化し、大王を中心とした支配体制を構築するということに集約できる」（熊谷二〇〇一）。

最近では熊谷にかぎらず、東アジア史的観点から「大化前代」史を把握することが一般化している。そして、韓国歴史学の成果に負うところが大きいのだが、「任那日本府」の存在や朝鮮出兵については否定的な見解が出されている。そうした東アジア的視座の確立には、近年とみに盛んになってきた学際的な共同研究もふくめて、古代史研究の国際化が大きな役割を果たしている（朝鮮学会編二〇〇二、鈴木編二〇〇八など）。いっぽう、考古学資料の激増と研究の進展によって、その成果を日本古代史がとり入れるのもさほど珍しくはなくなってきた。ただ、古代史研究者の意識を覆っている歴史観や、文献史学の成果と共存しうる論理が受け入れやすい傾向も否定できないのであって、もたれあいの危険性と隣り合わせなのには十分に気をつけねばならない。

誤解を恐れずにいうと、八世紀前半に編纂された『日本書紀』は、古墳時代に相当する時代を対象に年代譜的かつ「歴史的に」叙述されているために、そして六世紀ごろの「帝記」「旧辞」が素材になっているため、そのまま受け取らないにしても、大方の研究者はそこになにがしかの史実がふくまれているとみなしがちである。そのような特性に気をつけないと、律令国家の正統性を歴史のなかに主張した『日本書紀』編者のイデオロギー的陥穽にはまってしまいかねない。すなわち、万世一系の天皇家、カミの後裔たる天皇家が、四道将軍やヤマトタケルなどを地方へ派遣したり、「磐井の乱」など各地での反乱を制圧したり、「武蔵国造の乱」のような地方豪族同士の争闘にも関与しながら、時間をかけて広く、かつ深く、地方支配を完成させていく。やがて、大化の改新や壬申の乱などを経て律令国家が完成する、といった『日本書紀』のモティーフに。

文献史家の研究は多岐におよぶから、簡単には言及できない。しかし、叱正を覚悟であえて言うならば、大化前代についての歴史叙述の骨格は、『日本書紀』の記述と大幅には違わないように見えてしまう。それは次のようである。崇神朝あたりの最初から、豪族連合政権と認識された中央政権と地方勢力が分立していて、畿内政権・大和政権（中央政権の別称）の政治的卓越性と地方勢力の後進性・自立性が、表裏一体的にとらえられる。地方勢力はときとして武力的抵抗を試みながらも結局は中央に従属し、やがては解体されていく。いっぽう、王朝交替もあったかもしれないが、とにかく中央勢力は着実に成長し、統治機構や地方支配制度を整備しながら、同心円状あるいは放射状に勢力を東西に拡大させ、統一国家としての

表2　文献史学の「大化前代」像

| 崇神朝 | 雄略朝 | 継体・欽明朝 |
|---|---|---|
| 未熟な政治体制 | 専制的・権力的 | 中央集権化 |
| 氏族連合・英雄時代 | 「治天下大王」 | 中央・地方制度の整備 |

律令国家に結実する。中央勢力の一方的な優位性は毫も動かない。固有名詞など大いに異論はあるだろうが、ここでも思い切って抽象すれば、表2のようになろうか。

### 3　伏在している発展段階論的な歴史観

『日本書紀』にもとづいた歴史叙述にたいして、もう一つの体系的な歴史叙述に、いわゆるマルクス主義的な古代史がある。すなわち、生産力の増強につれて社会はたゆまなく発展し、やがては「能力にしたがって労働し、必要に応じて分配される」理想的な社会に到達するはずだ、という唯物史観をベースにしたものである。それは、古代社会から中世へ、近世を経て近代国家へ至る道筋が「真理」だ、と信じるひとつのイデオロギーである。ところが、封建的な遺制をつよく残した日本近代化の促進が焦眉の急だ、との理論的な課題が、戦後知識人の思想的な底流をなしていたこととあいまって、史的唯物論に依拠しなかった研究者でさえも、そのような「大きな歴史の物語」の魅力には抗しきれない精神的雰囲気がかつてはあった。

そうした経緯を、『岩波講座日本歴史』第1巻で検討してみよう。一九六七年版の石母田正氏の「古代史概説」では、『家族・私有財産・国家の起源』の「モルガン＝エンゲルスの段階区分に、日本の特殊性を考慮して、若干の集成と整理」を加え、「考古学と歴史学の時期区分の統一」のため、無土器文化の時代を「野蛮前期」に、縄文時代を「野蛮後期」に、弥生時代を「未開前期」に、古墳時代前期を「未開後期」にそれぞれ該当させる。そして、四世紀末もしくは五世紀からを文明とみなし、「倭五王時代に未開の段階から文明の段階、歴史時代に到達」し、「推古朝前後に国家の成立をみる」。

「未開前期は、西紀前三世紀頃から西紀三〜四世紀までつづく弥生文化の時代である」。そこでは「土器生産における分業のある程度の発展を前提とし、金属器はもちろん石器生産——筑前今山・今津・高槻等の石斧製造聚落など——においても社会的分業、とくに共同体間の分業の一定の発達がみられる」。ついで「文字の使用が未開後期から文明への移行の指標となり得るのは、それが社会的分業の特定の発達段階を反映しているからであり、またそのかぎりにおいてだけである」。「文明の概念は、かかる分業と生産力の発展段階を内容としなければならず、文字の文献的利用が文明の開始の指標とされる理由もそこにある」。そして「日本古代の英雄時代のかかる歴史的特質の条件は、第一に牧畜段階の欠如と奴隷制の未発達によってとくに加重されるところの戸＝家族の自由な私有財産の蓄積の困難、人工灌漑という条件のもとにおこる耕地の私有制にたいする制約、水稲耕作による等質的な農業社会における分業の発展の困難さであり、したがって戸が共同体——族長によって代表されるところの——から分離することの困難さである」と述べる（石母田一九六二）。

もう一昔も前のことになるが、縄文時代は「野蛮」、弥生・古墳時代は「未開」とみなされていた。さすがにもう「野蛮」という呼び方こそなくなったものの、律令国家を「文明」とみなし、その前段階の弥生・古墳時代を「未開」とみなすような〈未開—文明〉史観は、いまなお根強く残っている。ついで、一九七五年版『岩波講座日本歴史』の直木孝次郎の「原始・古代史序説」では、唯物史観の立場をとってはいないけれども、それでも日本の新石器時代を「おくれた状態」と見て、その「原始社会は崩壊」した後、英雄時代を経て六世紀ごろに古代国家が成立したとみなしている（直木一九七五）。さらに、一九九三年版の『岩波講座日本通史』で古代概説を叙述した鬼頭清明も、石母田とほぼ同一歩調をとっている（鬼頭一九九三）。

これらに通底しているのは、人間の歴史はかぎりなく発展していくといった素朴な歴史観、いまだに証明されていない一元的かつ一方向的な理念的な歴史叙述である。その行き着く先にはユートピア社会が用意されているという、先験的というよりも宗教的とでもいえそうな、そして法則的ゴール史観とでもいうべきものであった。核兵器や環境破壊などが喧しいいまでは、社会が発展していけばその彼方にはユートピアがある、という幻想こそ消えたものの、それをもたらした考えかたはいまだに蔓延している。そもそも技術を含めた経済は発展をとげるが、したがってその発展情況を解明することは重要だが、政治や観念をそうした視点でみるのはふさわしいのであろうか。ときとして、いろいろな政治や国家があっただけである、といった考え方は少数派である。

唯物史観にもとづく世界史の基本法則的な日本史叙述で問題にしておきたいのは、『家族・私有財産・国家の起源』（エンゲルス一九六五）のような西欧発の外在的論理に合致する事実は拾いあげられるけれども、そこからはみでる事実はほぼ捨象されてしまうという、いわば当然の帰結ともいうべき知的営為である。もちろん、どのような歴史観にしたがっても、叙述という行為が〈抽象―捨象〉を属性にしているのは自明なことである。ところが、「発展」という変化のキーワードに収斂される歴史は、「発展」をもたらす生産経済が優れていて、そうでない獲得経済は劣っている、という優勝劣敗的な叙述に陥りがちである。そうした優劣史観は果てしなき差別化の連鎖につながりかねないし、悪しきナショナリズムに陥らないとも限らない。

さて、上述してきた歴史叙述で、古墳時代の史的位置づけに関して重要なのは次のことである。すなわち、古代国家とは律令国家のことであって、大化前代の古墳時代はその形成過程、いうならば前史であってそれ以外のものではないということを、大方の研究者が了解していることだ。律令国家にいたる順調な発展過程としての古墳時代、という基本構造が不変なように見られていることだ。

「古墳時代は律令国家の前史であった」は、当然ながら前者は後者に向かって発展していくベクトルを包摂している。マルクス主義的発展段階論にしたがった論者はいうまでもなく、いわゆる実証主義とよばれた研究者にとっても、大枠のところでは大差はなかった。いってみれば、「歴史は発展する」との謂いは、歴史学・考古学にかぎらず、戦後わが国の大方の知識人に埋め込まれた知的プログラムであった。そこに貫徹されているのは「未開の文明化」の過程が歴史だ、ひいては古代史だ、という見方である。そうした歴史観は当然のことながら、文明とみなされた律令国家の前段階である古墳時代は、それよりも未熟で未開的な時代だ、との先入主をもたらす。

発展段階論的な唯物史観、あるいは進歩史観を代表してきた石母田正、そしていまや少なくなってきたマルクス主義的な歴史観を前面に押し出している吉田晶や山尾幸久の律令国家形成についての言説も引いておこう。

「国家の成立についての諸問題が全面的に提起されるのは、古代国家の完成される時期においてであって、七・八世紀、すなわち推古朝から大化改新を経て律令国家の成立にいたる時期こそ、国家の成立を総括的に問題にし得る基本的な場でなければならない。そこでは、邪馬台国以来の一切の政治的支配諸形態が消滅したのではなく、反対にそれらは国家構造の基本的契機として保存され止揚されているのであって、その分析のみが、古代国家の一般的属性と諸機能と特殊性を全面的にあきらかにし、過去の端緒的国家形態の性質と歴史的地位を決定する鍵を提供する」(石母田一九七一)。

「巨大前方後円墳は、前国家時代の所産である。表象するものは『王権』であって『国家』ではない」。つまり、「倭王権の確立と完成は、五世紀後半の雄略の時代（四六五年頃〜四八九年頃）にある。それによって王権による倭人種族の統合の動きが生起する。倭の初期国家の権力機構の形成は、磐井の乱を平定した後、六世紀半ばの欽明の時代（五三一年〜五七一年）から本格化する」(山尾二〇〇四)。

「倭人社会での国家形成は、弥生時代以来の首長制的関係の矛盾の展開と、東アジアの東端に位置する後進社会であることから先進的な中国・朝鮮諸国との国際関係のありように大きく規制される」。「六世紀代の国家的制度は、国際的には新羅の台頭を中心とする南部朝鮮地域の新たな展開のもとでの倭勢力の影響力の後退にいかに対処するか、またそれと関連をもっておこった磐井の『反乱』に象徴される倭人社会内部の矛盾にどう対処するか、という課題に対して、従来の首長制的関係を最大限に利用しながら形成されたものであり、そのような内容をもちながら社会から遠ざかっていく権力として組織されたものであった、ということができる。そこに内包されている諸課題は成立した諸制度の整備・改革の形をとりながら七世紀代に果たされていくことになる。その意味で六世紀代は倭人社会での本格的な国家形成の始まった時代として位置づける」(吉田二〇〇五)。

わが国の歴史学研究で体系的な叙述といえば、マルクス主義的な法則史観とほぼ同義であった、もしくはその傾向がつよかった。しかし、これにしたがえばいくつかの問題が出てくる。

第一、「進歩史観」（網野二〇〇〇）とでもいうべきこの方法によるかぎり、ある時代はかならず次の時代の前提にしかすぎないから、さまざまな事象が絶ゆまなき比較の、いわば相対化の永久運動の範疇に堕してしまう。つまり、どのような時代も過渡期になるから、〈未開—文明〉の繰り返しで歴史を見てしまいかねない。たとえば、採集・狩猟・漁労の獲得経済を基幹にしていた縄文文化でさえも「発展」という概念を付与されて、次の生産経済に依拠した弥生文化にいたる準備をした、といういささか信じがたい見解さえもが出されたりする。

ちなみに、古代国家は律令国家で、日本列島における初めての国家である、といった場合、その出発点をどこにするのか。水田稲作は余剰を生む、それが権力の発生をもたらす（そうではないと思うが）とみなす立場では、弥生時代早期まで遡らざるを得ない。余剰とはなにか、国家とはなにか、といった概念的な問いとも連動するのだが、それにしてもおよそ三五〇年にもおよぶ長い古墳時代を、ひとくくりにして古代国家形成過程とみてしまう方法に疑問はないのであろうか。

話は変わるが、約二六〇〇年間もの永きにわたってつづいた江戸時代は、近代国家の前史という視点だけで叙述されているのであろうか。けっしてそうではあるまい。それは戦争のなかった平和な時代で、民衆のエネルギーが迸りでていた時代ではなかったか。古墳時代も一個のまとまった時代とみて、その特質を見いだしたほうがもっと豊かな歴史が描けるように思う。

第二、古墳時代の大和政権もしくは大和王権が、そのまま律令国家へ「発展」していくという歴史観が、『記紀』の記述を合理化させる役割を演じてはいないかとの危惧をもつ。そもそも、「国家的土地所有」や「国・郡・里」を基調とした官僚制的領域支配を基軸にすえた律令国家と、前方後円墳を媒介にした首長

（層）と首長（層）、首長と民衆との間に形成された人的支配を旨とした古墳時代は、異質の支配統治の原理に覆われた政治社会であった。それらの間には大きな懸隔、深遠な空隙が横たわっている。これについては後述しよう。

第三、律令国家への発展ルートからはずれた東国地域は「未開」だ、との見方が出てくる。中心からの空間的距離感を時間的なそれに等値するような視点、いわば時―空性の相関性とでもいうべき作用が、古墳時代にたいして働いているようである。いうならば、そこには「中心と周縁」的社会観が横たわっている。その底流には柳田国男の重出立証法や周圏論などの民俗学的方法も、潜在的な力となっている可能性も否定はできない。東国の前方後円墳などの年代が、さほど確たる根拠もなしに、ときとして五〇～一〇〇年ほど畿内よりも新しく編年されてきたのも、その一例である。つまり、政治的要因で前方後円墳などを理解しつつも、いっぽうでは東国での出現を文化伝播的に把握してしまうという見方が、これまでは流布されてきたようだ。進歩や発展で歴史を視る方法は、資・史料を駆使して歴史像をつくるにあたって証明不能の定理のような働きをもたらしはしないか。もしそうであれば、あたえられた資・史料と取り組むまえに、個々の研究者の眼を曇らせるケースとなってしまう。

第四、律令国家へ収斂される歴史観、古代国家の形成過程としての古墳時代というとらえかたでは、なかば自明の理というべきか、律令国家とのつながりや整合性などが優先されがちになる。律令国家の諸要素の祖形を、前代の古墳時代に求める視点では、先述したように律令国家との連続性は強調されるが、中国王朝からの律令の継受だけでなく、日本列島における前代からの伝統への注意がおろそかになりはしないか。たとえば、国司・郡司の領域支配の前史を国造制の普及にみたり、六世紀ごろの地方支配システムの「国造」、「屯倉」、「部民」などは律令的支配への道程として論究されがちだが、そうでない事象は軽視される一面的な見方にたいする恐れが払拭しきれない。歴史の連続性、不連続性のどちらに焦点をあてるかで、資・史料の語る地平は変わってしまう。

第五、日常性の積み重ねである経済的な動きと、それを飛び越えたりする政治的な動き――政治の大きな役割は平準化である――を、先験主義に陥らずに所与の資料を駆使して解明していくのが肝要である。食料生産のありかた、手工業生産、あるいは物資の流通などをめぐっての経済的社会構成と、集団間の利害調整にもとづく秩序維持を旨とした政治的社会構成とは、整合的でなくても何も不都合ではない。唯物史観のように経済を下部構造といい、政治を上部構造といって、それらを二段重ねで理解しようとするから、平板な歴史叙述になってしまう。

さて、わが国の歴史学研究において、時代像や文化・社会のトータルな把握の強力な理論的拠点だったマルクス主義的歴史学の凋落的な潮流は、日本史研究にも覆い被さってきた。いっぽう、「大きな物語」を忌避したポスト・モダンふうの文化相対主義的思潮の蔓延が、体系化への眼差しの弱さという日本考古学の特性とあいまって、個々の事象を個々に解明していくという分析主義的な傾向を強化した。「古墳時代像の形成」、「古代東国歴史像の再検討」、「古墳時代の政治構造」といった大きなテーマを掲げた体系的な研究は、いっこうに進展しなくなった。それがいまを規定している一個の時代精神であることは、これからの考古学をすすめていくうえで、十分に認識しておく必要があるだろう。

繰り返すが、いったい「古代国家は律令国家だ」との通説的な理解、あたかも定理のように作動している言説は、果たして「自明の理」に属するのであろうか。前方後円墳がつくられつづけた、三世紀中ごろ

表3　既往の歴史の見方

| | | | | |
|---|---|---|---|---|
| 『記紀』に基づく連続性 | × | 歴史は発展するという見方 | = | 古墳時代は律令国家の形成過程 |

から七世紀初頭にいたる約三五〇年もの長き時間を、律令国家への道筋という一方向だけに収斂させる方法論だけでいいのかどうか。あらゆる時代を〈流れ〉としてとらえる、そしてそこに「発展」というベクトルを付与する、これまで疑義のはさまれなかった歴史学の常套的手段を、一度見直すのもけっして無駄ではあるまい。にわかには拭いがたいほど、いわば観念的な惰性とでもいいたいほどの歴史的思考になってきた〈進歩の観念〉を、一度はずしてみてはどうか。〈未開―文明史観〉（一つは古墳時代と律令国家、いま一つは日本列島と中国文明）で歴史をみることの是非を、一度問い直してはどうか。政治体制についても、国家についても、いろいろな政治システムがあったり、さまざまな国家があるだけだ、との視座でとらえてみてはどうか。歴史はただの繰り返しにすぎない、との視座もいまは必要なのではなかろうか。

ある時代を、その前後から切り離された一個のまとまりをもった時代として把握する、という方法を提唱したい。政治と経済、あるいは文化や芸術などを時代類型にまとめあげる。そして、いくつかの類型を比較してそれぞれの特質を見いだす、いわば〈類型史観〉とでも名づけたい、時代を類型としてとらえる史観である。どちらかといえば、ダイナミズム中心できた既往の歴史観に、スタティックな観点をとりこもうというわけだ。その場合の基準に、利害調整のために結成した首長層の汎列島的な結びつきと、それを維持させていくために形成された共通意識、そういった関係性を表象した前方後円墳が造営されつづけた時代を挙げてみたい。

すなわち、前方後円墳が築造されつづけた時代を、一定のまとまりをもった時代とみるわけだ。そうして時代の特性を抽出し、それを支えている経済的かつ政治的システムなどを明らかにする。変化していく要因だけに目を奪われずに、一つひとつの事象がどのように変化していくか、といった観点をいったん等閑に付して、どうしてそれがつづいたのか、といった視座でみていく、いわば類型として時代を丸ごととらえようという方法である。

これまで述べてきたことを抽象すれば、表3のようになろうか。

## 三　歴史学（文献史学）と考古学

### 1　律令国家の前史として見られてきた古墳時代

ここまで述べてきたように、考古学研究者が叙述した古墳時代像も、文献史家のそれも、等しく律令国家へとスムーズに連続していく歴史、そこへと「発展」していく歴史であった。首長同盟から中央集権へ、初期的な国家から成熟した国家へと、未熟な政治体制が成熟していく過程であった。文字史料と考古資料、異なったデータを用いているにもかかわらず、そこから結ばれた像が根本のところではさほど変わらないのは、やはり歴史解釈のなせる術である。歴史観やイデオロギー、文献史家と考古学研究者に埋め込まれたプログラムに問題があるのではないか。連続性や発展の幻想、無知蒙昧な未開から輝かしい文明へ、との歴史叙述には、歴史をそう見たいとのイデオロギーが根底にあったのではないか。

約三五〇年もの永きにわたって造営されつづけてきた前方後円墳が、ついに終焉を迎える七世紀初めごろに時代の大きな転換点がある、というのが古墳時代研究の大きな定点である。もっとも、多くの文献史家は、河内政権などの政権交替論も含みつつ、古墳時代と律令国家がつながっているという、一直線的な図式を描いてきた。『日本書紀』に史料を求めるかぎり、いわば当然の帰結とも言えよう。問題は、それが古墳時代の諸事象を解釈していくときの、強力な理論的下敷きの役割を発揮していることにある。

考古学研究者が史料批判をしないで、『日本書紀』の片言隻句に考古資料をあてはめたり、文献史学の通説を前提として古墳を解釈したり、というような学的営みには、学際研究の作法も考慮した十分な注意が必要であろう。再度いうならば、天皇家・貴族層を中心とした律令国家への統一の歴史、それが編年体で叙述された歴史書、『日本書紀』を主な史料にした文献史学の成果が、古墳時代研究の大きな枠組みとして、いまもなお機能しつづけているところに問題の所在がある。

前方後円墳の全国的な分布から「大和政権、ヤマト政権、ヤマト王権、大和連合、部族連合」等々、さまざまな呼び方ではあるが、それらを中核にした汎列島的な政治秩序があったことは、実質の違いはともかくほとんどの論者は認める。そして、擬制的同祖同族関係をベースにした呪術的・祭祀的な首長同盟・首長連合の体制のなかで、徐々に大王権が卓越して大和政権が専制化の途をたどり、それにともない自律的な地方勢力は解体されていくというのも同様である。五世紀後半、もしくは末ごろを境に、地方首長は「同盟から服属へ」と政治的地位を転換させ、大和政権は中央集権化をつよめ、律令国家への道をたどりはじめる。すなわち、王権は一方的に強大化し、地方首長層は零落の途をたどっていく。異論はあるかもしれないが再度、単純化すれば考古学と文献史学からつくられた古墳時代像は、こういったふうになるであろうか。

はたして、そのようなストーリーが前方後円墳などを素材に語りうるのであろうか。おなじ墳墓様式の前方後円墳を対象にして、あるときは「同盟」を説き、別のときに「服属」を語るのは、方法的に首肯できるのか。また、東国では墳丘の長さが一〇〇mを超えるものも含め前方後円墳が六世紀後半に急増し、それが終焉した七世紀になっても大型の方墳や円墳がつくりつづけられる地域が顕著だが、そうした事実から中央集権化への動きが読みとれるのであろうか。七世紀では列島最大級の方墳、千葉県岩屋古墳や、おなじく円墳の栃木県車塚古墳などの存在は、中央集権化と地方支配の順調な発展では説明は難しい。しかも、東国各地で横穴式石室を共有した首長墓のありかたを見るかぎり、後述するように首長層の観念的一体性は七世紀になって強化されているようにも思える。

そもそも三五〇年間もの長きにわたって造営されつづけた前方後円墳、けっして少なからぬエネルギーが各地で投入され、そうした営為にたいする汎列島的な社会的同意があった前方後円墳は、七世紀初めごろにほぼ一斉に終焉を迎える。それ以降は、千葉県や茨城県などでつくられた前方後円形小墳という形骸化したものを除けば、奈良時代にはそれらがいっさい築造されなくなる事実をどう見るのか。

古墳時代が律令国家の形成過程であれば、そしてそれらが一連の歴史過程であるならば、もう少し墳墓にたいする価値意識が奈良時代に存在していてもいいように思うが、その片鱗すら認められないのはどうしてか。さらに重要なのは、墳長二五〇mの巨大前方後円墳である市庭古墳や墳長一〇〇mの神明野古墳、さらには木取山古墳や平塚1号墳・2号墳などたくさんの前方後円墳が、七世紀末の平城宮やその周辺京域の造営に際して破壊された事実である。律令国家を運営した貴族たちは、大王墓にも匹敵する巨大な墳墓に、もはや何の価値も認めてはいなかった。古墳に大きな価値をもたせた古墳時代と、それを否定した奈良時代以降とでは、支配層やそれを支えた人びとのイデオロギーには大きな懸隔がある。そこからは前方後円墳時代と律令時代は異質な社会システムがあった、との見解が導きだされる。いっぽう、文献史学の研究成果でも、国造や部民やミヤケなどの地方支配制度については、中央と地方の首長相互の人的な関係に基づく制度であることが明らかにされている。

「諸制度の多くはその後に中国から受容した律令制によって廃止あるいは換骨奪胎されてゆくのだが、その基本的な構造やイデオロギーには、その後に継承されて国家構成の枠組みを規制する役割を担ったものもすくなくない」。「各地の首長またはその一族の人物が、倭王の宮廷に出仕して各種の業務を分担し、彼の出身母体である地域の集団がその出仕に伴う各種の費用その他を負担するという関係は、五世紀代に確実に始まっていた。こうした中央への出仕者を『トモ』とし、その出身母体の集団（あるいは共同体）を『部＝べ』と称することによって部民制が成立する」。そして「筑紫君の『反乱』を経験した倭王権が、あらためて各地域の代表的有力首長に対する支配を強化する必要を認め、王権に忠誠を誓う有力首長に『国造』の称号と職位を与え、その地域での首長的秩序の最高位にあることを王権が公認した」。それには「地域社会の平安を保持する宗教的機能が期待されていた」（吉田二〇〇五）。

先にとりあげた井上光貞や熊谷公男にしても、古墳時代の統治機構は中央のそれも地方支配のそれも人的結合に依存した支配と貢納の関係を基本にしていたとみている。吉田晶が指摘するように、そうした「諸制度の多くはその後に中国から受容した律令制によって廃止あるいは換骨奪胎されてゆく」のである。すなわち、一元的な支配機構をめざして律令にもとづく「公地公民」制が導入されていく、という図式はほとんどの論者に大差はない。

**表4　前方後円墳国家と律令国家の国制**

| 前方後円墳国家（古墳時代） | 律令国家（奈良・平安時代） |
|---|---|
| 中小首長層に分掌させた畿内有力首長層の共同統治 | 天皇制と官僚制――二官八省 |
| 前方後円墳などに表された身分秩序 | 法と機構のもとでの身分秩序 |
| 中央――地方をもった分権社会 | 中央集権社会 |
| 首長と首長の人的秩序 | 国家的土地所有を前提とした支配秩序 |
| 人と人に媒介された地方支配制度――国造・部民・ミヤケ等 | 人と土地を媒介にした地方支配――国司・郡司・里長、戸籍・口分田等 |
| 不明瞭な国家フロンティア――北東北の続縄文文化と共存 | 領域的な国境観念――北東北の「蝦夷」にたいする城柵等 |
| 非文字（一部では文字・金石文）の統治 | 文字を使った統治 |
| 墳墓イデオロギーとカミ観念――古墳と神殿 | 仏教の鎮護国家――古代寺院 |

もっとも重要なのは、六世紀ごろに設置されたとされる国造・部民・ミヤケなどが、人と人を媒介した支配方式だというのにたいして、新しく導入された官衙を設置しての国・郡・里の律令的地方支配方式は、いうまでもなく土地と人を媒介にした制度であったという事実である。つまり、人的統治の「大化前代」と、それに加えて領域支配を理念にした律令国家は、異質な政治原理をもっていたわけだ。それらは政治システムとしてはけっしてつながらないのである。

いくつかの相違点を表4に対比しておこう。なお、ここでは古墳時代を前方後円墳国家としているが、それについては後述する。

帝記・旧辞などを素材とし、一定の思想にもとづいて編纂された『日本書紀』の記述が、文字情報の豊かさや、ストーリー性をもった体系からの解放が難しいこととあいまって、古墳時代像を大きく規定していることは否定しがたい。しかし、そうした知的枠組みをはずしてみると、異なった評価が出てくる可能性はないのか。古墳時代から律令国家への連続性は幻想ではないのか。そこには方法的な陥穽はないのであろうか。

はたして律令国家の成立に際して、前方後円墳がつくられつづけた三五〇年間もの長い時代が、前史として必要とされたのであろうか。そうではなく、その間はいくつかの「反乱」などはあったものの比較的安定していて、七世紀代の数十年で一気に時代が転換したとみてはどうなのか。推古朝から天武朝にかけての短期間で、新しい国家システムが構築された、いいかえれば七世紀になって初めて国家が形成されたのではなく、前方後円墳国家から律令国家へと転換したとみてはどうか。その契機になったのが、後述する新羅の台頭に付随した六世紀後半ごろからの朝鮮半島の動向である。それに隋・唐が関わって東アジア情勢が急速に流動化していく。

そうした視座に関して、大化前代の「旧国家」とその後の「新体制」は異質性がつよかったから、前者を克服するために「新体制」を構築しようとした天武が、その正統性を歴史のなかに求めたのが『日本書紀』だとの山尾幸久の次の言説は、注意をひく。

「仁徳を聖帝とする規範意識は天武朝に現れる。それはなぜか。なぜ神武、崇神〜応神の国家と帝国の建設を『聖帝』の前に置いたのか。それは天武が改造の対象としている旧国家を、批判する歴史的根拠として求められた、『上古の聖王』の時代としてである。今創りつつある新体制が、理念も性質も、規模も構造も、曽てひとたび実在した黄金時代の再現だと正統権威化する根拠として求められた、理想的過去、その具体化に他ならない。『前の前』である。規範として創られた歴史的『伝統』なのである。そもそもこういう企てが行われたのは、新体制と『大化前代』との非連続性、異質性が余りにも強かったからに他ならない」(山尾二〇〇四)。

大化前代と律令国家は断絶しているからこそ、連続性を主張しなければならなかった、という山尾の見解に賛意を表しておく。さて、古墳時代は律令国家の前史ではないという私見は後述するが、ここでは一つだけ指摘しておきたい。もし、古墳時代が律令国家の形成過程であるというならば、文献史学の成果に依拠するのではなく、あるいは八世紀に編纂された『記紀』の記述をいったん思考の彼岸に放擲して、三世紀中ごろから七世紀初めごろの前方後円墳の変遷だけをとおして、律令国家への道程が描けるのかどうか、という試行がもっとなされるべきだ。

『日本書紀』に記述された歴史は、カミから歴代の天皇へとスムーズにつながっている。つまり、連続性が一つの属性になっている。そういった意味では、古墳時代・「大化前代」から律令国家へは切断のない歴史を形づくっている。したがって、古墳時代を一個の独立した時代として把握するといっても、律令国家につながる要素が古墳時代にあるという一般論が成立する余地は、もちろんある。ただそれは社会が連続する、という意味にしかすぎない。どの時代でもそこに生活していた人間集団が途絶しない以外は、新しい時代は古い時代の何かを継承しているのはあたりまえのことである。それを論じるのは別の問題である。そうではなくここでの課題は、律令国家の前史ではない古墳時代像に向けての方法論的鍛錬である。

## 2　はたして考古学は歴史学か

多くの考古学研究者は〈考古学は歴史学だ〉とみなす。漠然とそう考えている研究者も含めて、それはなかば「自明の理」のように思われてきたふしがある。そう認識しているのであれば、遺跡・遺物である

「もの」をとおして、それらを遺した人びとの行動様式や観念のありかたなどを、可能なかぎり明らかにしていかねばならない。しかし、そうした学的営為や指向性がどれほどあるのかと問い直すと、現況はいささか心許ない。とくに、近年の考古学界ではそのような問いが発せられること自体が、きわめて少なくなってきている。もっと言えば、考古学と歴史学は違った分野に属するのだと、なんとなく思っている考古学研究者が増えたように見えないこともない。

「実証的な研究は必要であり、それが考古学の基盤でもあるが、真の考古学は実証の上に立つ推理の学であるべきである。そう考えて、著者は実証的な研究とともに、それらの上に立つ推論の発表にも心がけてきた。考古学が歴史学であるためには、また考古学者が歴史学者であるためには、それが当然の任務と信じるからである」（小林一九六一）。

「自らを歴史学と任じて久しい考古学が、その独自の資料のみを使ってはたして歴史を復元・再構成しうるものかどうか」。「地域的にも全土的にも、問題意識と適切な方法に導かれて資料検証とその総括を進めていけば、考古資料に立脚した本格的な歴史がやがて書けるにちがいない」（近藤一九八三）。

体系的な著作への取り組みがけっして十分とは言えない日本考古学界だが、「遺された物をとおして、そこにいかなる古代があったかということを、適確に解き明か」（小林一九六一）そうとした小林行雄や、考古資料だけで歴史を叙述しようとした数少ない古墳時代の体係的通史、『前方後円墳の時代』の序文に記された近藤義郎らの〈志〉がどこまで継承されているかというと、いささか疑問符がつく。

一九七〇年代ごろから「記録保存」のための発掘調査——道路や住宅建設、あるいは学校建設や圃場整備といった各種国土開発にともなう緊急調査（行政調査、事前調査などともよばれる）——が、全国各地で猛威をふるいだした。文化庁の『埋蔵文化財関係統計資料』(文化庁、二〇一〇)によれば、そのピークの一九九九年には緊急調査経費は約一三二〇億円にものぼる。一九七五年にはわずか八九八名だった埋蔵文化財担当の専門職員(都道府県や市町村の各自治体や、その外郭団体など)が、二〇〇〇年には七一一一名と飛躍的に増えた(ちなみにそれ以降は減少傾向にあって、二〇〇九年には六一一八名に減少している)。

その結果、これまで大地に遺されてきた遺跡・遺物が各地で掘り出され、夥しい考古資料として私たちの眼前に姿を現した。それは旧石器時代から江戸時代、ときとして近代にまで、そして北海道から沖縄まで、時空的に研究対象を一気に拡大させた。さらには、自治体などの埋蔵文化財行政専門職員などを中心に、考古学研究者も大幅に増加させた。ところが、そうした膨大な考古資料は、たとえば二〇〇九年現在の出土品は六〇×四〇×一五㎝ほどのコンテナに換算すると約七六〇万箱に達しているが、そのままではみずからの故事来歴を語らない。それらは0・5次資料とでもいうべき性格をもつため、個々の考古資料に時代や機能や生産地などを付与する研究、0・5次的資料の1次資料化的研究、考古資料の歴史史料化的研究が必要となってくる。いきおいそれは個別形態論的研究の形をとることになって、この間それに日本考古学は奔走を余儀なくされてきたわけだ。

「記録保存」のための発掘調査は自治体行政として担われたから、担当した専門職員の多くは自治体、もしくはその外郭団体に所属する研究者であった(近年は民間調査機関の研究者も増えている)。したがって、みずからが所属する自治体の遺跡・遺物の解明を目的とした研究になるのは、なかば止むを得ないことである。さらに、史的唯物論的歴史観の退行とポストモダンふうの思潮もあいまって体系的指向性が姿を消し、研究はますます細分化されていく。もっとも、そうした事態は研究の自己運動としてはなんら否定すべきことではないが、そこにとどまっているだけでは資料学としての考古学はありえても、〈歴史学としての考古学〉が成立しないのも、ことさら指摘するまでもないことである。

もうひとつ付け加えておくと、地域社会や多様性の抽出そのものが研究テーマになったような傾向がつよくなってきて、他地域や普遍性への方向性はいっそう希薄化している。律令制下の国や現在の自治体など先験的に設定された「地域」についても、地域社会がいつ、どのようにして形づくられたか、それを長期間維持していくためには、いかなる力や人びとの共通意識が必要か、などはほとんど不問に付されている。都道府県史や市町村史などの自治体史でも、個々の地域に分布する遺跡・遺物の事実分析と、普遍的かつ一般的な説明が矛盾なきかのように同居しているものが目に付く。

資料の氾濫にもとづく個別形態論的研究の隆盛、都道府県単位、もしくは市町村単位の自治体考古学の進展、地域性と多様性ばやりの考古学研究の現状などがあいまって、「古墳時代像の構築」といった大きなテーマを掲げた体系的な研究はいっこうに進展しない。いきおい「違い」の抽出にウエートがかかるから、それが強調され「同じ」が等閑視されがちになって、一段と研究は「重箱の隅」状態に堕していく。たとえば、前方後円墳の多様性・特殊性には目を向けるが、それらを超えてみられる共通性や画一性は無視されがちになる。

旧石器文化や縄文文化のように、ほとんど変化しない、もしくは緩やかな変化の時代や文化もあったが、往々にしてこれまでの歴史学・考古学研究では、〈変化が歴史だ〉とみなされがちであった。しかし、そうした見方は第一に、「違い」の抽出と、それがもたらす要因の説明などに重点を置き、「同じ」の側面は往々にして軽視してしまう。ことさら言うまでもなく、長期的視野でみれば「同じ」も変化していくのであるが、たとえば古墳時代を前期とか中期と時期区分をした場合の、前期や中期そのものの歴史的意義はほとんど説明されない、といった欠陥が生まれる。第二、変化は変化でしかあり得ないはずなのだが、そこに発展史観、〈未開＝文明〉史観が作動すると、なぜか変化が「発展」に等値されてしまう。それを象徴するのが、縄文文化を「停滞」的文化とみてきたのが、発展史観の退潮で「安定」的文化に変わってしまったことではないか。

それはさておき、幸か不幸か新しい資料は次からつぎへと、いわば無限のごとく地中から発見されるから、研究の材料には事欠かない。もっとも、そうした情況にも近年では翳りがみえてきた。日本考古学の「繁栄」をささえてきた埋蔵文化財行政、それとほぼ等値され、あたかも無窮につづくと錯覚されてきた「記録保存」のための発掘調査が、国土開発行為の一段落とともに低調になってきたからである。田中琢や都出比呂志の次の指摘は、先の二人の言説とあわせて、いまとなっては重いし、深い。

「これまでの多くの日本考古学の研究は、できるかぎりの情報を集積し、それから帰納して推論を抽出する方法をとってきた。それが日本考古学の特質ともなり、優れた成果を生むとともに、資料の収集、データの集積を考古学の一目標とみなしかねない、悪しき側面を形成することにもなった。しかし、多量の情報の洪水は、帰納的な研究法の困難な状況にたちいたらしめるであろう」(田中一九八六)。

「欧米の学者が指摘する日本考古学の特質」は、「①遺物中心主義、②遺物型式学と編年体系の精密さ、③文化系統論の重視、④理論の欠如、⑤緊急調査体制の肥大化、⑥自然科学利用の発達」(都出一九九五)。

一九七〇年代中ごろ以降、ここ三〇年ほどの埋蔵文化財行政の一気の飛躍——ピークは過ぎ、「記録保

表5　考古学をめぐる現況

| | | | | |
|---|---|---|---|---|
| 「記録保存」のための発掘調査<br>0.5次資料の１次資料化的研究<br>自治体考古学——他地域と切断された地域性 | × | ポストモダン風の思潮<br>研究の細分化 | ＝ | 多様性と地域性の考古学<br>希薄な歴史的思考<br>体系的歴史への指向性の弱さ |

存」のための発掘調査に偏重してきた埋蔵文化財行政は、大きな曲がり角に立っている——で、上述のような「繁栄」をきわめてきた日本考古学界の成果が、必ずしも国民に受け入れられていないという客観的情況との乖離を、考古学研究はどうすれば克服できるのであろうか。膨大な量の個別研究をふまえて、いかに体系的かつ統合的な研究をすすめていくのか、という問いをたて、それに応答する時期にさしかかっているように思うのだが。

上述してきたことを図式化すれば、表5のようになろうか。

## 3　文字主義と考古学

文字史料を用いて叙述するのが歴史学である。そう任じている文献史家のなかには、考古学が歴史学である、とは考えていない論者も少なくはない。文字に描かれたものだけが歴史であって、大地に遺された労働の痕跡でしかすぎない考古資料などは歴史叙述の素材とは認めがたい、考古学は所詮は文献史学の補助学程度だ、との認識が、依然としてつよい。考古学にたいする見方の事例として、いくつかの言説を日本古代史研究者以外のものもふくめて列挙しておく。

「太平洋戦争がおわって旧日本のあらゆる権威が崩壊すると、こんどは記紀の神話や伝説が歴史教育の場から姿を消し、教科書はみな考古学の叙述からはじまることとなった。これは戦前の歴史教育に対する反動であり、たしかに一つの進歩であったのだろう。オオクニヌシやヤマトタケルを知らないいまの高等学生も弥生式文化や古墳文化のことなら実によく知っている。しかし、日本国家の起源を論ずる時には、考古学は万能ではない。なぜなら考古学上の遺跡や遺物は、ただ原始古代人の生活のあとを伝えているだけであって、発掘がどんなに進んでも、文字をきざんだ遺物でも発見されないかぎり、政治の過程や社会の組織までとらえることはできないからである。日本国家の起源を探る唯一の道は、考古学・人類学・神話学・民族学などの成果をできるかぎり摂取して、記紀の神話や伝説の中から、史実を探り出すという、昔ながらの方法しかないのである」（井上一九六〇）。

「日本の特質は、誰の記憶にも留まらないような考古学的事実にあるのでもなく、また理想として恣意的に想定されるものでもない。日本人の文化はむしろこうした事実を含む長期の歴史と、そこで様々に織り成された文化的要素の蓄積の過程のなかに見出されるべきであろう」（坂本一九九八）。

「考古学者が発掘した遺物の解釈をいろいろと提出するけれども、その解釈の枠組みは、あいも変わらぬ『日本書紀』と『古事記』の大和朝廷のイメージなわけだ」。「日本書紀や古事記に頼った解釈を採用して、追放した日本書紀と古事記の神話や説話の代わりに、歴史の空白を埋めようとする、これでは結局、犬が自分のしっぽを追いかけるようなもので、どうどうめぐりだ」（岡田二〇〇二）。

「古墳時代の考古学者の資料解釈は、ごく一部の例外的な方を別に、もう百年近く、依然として『古事記』『日本書紀』の国家形成史の陳述（ステートメント）の枠組みに身も心も依存し隷従しつづけている。曾て『前期古墳』の時代とされていた三世紀第四四半期～四世紀第三四半期の『記』『紀』の骨骼（後述）は、七世紀の終わり近く（天武朝を中心とする時代）、『現御神』天皇の総括的全土万民掌握体制の規範として求めた理想的時代、その時代が、神の意志で拓かれたのだという神の国建国のパブリック・ステートメント、天武ドクトリンのイデーの形象化である。この構想の枠組みから人格的・思想的に独立し、物的資料の科学的・合理的解釈のみによって、列島規模での王権の一元的な身分秩序が立証できるのであろうか」(山尾二〇〇二)。

研究者のイデオロギーの左右を問わず、そこには〈文字主義〉とでもいうべき歴史観が通底している。日本列島における人びとの数万年の営みのなかで、文字でそれが詳しく記されたのは、七世紀以降のわずか一四〇〇年ほどにしかすぎない。したがって、旧石器ねつ造事件で躓づいた負の遺産をもちつつも、戦後日本考古学が明らかにしてきたような、文字に記されなかった永い人間の歴史を、どのように歴史学の対象にしていくのか。それは考古学でしかなしえないし、そこにこそ考古学の課題がある。さらには、文字に記されなかった技術や生産段階もそうだが、文字をもたなかった北海道の続縄文文化・擦文文化・オホーツク文化・アイヌ文化や、沖縄諸島の貝塚後期文化やグスク文化などを、どのように歴史の舞台に昇らせるか、という課題もある。それは川田順造『無文字社会の歴史』(川田一九七六)に描かれた諸民族の歴史やインカ帝国などの歴史が、歴史学の埒外になるはずはないというのとおなじである。

文字だけが歴史だ、との考え方では、あまりにも歴史の射程が短かすぎる。日本列島には、水田稲作という生産経済に移行した前一〇世紀の弥生文化以降、現代にいたるまでの変化の激しい時代と、それ以前の二〇倍以上ほどにもおよぼうかという、変化の緩やかな永い獲得経済の時代があった。そうした人びとの営為を歴史とよべないはずがない。

文献史学のなかには、文字＝文明＝国家のような先入主的かつ絶対的な命題が横たわっているようにも思えるが、もともと文字を史料にするだけに、仕方がないといえばそれまでである。むしろ、批判の矢はブーメランのごとく考古学の方に帰ってくる。そこでの一つの課題は、「歴史は変化だ」といった命題への批判にもある。変化がゆったりとしていた文字をもたない時代や文化、旧石器時代や縄文時代の歴史をどのように描いていくか。

考古学の描く歴史、ことに古墳時代のそれは、所詮は『記紀』の手のひらで泳いでいるにすぎないと文献史家などから断罪されるけれども、次からつぎへと陸続と大地から掘り出される新たな事実によって、『記紀』が、というよりそれを素材にして叙述されてきた日本古代史が、歴史の片隅へ追いやられているとの意識が、むしろつよくなっているのではないか。『記紀』を対象にせざるを得ない七世紀以前の歴史学は、近年はけっして順風満帆ではない。

「七世紀以前の時代を対象とした歴史学の研究は、前講座（『講座日本歴史』一九八四〜一九八五年）以降必ずしも活発ではない。それは文字史料の少なさが決定的な要因であろう。七世紀前半以前となると、文字史料は極端に少ない。その分記紀に頼る側面が大きいが、その資料的価値については論議が多く、なかなか確定的なことが言えない。したがって、考古学の成果を取り入れながら立論しなければならないが、それを記紀の語る歴史といかにリンクさせるかというと、なかなか難しい点が多い。こうした特有の困難さが、近年の研究の少なさの要因であろう」（舘野二〇〇四）。

舘野和己が指摘するように、文献史家の大化前代史からの撤退が始まって久しい。そのため、文献史学の側から提供される新しい時代像や知見が少なくなってきた。そうした事情とあいまって、『記紀』の記述に前方後円墳などの考古情報をあてはめてしまうことが、増えているように思えてならない。そうした事態が、上述した考古学にたいする批判を生みだすが、それらのいくつかは的を射ている。本書はいってみれば、それにたいする反論のようなものだし、考古資料の急増で通説との矛盾が見えているにもかかわらず、古墳時代像のそれが変更されないのはどうしてか、を考えることが目的である。さらには通説の多くはやはり『記紀』の記述、もしくはそこから組み立てられたものと深い関連をもっている、という事態をめぐっての議論でもある。本論に入っていく前に、『記紀』にどのように考古学が依存しているかの事例を、いくつか拾っておきたい。

国造に特定の前方後円墳を比定することが、ことに東国などでは目立つ。地名などから国造の分布が復元される地域では、そこに築造されている大型前方後円墳が、国造と直結されがちである。この場合、それだけで研究が止まってしまったり、国造に充当されなかった首長墓は無意識裡に地域の歴史からは捨象されたり、といった問題がつきまとう。文字史料が残されているがためのわかりやすさ、それが思考停止状態を将来する、という逆説的な情況がないことはない。ちなみに、『国造本紀』によれば一二六の国造が任命されていたが、『隋書』には一二〇の軍尼（くに）があったと記し、『宋書』倭王武の上表文には東の毛人五五国、西の衆夷六六とある。異なった文献に記された一二六、一二〇、一二一という政治的単位の数は偶然なのか、それとも五世紀後半ごろから六世紀末ごろにかけての地方的な政治領域の数を、一定程度あらわしているのであろうか。

おなじく地方統治については、安閑紀の「武蔵国造の乱」が「武蔵国」地域の首長墓の動向と関連させて論じられる場合がある。そこでは、「武蔵国」という律令制下の国が、そのまま古墳時代後期の政治領域として遡及され、そのなかでの首長墓系譜の消長と「武蔵国造の乱」が相関的に論じられる。「はじめに安閑紀ありき」といった感がぬぐえない。ここでも、「武蔵国」の版図を表す考古資料があるかどうかの検証は十分ではない。たとえば、北武蔵地域の首長層は六世紀末ごろから七世紀をつうじて、切石造り胴張り複室構造の横穴式石室を築造しているが、南武蔵地域の首長層はそれほどの斉一性はもたない。すなわち、多摩川下流域では七世紀初めごろから後半ごろにかけて矩形の切石横穴式石室がつくられていた。いっぽう、上・中流域では七世紀前半には顕著な首長墓が見あたらないが、中ごろになって北武蔵地域と同型式の切石造り胴張り複室構造の横穴式石室をつくる（池上一九九二、松崎二〇〇六、広瀬二〇一二b）。このように、横穴式石室の型式をみるかぎり、七世紀の武蔵地域は一枚石ではない情況を呈しているわけだ。

同様の問題に「磐井の乱」と福岡県岩戸山古墳の関係も挙げられる。『筑後風土記』にもとづいて、岩戸山古墳が磐井の墓である、というのが森貞次郎らの研究（森一九五六など）によって、不動の事実のようになっている。それが歴史的定点とみなされ、その後の論が展開されがちである。しかし、六世紀最大の「反乱」を起こした地方豪族が、畿内地域を中心とした階層性と汎列島的な共通性を見せる墳墓、しかも九州でも最大級の前方後円墳に埋葬されているのは、いったいどう理解していいのであろうか。ここでは、前方後円墳が表出した政治動向とはいったい何なのか、との問いが出される。

畿内地域などでは、墳丘の長さが二〇〇mを凌駕した巨大前方後円墳や、墳長一〇〇mを超える大型前方後円墳、あるいは終末期古墳などの被葬者に、さしたる根拠もないまま『記紀』に記された〇〇天皇や、〇〇皇子などが充当されがちである。最近では大阪府今城塚古墳が「真の継体陵である」などの言説が、学術論文に見られたりする。しかし、年代の決め手である現行の須恵器編年の実年代観が、変更したりすればどうなるのであろうか。そもそも共同性の強さと、それにともなう匿名性が、前方後円墳の大きな特性——七世紀末ごろにつくられた高松塚古墳やキトラ古墳でさえ、被葬者名は記録に残されていない——なのである。古墳の被葬者を知りたいという知的欲求は理解できるし、マスメディアに代表される大衆的要求もある。確かに魅力的な作業だし、追求していく姿勢は大切だと思う。しかし、墓誌でも出ないかぎり所詮は無理なのである。それは考古学的方法の守備範囲の埒外ではないか。さらに、若狭・近江などの六世紀の古墳を理解する際に、継体天皇の事績をひくこともままあるが、八世紀に編纂された『記紀』の記述がそのまま適用されるのは、いったいどうしてなのであろうか。

それと関連して最近、目立つのが、特定の時代を「雄略朝」とか「継体朝」と呼ぶことである。五世紀後半ごろとか六世紀前半ごろというよりはイメージが抱きやすいし、わかりやすいのかもしれないのか、安易に使ってしまいがちである。ただ、そのときの「わかりやすいイメージ」の淵源が『記紀』であることを忘れては、考古学の自殺行為になりかねない。漢風諡号の天皇名を五〜六世紀に遡及させたり、王朝を物語る「朝」を使ったりは、天皇号の開始年代や王朝概念など自身が古代史の重要なテーマであるだけに、いっそうの慎重さが求められる。学問をわかりやすくするということはけっして無制限ではないはずだし、宮内庁による陵墓・陵墓参考地の治定にたいする考古学界の厳しい批判や、たとえば仁徳陵を大山古墳と呼びかえてきた学的作業とはどこでどうつながっているのか、問われかねないであろう。

ここで参考のため、文献史家の古墳にたいする見解のいくつかを紹介しておこう。井上光貞は西嶋定生の論旨をふまえて「国家統一の記念碑」として古墳をとらえる。

「古墳の発生とその伝播は、従来の考えかたにもとづいても、大和政権の成立とその支配の拡大の表現である。まして西嶋氏の考えによれば、古墳の各地における発現は、大和政権と地方豪族との間の一定の支配関係の表現でさえある」。「五世紀中葉には、大和朝廷が、日本の中心地帯を一つの統治組織にまとめあげていたのである。この国家統一の記念碑は、応神・仁徳（＝讃？）・履中（＝讃？）の三天皇の巨大な前方後円墳である」。「これは記紀のいかなる所伝よりも、国家統一時の天皇の権威の雄大なスケールを物語っている」。そして「群集墳の簇生は、かれらの経営の自立化と、社会的地位の上昇が一定の高さに達したことをしめすものであろう。それが、多かれ少なかれ、全国的にあらわれてきた点で、六世紀は古代史上、画期的な意味をもっている」(井上一九七四)。

ついで、井上とおなじく『日本書紀』を肯定的にとらえる吉村武彦は、「ヤマト王権」と前方後円墳の関係を次のように述べているが、崇神王を「初代の天皇」にするのはともかく、行燈山古墳を「崇神王の王墓」としているのは宮内庁であって、日本考古学研究の大勢でないことは付記しておかねばならない。「『記紀』に伝承された『初代の天皇』は崇神王である可能性が高い。ところが、崇神王の王墓（奈良県天理市の行燈山古墳）は四世紀前半の築造と考えられており、最古級の古墳ではない。両者の間には数十年以上のズレがあり、ヤマト王権は古墳時代前期の時期に成立することになる」。つまり「ヤマト王権の成立と前方後円墳の成立とはズレがある。前方後円墳の成立からヤマト王権の成立までの王権を『プレ・ヤマト王権』と呼ぶことにしたい」。この「ヤマト王権は、律令制国家が成立する以前の王制の政治的権力機構となる。このヤマト王権は四世紀前半に成立したと想定され、律令制国家が成立する七世紀後半までの王権である」(吉村二〇〇六)。

大化前代をあつかう文献史家にとって、前方後円墳のもつ汎列島的な階層性が、『記紀』の記述などに妥当性をあたえるうえで、大きな影響力を行使している。墳長が二〇〇mを超える巨大前方後円墳が、大和・河内・摂津といった畿内地域に集中しているという事実は、全国の政治勢力の不均衡をビジュアルにしめしている。そして、倭王武の上表文や「辛亥」銘鉄剣の一一五文字などにも、いっそうの信憑性や安心感をあたえている。ちなみに、文字史料を駆使した通史的名著の表紙には、往々にして巨大前方後円墳の空中写真が使われている。たとえば、講談社学術文庫の直木孝次郎『日本古代国家の成立』（一九九六）は大山（仁徳陵）古墳、上田正昭『大和朝廷――古代王権の成立』（一九九五）は箸墓古墳といったふうに。

文字のない時代や、あっても少ない時代、それらは先史時代や原史時代ともよばれてきたが、その歴史叙述の難しさに考古学はいつも直面している。沈黙の資料といわれる遺跡・遺物で歴史を語るとき、ここまで述べきたったように古墳時代では、『日本書紀』の体系的記述にどうしても捕捉されがちである。おなじ墳墓様式の前方後円墳なのに、あるときはそれで「同盟」を語り、べつのときはそれで「服属」を語る、というのがそれである。「もの」そのものの解釈と、「もの」の歴史的文脈のなかでの解釈は峻別されねばならないが、後者には往々にして『日本書紀』の編年体での記事が先験的に機能してしまうわけだ。それでは「もの」としての前方後円墳を一貫した視座で把握するまえに、〈奈良時代の支配層の歴史観を通して古墳時代を視る〉という陥穽にはまってしまいかねない。

『日本書紀』の記述をいったん離れてみると、いったいなにが見えてくるか。それに依拠する前に、遺跡・遺物という「もの」で歴史を描くという営為がもう少し試行されてもいいのではないか。しかしながら、およそ三五〇年間の前方後円墳の時代を、まとまりをもった一個の時代――それ以前の弥生墳墓とも、以降の奈良時代の墓制のありかたとは決定的に違う前方後円墳――としてとらえた著書はほとんどない。

やはり、普通名詞の考古資料とそれを用いて描き出す歴史が、固有名詞を希求するのは無理はないし、具体性を知りたいという一般の要望もそうである。

あるときは文献史学の成果にもとづき、ほかのときは別次元で説明するのであれば、個別学問としての成熟度を問われても仕方がない。方法的な一貫性をもちつつ、前方後円墳をとおして考えられるところまで考えてみる、という作業がいま要請されている。等比級数的に増えてきた考古資料を整合的に説明できるような考察こそが、いま求められているわけだ。

# Ⅱ　大和政権の展開

古墳時代もしくは「大化前代」についての既往の歴史像は、おおむね上述してきたとおりである。もっとも、これらは古墳時代を全体としてみた、いわば通史的にとらえたものなので、Ⅱでは大和政権が時代とともにどう変貌したのか、Ⅲではどのように各地の首長層との政治関係を結んでいたのか、いわば大和政権の時―空的展開についての研究の問題点を、考古学を中心にしながら一部文献史学も援用しつつ、もう少し詳しく見ていこう。

## 一　古墳時代前期の大和政権

前方後円墳を中心とした古墳の変遷と、各地の首長墓系譜の消長などをとおして、四世紀後半から末ごろに第一の画期を、五世紀後半ごろに第二の画期を、七世紀初めごろに第三の画期をみるのが一般的になっている。そして、それぞれの画期が古墳時代の前期、中期、後期、終末期の時期区分の大きな根拠になっている。また文献史学との関連でいうならば、第一の画期は「応神朝」の河内政権誕生に、第二の画期は「治天下大王」の「雄略朝」に、第三の画期は「推古朝」の天皇号や「日本」の成立などとかかわらせることが可能である。これら三つの画期を中軸に据えながら、それに六世紀後半ごろの画期を追加し、以下いくつかの論点について整理しておこう。

## 1 初期大和政権の特性――『魏志倭人伝』と古墳時代

弥生時代後期から古墳時代にかけての文字史料にはいわゆる『魏志倭人伝』があるぐらいで、その後は「謎の四世紀」といわれるように文字史料の空白期である。ところが近年、初期の古墳に副葬された「景初三年」「正始元年」銘三角縁神獣鏡などの位置づけに加え、年輪年代法や炭素14年代法という理化学的方法の成果などがあいまって、前方後円墳の成立年代が三世紀中ごろまで遡及している。その結果、けっして詳細な論証をともなうものではないけれども、景初三年（二三九年）に魏王朝に遣いを出し、二四八年ごろに死去したらしい卑弥呼の墓が、最古様式の前方後円墳の一基である奈良県箸墓古墳ではないか、との意見も出されてきた。

確かに、その蓋然性は高まってきたようにも思われるが、『魏志倭人伝』との障壁は依然として大きい。「径百余歩」という表現からすれば、卑弥呼の墓は直径一五〇mほどの円墳と認識されていたらしいが、墳長二八六mにおよぶ前方後円墳である箸墓古墳との懸隔をどう見るのか。また、それには「百余人の奴碑を殉葬させた」との箇所もみられるが、そのような考古学的事実はいまのところは認めがたい。

ちなみに、「殉死」については『魏志倭人伝』や『記紀』に再三、記述されているにもかかわらず、考古学研究では軽視されてきた。『日本書紀』の記述に敏感な日本考古学にしては、いささか腑に落ちないところである。たとえば三重県石山古墳、岐阜県昼飯大塚古墳、兵庫県行者塚古墳などの前方後円墳では、同一墓壙のなかに三基の木棺が併置されていた。さほど格差をみせずに埋葬されていた三人が、同時死なのかあるいは改葬されたのかは不明だが、少なくとも同時埋葬された事実だけは動かない。したがって、これらは自発的な死、もしくは強制的な死としての殉葬を考察する資料になりうるが、そういった観点からの研究はほとんど見あたらない。あるいは戦前の皇国史観などとの関連が意識されているのであろうか。

さて、箸墓古墳の埋葬施設は未調査だから一概にそうも断定できないが、『魏志倭人伝』に基づくかぎり、箸墓古墳が卑弥呼の墓であることは証明しがたい。なによりも上記したような矛盾を、『魏志倭人伝』に記された大きさは箸墓古墳の後円部のことではないか、というふうに「柔軟な」解釈で解消してしまえば、考古学の個別学問としての存立意義はいささか低くなってしまいかねない。

前方後円墳成立年代の遡及によって、これまで弥生時代後期のできごととみられてきた邪馬台国は、一部古墳時代に重なる可能性がつよくなってきたが、『魏志倭人伝』との関係では、さらには「景初三年」銘三角縁神獣鏡と「銅鏡百枚」がある。福永伸哉らの三角縁神獣鏡の研究者が議論を深めた研究書では、「中国鏡史のなかの三角縁神獣鏡、製作地と製作工人、編年と製作年代、製作技術の検討、三角縁神獣鏡と古墳文化、卑弥呼の鏡・邪馬台国の鏡」が詳細に論じられ、「銅鏡百枚」についての諸説も開陳されている（福永ほか二〇〇三）から、詳しくはそれを参照していただきたい。本書とつよくかかわりをもつのは、つまり古墳時代像の構築におおきな影響力を行使してきたのは、先述したとおり小林行雄である。

三角縁神獣鏡の研究を中軸にすえて古墳時代の研究をリードした小林は、初期大和政権について「同笵鏡をふくむ三角縁神獣鏡の配布」から、その「勢力圏は、三世紀には西は北九州をふくみながら、東は濃尾地方にとどまっていたが、四世紀にはいると、やがてその東辺を群馬県にまでひろげる動きをみせた」（小林一九六一）と述べる。つまり、大和政権を中心とした東西への政治的進出に時期差があったと指摘するわけだ。この研究は鍬形石・車輪石・石釧などの腕輪形石製品の西方偏在型の分布などともあいまって、初期大和政権の範囲とその支配圏の拡大についての一つの定点となってきた。そして、初期大和政権を体系的に理解するためのイメージ形成の大きなよりどころとなってきた。ただ、近年では東国でも1期の前方後円（方）墳が造営されている事実が明らかになってきたから、「政治的進出の時期差」について再考が必要になってきたのは後述するとおりである。

もう一つの論点は前方後方墳の評価である。古墳時代の最初から前方後円墳と前方後方墳が併存していたが、古墳時代前期の東海以東の地域では、おおむね前方後方墳が顕著である。そして、前方後方墳の祖形とみられる弥生時代の前方後方型墳墓が、尾張地域や近江地域などにみられることから、赤塚次郎は前方後円墳につながる系譜に邪馬台国を、前方後方墳にそれと対立していた狗奴国の後裔を想定するダイナミックな見解を出している（赤塚一九九六）。それはそのまま、東日本への大和政権の政治的拡大とも等値されている。もっとも、邪馬台国九州説をとれば狗奴国はそれ以外の地になるので、四国も含めた山陰・中国地方以東の地域が候補地になってしまうが。

前方後方墳の分布をみるかぎり、ときとして指摘されるような、東国は前方後方墳の世界である、前方後円墳の西日本と前方後方墳の東日本が二項対立的であった、とは必ずしもならない。第一、初期の前方後方墳は吉備、播磨、摂津、南山城、南河内などの西日本諸地域でも少なくはないが、前方後円墳にくらべると墳丘規模は劣勢的である。たとえば、播磨地域の前期には前方後円墳三二基にたいして前方後方墳一〇基が築造されている。そのなかで前方後方墳の最大は墳長七〇m（以下、古墳名のつぎの括弧内の数字は墳長。単位はm）の聖陵山古墳だが、前方後円墳で最大の丁瓢塚古墳（一〇四）よりはかなり小さい（岸本二〇〇〇）。また、吉備地域でも前期の前方後方墳が多い。「箸墓古墳の全長の1/6である四七mを境に、それ以下が前方後方墳、それよりも上が前方後円墳となる」（宇垣二〇一一）。

第二、東国のなかでも前期をつうじて前方後方墳が卓越していた地域は、栃木県と埼玉県にかぎられる。そのほかの地域では前方後円墳と前方後方墳のモザイク的な分布が普通で、一円的な分布状況は認めがたい。古墳時代首長墓系譜の地域研究は、東国にかぎらず各地ですすめられているので、その動向が一定程度明らかになっている。ちなみに、『前方後円墳集成』全6巻（近藤編一九九二〜二〇〇〇）の各地域を概観した項の編年表によれば、群馬県や千葉県では前方後方墳が先行するものの、すぐに大型前方後円墳が出現してくる。しかも、神奈川県では初期の前方後方墳は少ないし、東京都には確実なものは見られない。さらに、千葉県飯郷作古墳群のような副葬品の貧弱な小型前方後方墳も目立つ。そういった事実から、「首長層のなかでも下位のグループにおいては、各地域の伝統などの要因から、独自に前方後方墳が採用された。そのため畿内より東の地域で多数の小型前方後方墳が築造された」との見解（藤沢二〇〇四）も出されている。

第三、『前方後円墳集成』編年（広瀬一九九二、以下おなじ）の1期の前方後方墳は奈良県波多子塚古墳（一四五）、下池山古墳（一二〇）、京都府元稲荷古墳（九二）などのように畿内地域にもあるし、1期の最大は波多子塚古墳である。やはり前方後方墳の場合も、階層的構成のピークには大和政治勢力の墳墓が聳立している。さらに、兵庫県の西求女塚古墳（九八）や権現山五一号墳（四八）、あるいは岡山県の湯迫車

表6　関東・東北における前期前方後円墳・前方後方墳の墳丘規模

| 墳長100m以上　24基 | | | |
|---|---|---|---|
| 前方後円墳　20基 | 東北　6基 | 前方後方墳　3基 | 東北　0 |
| | 関東　14基 | | 関東　3基 |
| 墳長130m以上　5基 | | | |
| 前方後円墳　4基 | 東北　1基 | 前方後方墳　1基 | 東北　0 |
| | 関東　3基 | | 関東　1基 |

塚古墳（四八）や都月坂1号墳（三三）など、少なからぬ三角縁神獣鏡を副葬した1期の有力なものが瀬戸内地域には分布している。ちなみに、前期で最大の前方後方墳は、大和・柳本古墳群の北端に営造された西山古墳（一八〇）である。

割竹形木棺を竪穴石槨で覆う埋葬施設や、三角縁神獣鏡をはじめとした副葬品の組成は、前方後円墳のそれとさほど変わらない。「東海の前方後方墳は、前方後円墳とくらべて規模を除けば外表施設や埋葬施設、副葬されている鏡や腕輪形石製品などの威信財はほとんど遜色ない」（中井二〇〇四）。したがって、伊勢・尾張・美濃・越中を結ぶライン以東に、前方後方墳は顕著な分布を見せるけれども、それが前方後円墳に対峙する一個の政治的版図だ、というふうな理解には結びつかない。両者の空間的な分節化は截然とはしがたいし、墳丘規模や威信財・権力財などの副葬をみても、前方後円墳が前方後方墳よりも優位なのは動かない。ちなみに関東・東北地域の墳丘規模は、表6のとおりである。

前方後円墳と前方後方墳の優劣関係は明白である。そうした関係が古墳時代初期からあったのだが、上記したような事実や見解からすれば、前方後円墳と前方後方墳が各々異なる政治秩序をあらわす、という二元論的な解釈は難しい。それらは一元的秩序における二つの姿とみたほうが理解しやすい。

　東国の前方後方墳にかぎると、もう一つの見解がある。前方後方墳分布地域には東海系土器が顕著だし、それを出土する前方後方墳も多いことから「前方後方墳は東海地方西部を中心とする地域から派遣された将軍の墓とするのが妥当である」（高橋一九八五）というものだ。そうしたいわゆる派遣将軍説や、前述した狗奴国説などの前方後方墳をめぐる研究動向については、次のような大塚初重の批判や田中裕の整理がある。

「被葬者が在地出身の豪族であったのか、あるいは畿内の大和政権から東国へ派遣された将軍であったのかを確実に知ることは現状では不可能である。最近、畿内系・東海系と考えられる土器を出土する古墳の被葬者は、東海地方から関東へ派遣された『将軍』であるとする断定的な見解を提起する研究者がいるが、「古墳における現象を歴史学的に分析する場合には、鏡や玉類をはじめ多種多様な武器・武具・馬具などの全体像にも目を向けるべきである」（大塚一九八六）。

「東日本では前方後方墳が先行する。この事実から歴史を読むとき、二つの方向性をみることができる。①政治的普遍性を高く評価する方向性。②地域の独自性・独立性を高く評価する方向性」だが、「①の政治的普遍性重視の方向性は、ヤマト王権の主導により、格下の階層や特定の役割を与えられた集団の墓として前方後方墳が築かれたとの見方を生んだ。前方後方墳の存在から、王権による強力な東国支配の実現を読みとろうとするものである。②の方向性は、地域の独自性を評価する考え方である」（田中二〇〇四）。

　前方後方墳と前方後円墳が異なった政治秩序を表現していたとはみなせないという問題は、円墳や方墳なども同じで、いったい墳形がなにを表わしていたのか、という基本的な命題に敷衍できる。汎列島的な一元的政治秩序のなかの階層性、もしくは地域性などが加味された地位や身分などを表出しているのであろうか。もっとも、畿内地域や吉備地域でみられたように、前方後方墳が階層的下位であるのは否めない事実だから、それが顕著な東海地域以東が、前方後円墳が優勢であった畿内以西にくらべると、全体として政治的劣位に置かれていたことは十分に推測しうる。

「新しいヤマト政権では、首長連合の拡大に対応して」、「邪馬台国連合以来の一次的メンバーが造営することにしたのが前方後円型墳丘墓を発展させた前方後円墳であったのに対し、東日本などの二次的なメンバーに造営を許したのが、かつて狗奴国連合に加わっていた首長たちが造営していた、前方後方型墳丘墓を発展させた前方後方墳であった」(白石一九九九)。

前方後円墳と前方後方墳の差異は、各地の首長層に政治的なランク付けがあったことを物語っているようだが、トータル的に東国などには低い地位が与えられていたようだ。その原因には「狗奴国連合」はともかく、白石太一郎の言うような「二次的なメンバー」としての位置づけがあった確率は低くはない。ただ、そうであっても「一次的、二次的」は時期的なものとは限らない。

先述した小林行雄や甘粕健や井上光貞ら以来の、文化的かつ階級分化的に遅れた東国にたいする大和政権の段階的な支配といった史的位置づけに規制され、そして前方後円墳などを時間差をともなう文化伝播として把握しようという思考があいまって、大和政権の地方統治が一定の時期幅をもって実施された、とみなすのが一般的になっている。しかし、事実は少し違う。

茨城県梵天山古墳（一六〇）、東京都宝萊山古墳（九七）、神奈川県秋葉山2号墳（五一）、福島県杵ヶ森古墳（四六）などの前方後円墳、あるいは栃木県駒形大塚古墳（六四）、埼玉県山の根古墳（五五）、神奈川県真土大塚山古墳（約四三）といった前方後方墳など、1期の前方後円墳や前方後方墳が、福岡県の

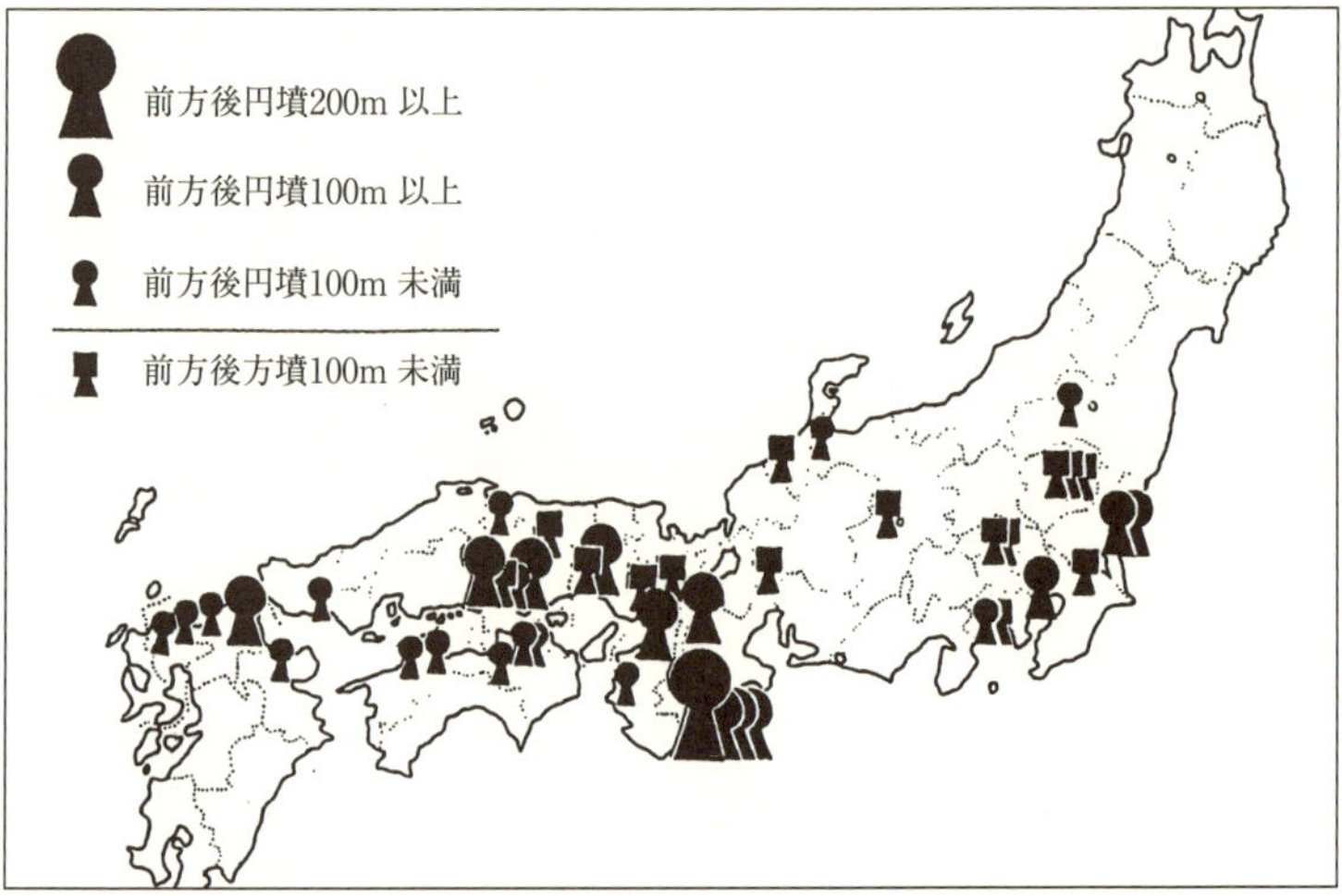


**図１**　初期前方後円（方）墳の分布

石塚山古墳（一一〇）、同那珂八幡古墳（七五）、岡山県浦間茶臼山古墳（一三八）、京都府五塚原古墳（九四）、兵庫県丁瓢塚古墳（一〇九）、奈良県箸墓古墳（二八六）、同中山大塚古墳（一二〇）など、西日本地域ほど密度は濃くないけれども、東国各地で造営されている（図2）。このほかにも円墳や方墳（方形周溝墓）もふくめ、多彩な墳形が1期からみられることも、ほかの地域となんら変わりはない。

東国における古墳築造の開始はけっして遅れてはいない。つまり、疎密の度合いや墳形の偏りはあるけれども、前方後円墳や前方後方墳は1期からすでに、汎列島的に広汎に造営されていた（図1）。したがって、畿内地域などで成立した前方後円（方）墳が、時間がたつにつれて徐々に東国などへも伝播していった、といった「同心円的拡大」の解釈はとうてい成立しがたい。いわば、前方後円墳・前方後方墳は各地で「同時多発」的に出現したのである。ただ、最大規模墳や大型墳の数などが示すように中央性、もしくは中心性を

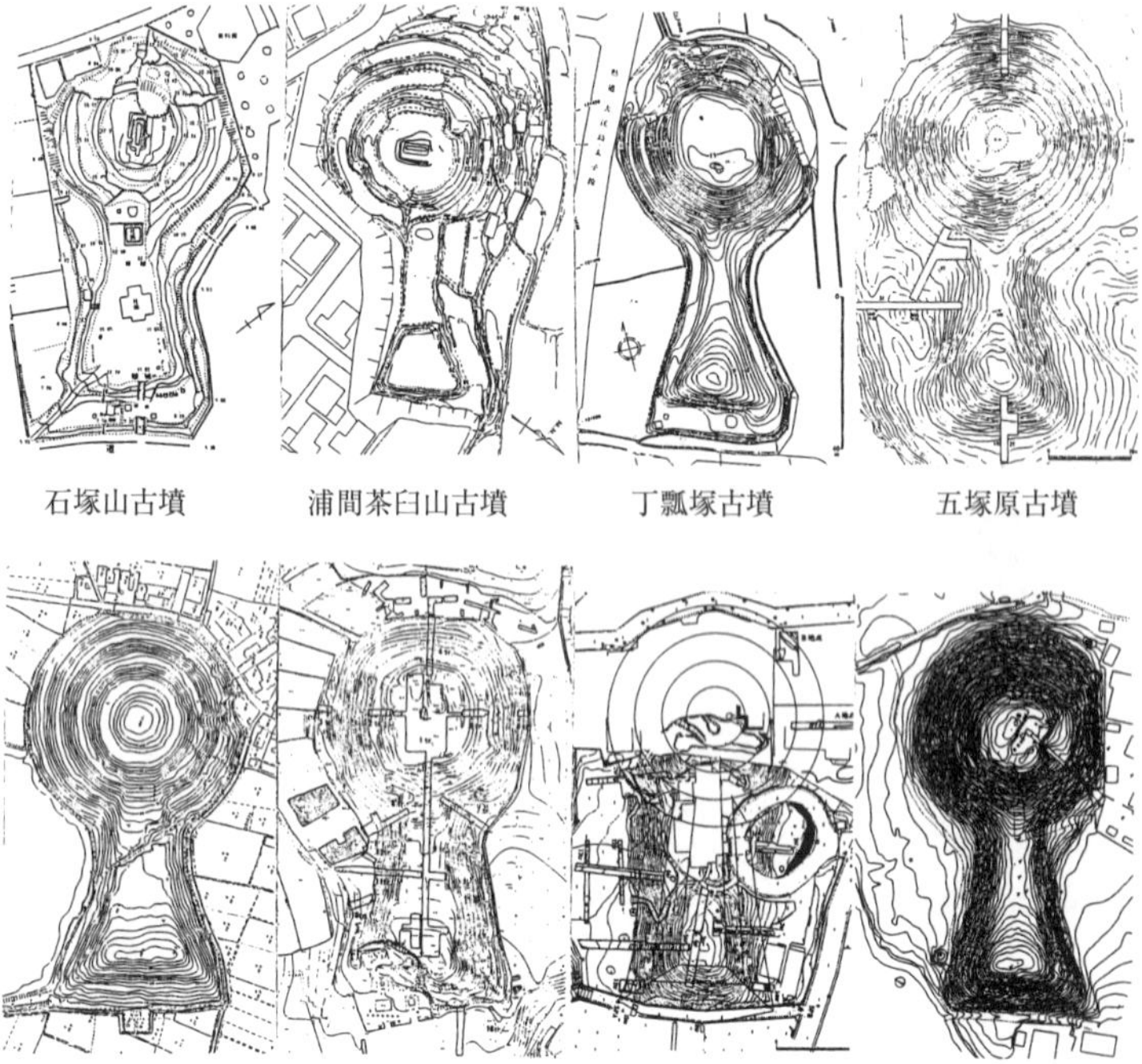


**図２**　１期の前方後円墳

当初からもっていたことが重要である。弥生時代にそのような関係性は認めがたいから、日本列島で初めて〈中央―地方の関係〉が成立したのが、古墳時代ともいえるのである。

さて、前方後円（方）墳の理解にとって不可欠の特徴を二、三指摘しておこう。第一、南東北地域のみならず、たとえば東国では茨城県や栃木県など、弥生墳墓伝統のない地域でもつくられている。それらの地域では古墳時代前期になって、大きな墳丘をそなえた前方後円（方）墳がまさしく突如、出現するわけだ。第二、前方後円（方）墳は地域差というよりも個体差をもちながらも、墳形、埋葬施設、副葬品の組合せなどに、それらを貫く共通性を保持している。後述するような前方後円墳祭祀の理解度に、地域的かつ個別の首長ごとの偏よりがあったのかもしれない。第三、墳丘規模や基数、副葬された威信財や鉄製武器の量、あるいは首長墓系譜の連続性などにおいて、中央―地方の関係が明白にしめされている。次に、そうした前方後円墳の属性の一つである中央性について、検討しておこう。

## 2　初期大和政権の構造

初期大和政権の政治権力はどのようなものだったのか。箸墓古墳や西殿塚古墳が築造された古墳時代の初期から、畿内地域の大和が中心性をもつことは否めない事実である。それにもかかわらず、反畿内中心主義的風潮に左右されてか、近年ではそれをさほど重視しない傾向がつよい。特定の古墳を「〇〇天皇陵」などと比定するいっぽうで、中央・地方の関係は認めないという矛盾した動向があるようだが、前方後円墳の規模や副葬品のありかたをみるかぎり、古墳時代前期に〈中央―地方の関係〉が明瞭に形成されていたのは否定しがたい事実である。

奈良盆地東南部、三輪山西麓の大和・柳本古墳群は、前期の前方後円墳二六基、前方後方墳五基、合計三一基の前期首長墓のほか、後期の前方後円墳三基（珠城山古墳群）、前方後円型弥生墳墓五基（ホケノ山墳墓や石塚墳墓など）、時期不明の円墳数基などで構成される（図3）。三一基におよぶ前期の前方後円墳と前方後方墳のなかには、墳長二〇〇mを超える巨大前方後円墳が四基、墳長一〇〇mを凌駕した大型前方後円（方）墳が一〇数基ふくまれている。おなじように多数の前期前方後円（方）墳が一箇所にあつまった古墳群は、ほかには大阪府玉手山古墳群――大和・柳本古墳群とおなじ大和川水系である――、宮

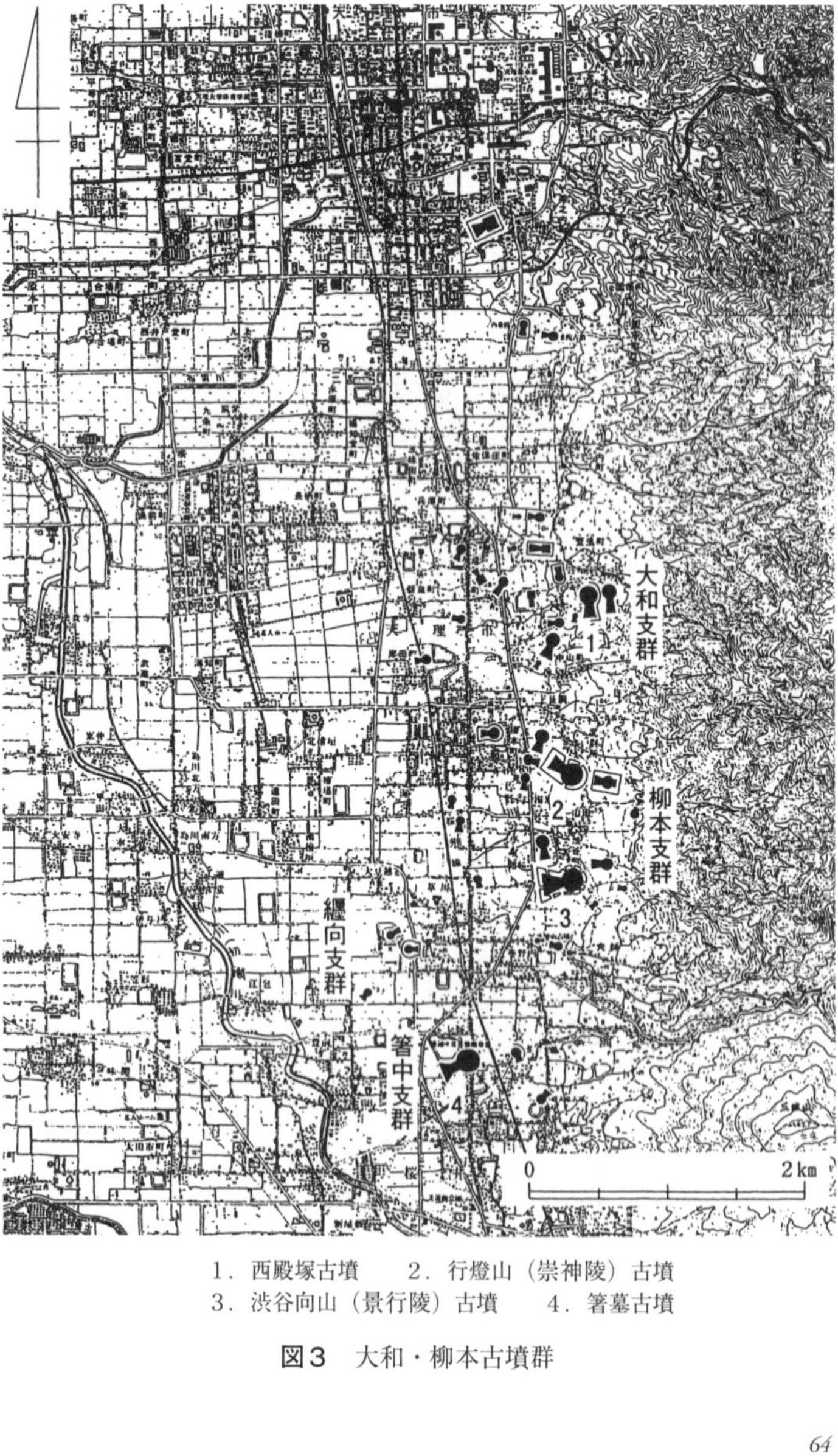


1．西殿塚古墳　　2．行燈山（崇神陵）古墳
3．渋谷向山（景行陵）古墳　　4．箸墓古墳

図3　大和・柳本古墳群

崎県西都原古墳群、香川県石清尾山古墳群などがあるが、これらには墳長二〇〇mを超える前方後円墳は一基も存在しない。さらに旧国単位でみてもそのような地域は他には存在しない。較差は決定的である。

二六基の前方後円墳と五基の前方後方墳のほとんどは1～3期に集中していて、三世紀中ごろ～四世紀前半もしくは中ごろの一〇〇年に満たないほどの年代幅からすれば、当然のことながら単一の首長墓系譜とはみなすのは不合理である。ごく大雑把にいうと、墳丘規模の大小をみせる六～七基ぐらいがたえず平行しながら、四～五代におよんで造墓された蓋然性が高い。そうだとすれば、格差をもった六～七人ほどの首長が、三世紀中ごろから四世紀前半、もしくは一部中ごろにかけて各自、一代一墳的に四～五基の前方後円（方）墳を築造した、その累積が大和・柳本古墳群ということになる。もっとも、六～七ほどの首長系譜が固定的かつ安定的であったかどうかはわからない。

奈良盆地の各所に蟠踞していた複数の有力首長が、三輪山西麓の地に共同墓域を定めて一定期間、前方後円（方）墳を造営しつづけた。そして、1期の箸墓古墳（二八六）、2期の西殿塚古墳（二一九）、3期の行燈山古墳（二四二）、3期の渋谷向山古墳（三〇〇）が、四代にわたって一代一墳的に造営され、複数の首長墓の頂点に聳立していた。そして、四基の大王墓の次位クラスには、波多子塚古墳（一四五）、東殿塚古墳（一三九）、黒塚古墳（一二八）、中山大塚古墳（一二〇）、下池山古墳（一一五）、大和天神山古墳（一一三）など、墳長一〇〇mクラスの前方後円（方）墳が築造されている。それらのなかには、三三面の三角縁神獣鏡と一面の画文帯神獣鏡を副葬していた黒塚古墳や、おなじく舶載鏡、仿製鏡とりまぜて合計二三面の鏡を副葬していた大和天神山古墳なども含まれているし、波多子塚古墳や下池山古墳は前方後方墳である。

また、馬見古墳群では3期の前方後方墳、新山古墳（一三七）で船載鏡・仿製鏡あわせて三四面の銅鏡、4期の前方後円墳、佐味田宝塚古墳（一一五）では合計三六面の銅鏡や多量の滑石製模造品などが副葬されていたし、島の山古墳前方部粘土槨の被覆粘土には鍬形石、車輪石、石釧あわせて一三三個の腕飾形石製品が貼りつけられていた。集積された威信財の総量はいったいどれほどになるのであろうか。

大和・柳本古墳群から少し離れたところ、東方からの大和への出入り口にあたる地点にも、2期の桜井茶臼山古墳（二〇六）と3期のメスリ山古墳（二二八）の巨大前方後円墳が造営されている。ことに、メスリ山古墳では激しく盗掘されていたにもかかわらず、その副槨には二一二本以上もの多量の鉄槍が納められていた（図4）。大和政権中枢を担った有力首長の武力のありかが明白に示されている。さらに、奈良盆地から丘陵地帯を超えたところにあって、その位置関係から初期大和政権の一翼を担ったとみて大過ない1期の椿井大塚山古墳（一七〇）でも、三二面の三角縁神獣鏡や二〇〇本以上の鉄鏃などが副葬されていた事実がある。

こうした初期前方後円墳を造営した首長層には、「司祭者」的な特性が付与されるのが通例である。文献史学の立場からも、卑弥呼の王権としての特質について仁藤敦史の考古学成果を活かした次のような見解もある。

「卑弥呼の王権は、後ろ盾としての中国王朝の存在や、そこからもたらされる銅鏡に象徴されるような先進文物、朝鮮半島からの鉄資源の安定的供給、それに加えて卑弥呼のすぐれて個人的な宗教的な資質が不可欠であった。卑弥呼の資質が次代の倭国王にも安定的に継承される仕組み、すなわち卑弥呼一代で築かれた安定的秩序＝平和を次世代に伝えていくシステムがまだ確立していなかったことが卑弥呼王権の限

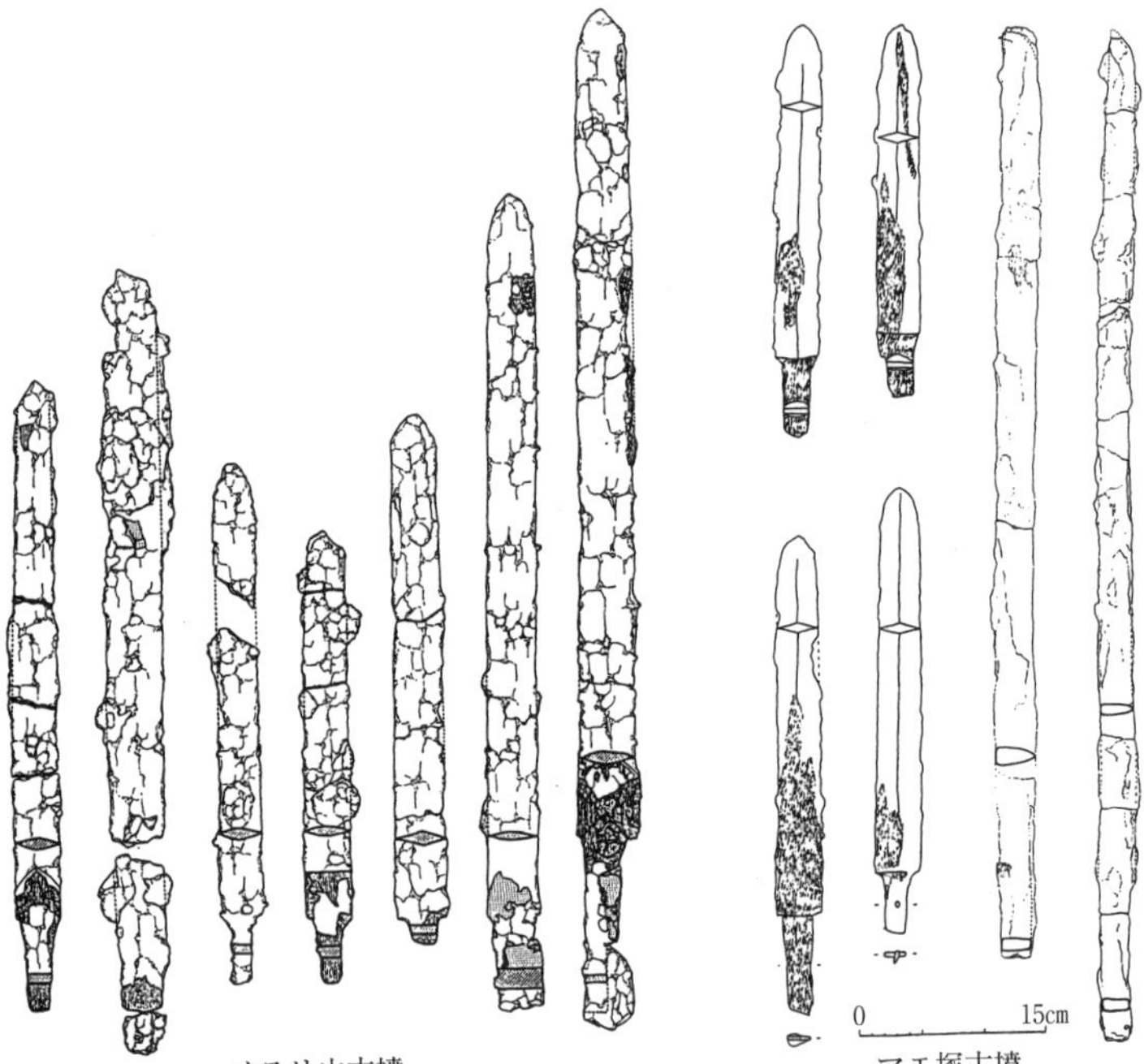


図４　初期大和政権の武器

界であった」(仁藤二〇〇四ａ)。

卑弥呼の「すぐれて個人的な宗教的な資質」は、前期古墳の祭祀的な色彩をもった副葬品とあいまって、王権の特質として大方の認めるところとなっている。つまり、「鬼道」をよくした卑弥呼も含めた三～四世紀の首長層の支配方式は呪術的であったと見るわけだ。ところが、それと相即不離の関係で、四世紀史は闇の彼方だ、卑弥呼時代の延長としてなんとなく未開的だ、といったイメージが醸成されたり、そういった雰囲気のなかに閉じこめられてしまうのはどうしてだろうか。ともすれば、呪術的・未開的なイメージをもたれがちな三～四世紀の王権だが、メスリ山古墳や椿井大塚山古墳の多量の副葬武器にみるように、実際のところは卓越した武力を保持していたわけだ。

それに関して、もう少し事実を付け加えておく。大和・柳本古墳群につづく大型古墳群の佐紀古墳群、その一角を占める直径四八mの円墳、3期のマエ塚古墳も凄まじい盗掘を蒙っていたにもかかわらず、一一九本の鉄剣と二四振りの直刀に加えて九面の仿製鏡などが、また4期の猫塚古墳（三〇か）には鉄刀八、鉄剣二二などが副葬されていた。被葬者は中央政権の一翼を担った中小首長層の一人だと考えられるが、王権なるものが祭祀的だけではなく、やはり武力的であった事情を明白に物語っている。

陵墓や陵墓参考地が多いため実態がわかりにくい初期大和政権である。しかし、大和・柳本古墳群、佐紀古墳群、馬見古墳群における前期古墳の卓越した威信財と鉄製武器の保有を見れば、権力がどこに所在するかは明白である。

# 二　巨大前方後円墳と河内政権論

## 1　中期古墳の変革

古墳時代中期になると、段築で構築された墳丘の斜面には礫石を葺き、テラスには円筒埴輪列をめぐらせ、水平で盾形の周濠をもった畿内様式の前方後円墳が、地方にも広範に普及していく。そして、東海以東を特徴づけてきた前方後方墳もほぼ姿を消し、それに代わるように前方部が矮小化された帆立貝式古墳（帆立貝形前方後円墳）が各地に出現してくる。さらには、前方後円墳は四周から見えるような平地に立地するのが普通になる。このように四世紀後半ごろ、もしくは末ごろには、古墳の変遷にとって大きな画期が訪れる。

畿内地域では古市古墳群や百舌鳥古墳群という巨大前方後円墳を盟主にした古墳群が成立するが、それらには多数の「陪塚」が随伴したりして、古墳時代中期を特徴づけている。また、埋葬施設には石棺や横穴式石室が姿を見せ、前期を特徴づけた大型鏡や碧玉製品や銅鏃などが減少したり、消滅したりする代わりに、長頸鏃や帯金式甲冑や馬具などが副葬されるはじめる。さらには、須恵器生産や鍍金技術や鋲留技法などの新しい技術も、朝鮮半島から陸続と渡来してくる。

いっぽう、首長墓系譜の消長にみられる画期がひときわ注意をひく。たとえば、栃木県の那須地域では1期の駒形大塚古墳（六四）以降、六基の前方後方墳が一代一墳的に首長墓系譜を形成するが、4期の下侍塚古墳（一一四）を最後に首長墓は姿を消してしまう。東京都の多摩川下流域では、1期から4期にかけて宝莱山古墳（九七）以下、加瀬白山古墳（八七）、観音松古墳（七二）、亀甲山古墳（一〇七）と、左岸と右岸にまたがって段築・埴輪・葺石をもたない大・中型前方後円墳が造営される。ついで5期の野毛大塚古墳（六八）になって段築・埴輪・葺石をそなえた帆立貝式古墳に墳形が変更し、以降三〜四代それがつづき、9期にまた前方後円墳が復活する。ところが、一段ランクの低い帆立貝式古墳に「格下げ」になった野毛大塚古墳は、鉄刀三九、鉄剣一〇、鉄槍一四、鉄鏃二四三以上、甲冑二組というふうに、東国でも屈指の武器・武具を副葬している。おなじく那須地域では最大規模に「発展」した下侍塚古墳のところで首長墓系譜が突如、終了する。これらの興味深い事実から判断すれば、在地首長の力量が劣化したから墳形が変更されたり、首長墓系譜が途絶したりとはけっして言えないし、地域首長の自律的な要因だけが原因とも考えにくい。

こうした各地の首長墓の動向をふまえ、都出比呂志は4期と5期の間にみられる各地の首長墓系譜の画期が、古市古墳群や百舌鳥古墳群の出現と連動した動きだとみて、その背景に河内政権の成立をみた。地方首長墓の変動を中央政権のそれと不即不離の関係でとらえるという合理的な見方である。そして、文献史学の動向にも目を配った解釈である。

「四世紀末から五世紀初頭にかけて、各地の首長墓系譜に変動が起きます」。「この変動は一地域のみの独立した動きではなく、列島規模で一斉に起きていること、巨大前方後円墳が大和から河内に移動する時期であることを重視すると、列島規模の政変と考えるべきでしょう。大和を根拠地とした政権中枢と、これを支える地方の有力首長の同盟が、河内に拠点をもつ政権中枢とそれを支える別の地方有力首長の同盟によって政治的イニシャティブを奪われたのだと考えることができます」。すなわち、「河内に拠点をおき、かつ朝鮮半島の百済や加耶の諸勢力との友好に積極的な新興勢力のイニシャティブが優位にたったと考えてはどうでしょうか」（都出一九九八a）。

河内政権論を支持する考古学研究者は少なくないが、そもそもこの学説は文献史学のほうから出されてきた。水野祐の三王朝交替論（水野一九五四）や江上波夫の騎馬民族論（江上一九九一）などの延長上にあって、大きく見れば戦前の万世一系天皇制の相対化作業として位置づけられる。それは、イリヒコ系からワケ系への呼称変化や、仲哀・応神・仁徳・履中・反正・允恭の各天皇陵が河内につくられているなど、『日本書紀』の批判的検討から導かれたもので、崇神・垂仁王朝の直系ではない応神が新たに政権・王朝を起こしたと説くものである。ただ、河内平野の巨大前方後円墳の存在がつよい傍証になっているのも確実である。上田正昭、直木孝次郎の所説を引くにとどめるが、ほかにも文献史学では多くの研究者が支持していて、五世紀史にとっての大きな潮流となっているようだ。もっとも、近年では前述したように、七世紀以前を対象にする研究が希少になっていて、この学説が再検討されることも少なくなっている。「対朝鮮関係は緊迫し、瀬戸内海↓北九州↓朝鮮半島南部のルートがそれまでよりも重要な意味をおびてきた時期に、河内を拠点とする氏族らが三輪王朝と入れかわって、ワケを称する大王が出現し、新たな政治的身分秩序が整えられてきたと考えられる」。「応神天皇に始まるワケ系の大王家は、イリヒコ系の大王家とは違った名号であり、それを断続と見るか連続と見るかは別問題としても、王家の歴史に飛躍があったことは、ほぼ認めてさしつかえないであろう」(上田一九九五)。「応神・仁徳にはじまり武烈におわる一つの政権が存したことが推定される」が、「本拠地が一時、大和から河内地方に移ったのではないか」。やがて「河内政権は五世紀後半に基盤の地を大和に遷した」(直木一九九六)。

河内政権論の一つの根拠に、『日本書紀』がその所在地を記述し、宮内庁が治定している天皇陵がなっているのはおそらく間違いない。それらの適否はともかく、数基の巨大前方後円墳が河内の古市古墳群や百舌鳥古墳群に所在しているのも事実だから、それを支持する考古学研究者も多い。この河内政権論については下垣仁志の整理がある(下垣二〇〇四)のでそれに譲りたいが、大和の勢力から政権を奪取した主体はなにか、河内政権はいつ解消されたのか、それを何で語るのかなどが、さほど十分ではないように思えるし、次のような疑問もぬぐえない。

第一、河内の政治勢力が政権を簒奪したのであれば、どうして前政権とおなじ巨大な前方後円墳をつくりつづけるのか。膨大な労働力が要請されるだけに新政権の正統性とかかわって疑問が沸く。しかも、四世紀と五世紀の巨大前方後円墳の変化——墳丘形態、円筒埴輪や形象埴輪のありかた、周濠の構造など——は漸移的で、さほど劇的なものではないという事実がある。

第二、古市・百舌鳥古墳群の巨大古墳は、岡ミサンザイ（仲哀陵）古墳を最後に五世紀末もしくは六世紀初めごろに終息する。その後は摂津、河内、大和などの諸地域を移動しつつ単独墳として造営されるが、そうした墳墓の移動現象はどう理解されるのか。巨大前方後円墳の場所的移動についての一貫的な説明が必要になってくる。

第三、古市・百舌鳥古墳群と平行して、それらと共通した構造をもつ奈良盆地北部の佐紀古墳群と西部の馬見古墳群も、五世紀をつうじて巨大前方後円墳が築造されつづけるという事実が、ともすれば等閑に付されがちである。この事実の整合的解釈が、前方後円墳などをとおしての中央政権論にとってもっとも重要なように思える。なお、佐紀・馬見の両古墳群には成務天皇陵のほかには天皇陵に治定された古墳が含まれない、といったことが底流にないともいえない。もしそうだとすれば、万世一系天皇制イデオロギーが無意識裡に考古学研究者を呪縛しているのかもしれない。

さて、前方後円墳など首長墓の消長をとおして、古墳時代の政治関係を明らかにしていく場合、その存在基盤である空間をどう分節化するか重要な問題だが、一個の河川水系を基礎的な単位とみなすのが、これまでの基本的な方法であった。水田稲作を食料生産のベースとみて、古墳時代首長を農耕共同体の首長とみなすのが背景にある。ところが、そうでないケースも往々にしてみられる。いわゆる河内政権論もその一つである。

大和・柳本古墳群、佐紀古墳群、馬見古墳群、古市古墳群、百舌鳥古墳群の畿内五大古墳群はさほど広くはない大和川水系に営まれる――前期だと玉手山古墳群もこれらに加えるべきである――が、それらが統一した視座で論究されるのは希である。前述したように、河内政権論者は河内平野の百舌鳥・古市古墳群に照射するけれども、奈良盆地の佐紀・馬見古墳群はいっさい無視する。どうしてだろうか。同様の事例に「武蔵国造の乱」も挙げられる。こちらは逆に、多摩川流域の前期前方後円墳と荒川流域の後期前方後円墳という、遠く離れた別個の河川流域に営まれた首長墓を遡上にのぼらせ、政治勢力の交替を論じている。ここでは律令制下の「武蔵国」というエリアが、そのまま何の疑問もなく古墳時代まで遡及される。注意を引くのは、これら二例は文字史料や文献史学の成果で、はじめに結論ありき、といった趣きをみせていることである。

## 2　前方後円墳はどこに築造されたか

河内政権論の大きな考古学的論拠となったのは巨大前方後円墳の立地であった。いったい前方後円墳はどういう理由で、それぞれの場所につくられるのであろうか。どのような場所が選択されたのであろうか。一般的に言われるように、みずからの生活・生産空間の付近に首長は前方後円墳などを築造した、墳墓はその統治領域に造営される、それには異論がない。ただ、首長の領域はけっして固定的ではない。伸縮自在で可変的だ、ということを考慮にいれなければ、この問いは解きにくい。

第一、兵庫県五色塚古墳（一九〇）、大阪府淡輪古墳群の西陵古墳（二一〇）や宇度墓古墳（一七〇）など、周辺に可耕地となる平野がほとんどというか、まったくないものをどう解釈するのか（図5）。首長の領域をその近辺にだけ限定してしまえば、食料生産の基盤はきわめて乏しくて、巨大な前方後円墳を支持するだけの生産力はとても想定できなくなる。ここでは、生産力の発展が首長の成長をうながすという、これまでの一般的な図式が通用しない。

ちなみに、海浜型とでも言うべき立地をとった前方後円（方）墳でも、周辺に水田稲作のための沖積平野がほとんど広がらなくて、海運を掌握した首長像が浮かび上がってくるものも、全国各地に相当数ある。いくつかを列挙しておく。前期では茨城県鏡塚古墳、東京都芝丸山古墳、神奈川県長柄桜山古墳群、兵庫県西求塚古墳、京都府網野銚子山古墳、同神明山古墳、香川県長崎鼻古墳、大分県小熊山古墳など、中期では千葉県内裏塚古墳、同弁天山古墳、福岡県御所山古墳、同津屋崎古墳群、大分県御塔山古墳など枚挙にいとまがない。

第二、複数系譜型古墳群の問題がある。古墳時代には数基の前方後円墳が一代一墳的に形成された古墳群――単一系譜型古墳群とよぶ――が普通だが、先述した畿内五大古墳群（図6）をはじめ、西都原古墳群、玉手山古墳群、宮崎県祇園原古墳群、熊本県野津古墳群、香川県石清尾山古墳群、千葉県内裏塚古墳群、同竜角寺古墳群など、複数の首長系譜が一箇所にあつまって古墳群をつくるものがあって、それを〈複数系譜型古墳群〉とよぶ。

古墳時代の首長がどれほどの領域をもっていたのかは明瞭ではないが、深さ一m内外の中小河川しか制御できない灌漑水田方式、直径二〇～三〇cmの木杭を二列に打ち込み、その間に丸太を横方向に積み上げた堰の構造からすれば、律令制下の一～二郷程度だと推測される。その程度の領域しかもたなかった首長が、数人あつまって一箇所に墓域を統合したのには、次のような事情が考えられる。一つは、そこに結集した首長たちの政治的結合の強さや親縁性を内外に見せる。いま一つは、個々の首長の領域とともに、首

山田遺跡
鴻ノ巣山古墳群
淡輪遺跡
宇度墓古墳
岬町
西小山古墳
番川下流遺跡
久保谷古墳群
西陵古墳
真鍋山古墳
岬公園内遺跡
白峠山古墳
寺山南古墳
寺山古墳
塚谷古墳群
深日古墳群
みどり山古墳群

図５　淡輪古墳群

長層の領域という概念があった。この場合、経済領域としての首長領域、いわば狭義の領域と、それらをいくつかあわせた首長層の観念的かつ政治的な領域、いわば広義の領域——地域政権とよばれた場合の領域もこれに該当する——とが重層していたことになる。いずれにせよ、複数系譜型古墳群には前代とのつながりや他首長とのつながりを、中央政権や近辺の首長に見せようという意図や、古墳時代の首長層の人的結合のつよさを墳墓で確認しようという意図が込められていた。おなじことは、首長と有力家族層、有力家族層相互のつながりを、多数の人びとに見せようとした群集墳にもいえそうである。

このほかにも、なにがしかの外的要因に基づいたとしか思えないような古墳立地もある。たとえば、「王陵の谷」とよばれる大阪府の磯長谷には、大型方墳の春日向山（用明陵）古墳や山田高塚（推古陵）古墳、大型円墳の叡福寺北（聖徳太子墓）古墳、双方墳の二子塚古墳という有力な終末期古墳が集中して築造されている。しかし、この地に七世紀の政権が所在していた、王宮や宮殿があったと論じた学説はほとんどない。もっとも、六世紀以前と七世紀以降では事情が違うのだと言われればそれまでだが。

そもそも、前方後円墳は〈共通性と階層性を見せる墳墓〉である。首長墓一基を見せる場合、数基で首長同士の結合を見せる場合、どちらにしても首長もしくは首長層の領域のなかで、より効果的な場所が選択されたであろう。たとえば、広義の大和川水系に営まれた畿内五大古墳群は、〈巨大古墳の環大和政権配置〉というべき政治効果を生むため、大和政権の政治意志にしたがって設置された観念装置であった（図6）。

三世紀中ごろの1期にはじまって、四世紀前半から中ごろの3期にかけて大和の有力首長層が、神奈備型の山容を呈した三輪山西麓に大和・柳本古墳群を形成した。そして、奈良盆地の東方を扼した2期の桜

図６　畿内５大古墳群の政治的配置

井茶臼山古墳、3期のメスリ山古墳とともにカミとして再生した亡き首長が、大和政権の政治的かつ生活の拠点を「守護」した（広瀬二〇一〇a）。そして、その存在を他地域の首長層にたいして誇示しつづけた。ついで、四世紀後半ごろには佐紀古墳群が北方を、馬見古墳群が西方を、やや遅れて5期には室宮山古墳が南方をというふうに、大和政権拠点の四至をカミと化したかつての政権担当首長が累代的に防衛し、相互関連的かつ有機的に王権のありかを表示した。その後、4期の四世紀後半ごろには大阪湾への進入北口を五色塚古墳が、6・7期の五世紀中ごろから五世紀後半ごろにはその南口を西陵古墳と宇度墓古墳が、それぞれ睥睨するように築造された。そして、どちらかを通過して住吉津に上陸すれば百舌鳥古墳群、やがて東方へ歩を進めると古市古墳群が姿を見せ、圧倒的な量感で人びとの視野に突き刺さって王権のありかを明示する、という仕掛けが形づくられた。まさしく、巨大前方後円墳は各地首長層の〈共通性と階層性を見せるイデオロギー装置〉としての中心的役割を発揮し、〈目で見る王権〉として機能しているわけだ（広瀬二〇〇七）。図解すると図7のようになる。

誉田山（応神陵）古墳や大山（仁徳陵）古墳の巨大すぎる前方後円墳に注目するあまり、百舌鳥・古市・佐紀・馬見の四大古墳群が密接不分離の関係で造営された事実（畿内五大古墳群のうち大和・柳本古墳群は前述したように前期だけで、一部の後期前方後円墳を除くと中期にはつづかない）を、河内政権論者は見過ごしてはいないか。4期後半の四世紀末ごろから7期の五世紀後半ごろにかけて、古市・百舌鳥・佐紀・馬見の四大古墳群では平行して、各々墳長二〇〇mクラスの巨大前方後円墳が一代一墳的に順調に、かつ間断なく築造されつづけたという事実を。

佐紀古墳群では、4期の佐紀陵山（日葉酢姫陵）古墳（二〇七）以降、五社神古墳（二七五）、佐紀石

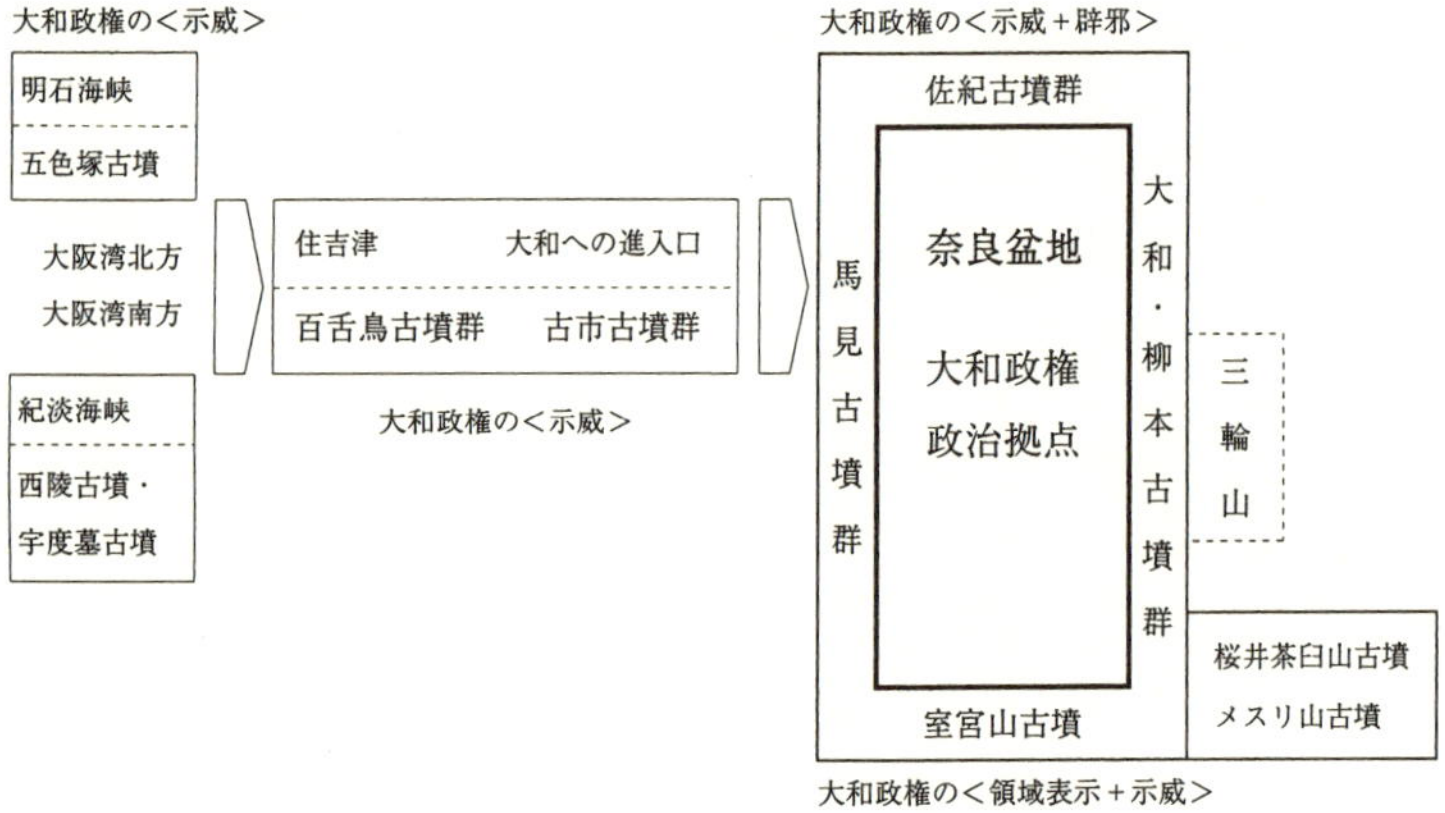


**図7**　巨大前方後円墳の環大和政権配置

塚山（成務陵）古墳（二一八）、市庭古墳（二五〇）、コナベ古墳（二〇四）、ウワナベ古墳（二七〇）、佐紀ヒシアゲ（磐之媛陵）古墳（二一九）と七代つづく。馬見古墳群では４期の築山古墳（二一〇）以降、島の山古墳（一九五）、巣山古墳（二二〇）、新木山古墳（二〇〇）、川合大塚山古墳（二一五）、狐井城山古墳（一五〇）と六代にわたって連続した系譜をなす。古市古墳群では４期の津堂城山古墳（二〇八）以降、仲津山（仲津媛陵）古墳（二九〇）、墓山古墳（二二五）、誉田山（応神陵）古墳（四二五）、市野山（允恭陵）古墳（二三〇）、軽里大塚（白鳥陵）古墳（一九〇）、岡ミサンザイ（仲哀陵）古墳（二四二）の七代が一系的である。百舌鳥古墳群では４期の乳の岡古墳（一五五）以降、石津丘（履中陵）古墳（三六〇）、大山（仁徳陵）古墳（四八六）、御廟山古墳（一八六）、ニサンザイ古墳（二九〇）の五代にいたる系譜を形成する。以前に発表したものだが、畿内五大古墳群を中心にした主要古墳の編年表を再録しておく（図８）。

四世紀末ごろから五世紀後半ごろにかけての中期大和政権は、大和と河内・和泉の四有力首長が、各自が複数の中小首

| | 大和・柳本古墳群 | 佐紀古墳群 | 馬見古墳群 | 古市古墳群 | 百舌鳥古墳群 | 主要古墳 |
|---|---|---|---|---|---|---|
| 1期 | **箸墓**●286/中山大塚●120/馬口山●110/波多子塚■145 | | | | | 椿井大塚山●160 |
| 2期 | **西殿塚**●219/黒塚●128/東殿塚●150 下池山■120/燈籠山●110 | | | | | 桜井茶臼山●208 |
| 3期 | **行燈山**●242/アンド山●120/南アンド山●66/上の山●125 **渋谷向山**●300/天神山●113/柳本大塚●94/ノムギ■63 | マエ塚○48 | 新山■137 | | | メスリ山●228 摩湯山●200 |
| 4期 | 櫛山●150 茅原大塚●80 | 佐紀陵山●207 **五社神**●275 猫塚●○55 瓢箪山●96/佐紀高塚山●218 オセ山● | 佐味田宝塚●111 貝吹山●100 築山●210 島の山●195 | **津堂城山**●208/古室山●150/二ッ塚●110/大半山□20/岡□33/野上□20/五手治□20 | 乳の岡●155 | **宝来山**●227 五色塚●195 |
| 5期 | | 市庭●250 神明野●100 塩塚●108 コナベ●207 平塚1号●70 | 巣山●204 乙女山●130 狐塚●86 池上●80 ナガレ山●103 倉塚●137 | **仲津山**●290 宮山●154 大鳥塚○110 鍋塚□50 盾塚●64 | **石津丘**●360 堺大塚山●159 | 室大墓●238 久津川車塚●180 |
| 6期 | | ウワナベ●255 平塚2号● 高塚○30 不退寺裏山● | 新木山●200 / 城山●109 中良塚●88 | 墓山●225/野中□37/西墓山□20/**誉田山**●425/アリ山□45/向墓□67/浄元寺山□67/青山●60/鞍塚○64/誉田丸山○50/珠金塚□28/はさみ山●103 | イタスケ●100 カトンボ山○24 **大山**●486 七観○55 | 西陵●210 太田茶臼山●227 |
| 7期 | | 佐紀ヒシアゲ●219/ウワナベ4号□11/ウワナベ5号□13 | 川合大塚山●215 | 市野山●230 唐櫃山●53 長持山○40 軽里大塚●190 | 御廟山●186 田出井山●148 **ニサンザイ**●290/城の山● 湯の山○20 | 宇度墓●170 |
| 8期 | 西山塚●114 | | 狐井城山●150 | **岡ミンザイ**●242 ボケ山●122/峯ケ塚●96/高屋八幡山●85/鉢塚●60/蕃上山●53/矢倉●30 稲荷塚●60/軽里4号●30/藤森○22 | 平井塚●65 | |
| 9期 | 珠城山1号●50 | | | 高屋城山●122 白髪山●115 小白髪山●45 | | **今城塚**●190 **河内大塚**●335 |
| 10期 | 珠城山2号●75 珠城山3号●48 | | | | | **平田梅山**●140 **見瀬丸山**●318 |

●は前方後円墳、○は円墳、■は前方後方墳、□は方墳。数字は墳長、単位はm。太字は大王墓

**図8　畿内5大古墳群の編年**

長層――辛亥銘鉄剣の記述に依拠すれば、畿内の中小首長層だけとは限らない――を統率し、支配機構を分掌しながら共同統治した。そして、そのなかの古市古墳群と百舌鳥古墳群を造営した二有力首長が、津堂城山古墳、石津丘古墳、仲津山古墳、誉田山古墳、大山古墳、ニサンザイ古墳、岡ミサンザイ古墳と、輪番で大王の地位を七代にわたって世襲した（図9）。巨大前方後円墳を中核に、大・中・小前方後円墳・円墳・方墳などで構成された佐紀・馬見・古市・百舌鳥古墳群の四大古墳群は、中期大和政権の政治序列を内外の人びとにたいして視覚的に訴える観念装置でもあった。先の墓域との関連でいえば、これらの古墳群を形づくっていた各級の首長たちは、狭義の領域を離れて各共同墓域に結集した、もしくはさせられていたのである（図10）。

四有力首長が共同統治した中期大和政権の政治的基盤は、類い希なるとでもいうべき膨大な武器保有にあった。巨大前方後円墳の「陪塚」や中小古墳には、鉄刀、鉄剣、鉄鏃、甲冑などの武器・武具が大量に副葬されていた。誉田山古墳の「陪塚」、大阪府アリ山古墳の鉄鏃一六一二、鉄刀七七以上、墓山古墳の「陪塚」、野中古墳の一一セットの甲冑、石津丘古墳の「陪塚」、七観古墳の一三〇振りもの鉄刀、ウワナベ古墳の「陪塚」、高塚古墳（三〇）の大二八二枚、小五九〇枚の鉄鋌などの副葬が特筆される。これら「陪塚」をはじめとした中小古墳の分析をとおして、中期大和政権の政治機構の実態に迫っていかねばならないが、ここでは藤田和尊の「陪塚の被葬者または築造者は、主墳被葬者に直属して仕える原初的被葬者であることを追認し、かれらの主要な職務のひとつが、主墳被葬者の意を受けた、甲冑の集中管理体制の運営であった」（藤田二〇〇六）を引いておきたい。もっとも、武器・武具の大量副葬は「陪塚」だけではない。大型前方後円墳で実態がわかるのは堺大塚山古墳（一五九）ぐらいだが、そこからは鉄剣九四以上、鉄刀

1 箸墓古墳
2 西殿塚古墳
3 行燈山古墳
4 渋谷向山古墳
5 五社神古墳
6 宝来山古墳
7 津堂城山古墳
8 仲津山古墳
9 石津丘古墳
10 誉田山古墳
11 大山古墳
12 土師ニサンザイ古墳
13 岡ミサンザイ古墳
14 今城塚古墳
15 河内大塚古墳
16 平田梅山古墳
17 見瀬丸山古墳

図9　古墳時代の大王墓

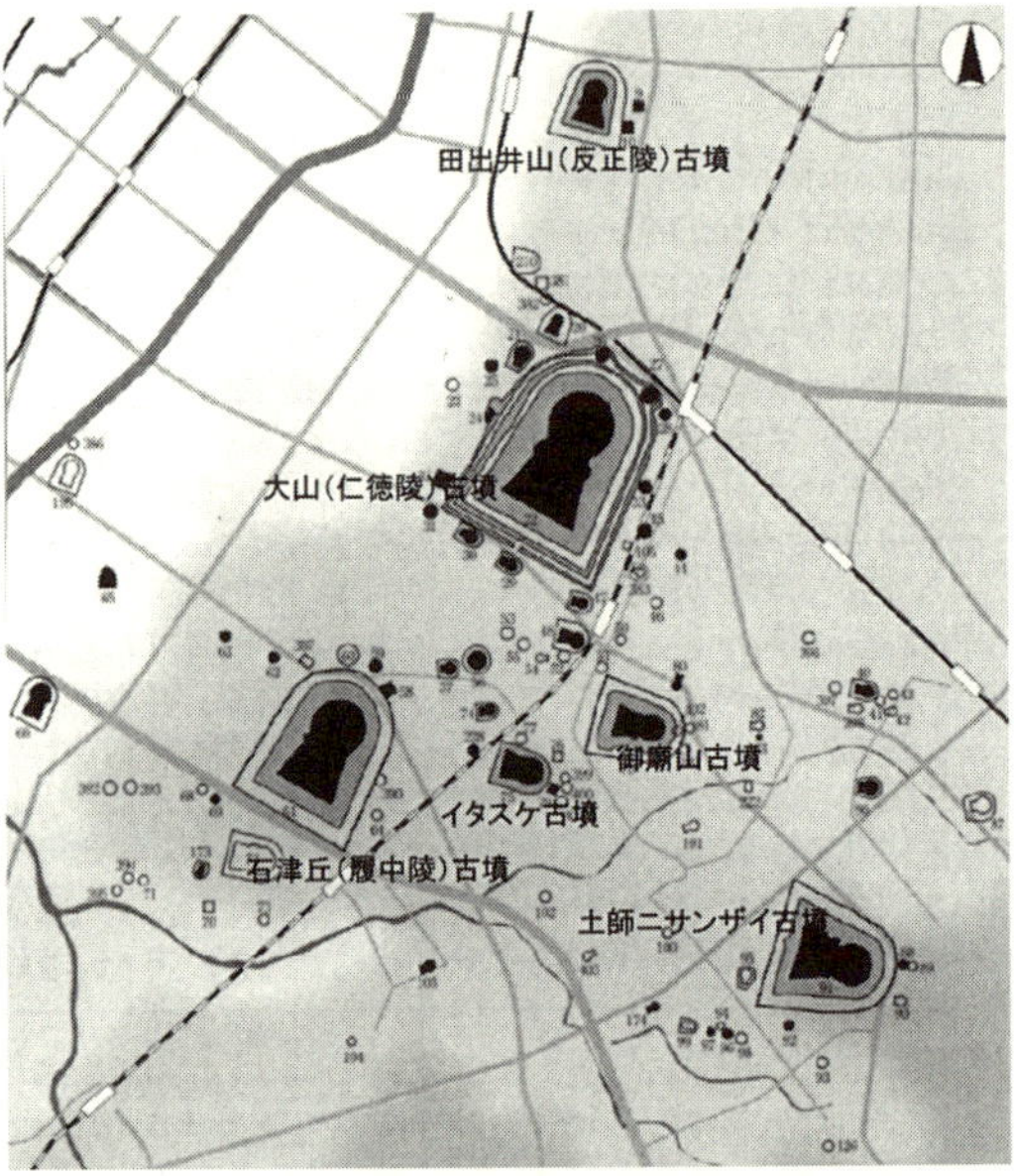


図10　百舌鳥古墳群

一三以上、鉄矛一七以上、鉄槍多数、鉄鏃多数、短甲八以上などが出土している。参考までに表7に畿内四大古墳群の主な古墳から出土した鉄製武器ならびに鉄鋌の数量を掲げておく。

中期大和政権の強化策は、武器の革新をともなう軍事力の強化であった。刺突力に優れた長頸鏃や、長方板・三角板の革綴・鋲留式甲冑の規格的な増産、乗馬での騎馬戦の導入などがそうであった。四大古墳群の圧倒的な武器・武具の保有は、それを示してあまりある。それらの背景に、田中晋作は「畿内およびその周辺地域の武人的性格を兼ね備えた多くの古墳被葬者とは違った人びとによって編成され、最新の機能を備えた武器によって武装した軍事組織」としての「常備軍」の存在をみる（田中一九九三、二〇〇八など）。他地域を圧倒する膨

**表7　畿内の四大古墳群主要古墳の武器副葬量**

| 古墳名称 | 墳丘（墳長） | 鉄刀 | 鉄剣 | 鉄矛 | 鉄槍 | 鉄鏃 | 鉄鋌 |
|---|---|---|---|---|---|---|---|
| アリ山 | 方墳（45） | 77 | 8以上 | 5 | 48 | 1612 | —— |
| 野中 | 方墳（37） | 154 | 16 | 3 | —— | 740 | 130以上 |
| 西墓山 | 方墳（20） | 42 | 162 | 1 | 87 | —— | —— |
| 盾塚 | 前方後円墳（64） | 51 | 22 | 3 | —— | 375 | —— |
| 鞍塚 | 円墳（40） | 4 | 2 | 2 | 2 | 163以上 | —— |
| 珠金塚 | 方墳（27） | 11 | 13 | —— | —— | 326 | —— |
| 堺大塚山 | 前方後円墳（159） | 13 | 94 | 17以上 | 多数 | 多数 | —— |
| 七観山 | 円墳（50） | 約150 | 約40 | 6 | —— | 多数 | —— |
| 高塚 | 円墳（30） | —— | —— | —— | 9 | 134 | 大282<br>小590 |
| 猫塚 | 円墳（30か） | 8 | 15 | —— | —— | —— | —— |

大な量の武器副葬の解釈にはさまざまな論点がある（藤田二〇〇五、松木一九九四など）が、天文学的な数量に達するがごとき実態をみると、地方首長ではとてもおよばない武力を四有力首長が保持していたのはまず動かない。

さて、鉄製武器の再生産システム——鉄資源の確保と鉄器加工技術——を持続させていくための広域分業が、中期大和政権にとっての第一義的な政治課題であったから、南部朝鮮首長層との連携を維持しつづけねばならなかった。そのため、鉄素材の入手や渡来人の高度な技術や文化——鋲留技術、鍍金技法、彩色技法、乗馬の風、牛馬耕の導入、新しい墓室、須恵器生産、かまどの普及など——を権力の実質的基盤としながらも、「倭の五王」に代表されるような中国南朝に政治的権威の淵源を求めるという重層的な外交が実行されてきた。

「広開土王碑文」に記されたような朝鮮半島での「国際」戦争を経験して、旧態依然たる体制では対応しきれないとの判断にもとづいて、大和政権はみずからの政治基盤と地方首長支配の方式を強化する。政権中枢を担う有力首長系譜の固定化と、そのもとに畿内中小首長層を「官僚」的に組織化するという再編成が一方に、他方に各地の地方勢力を解体したり、再編成させたりという動きが、そうであった。四大古墳群の構成が前者を、各地首長墓の消長が後者を、それぞれ表している。前方後円墳や前方後方墳から帆立貝式古墳への墳形の変更や、複数の小型前方後円墳の大型前方後円墳への統合や、既存の首長墓系譜の廃絶をみると、地方首長層にたいして中央政権がかなり介入したように思える（広瀬二〇〇七）。

## 三　「国家形成」への転換期

### 1　「治天下大王」ワカタケルと古墳時代の転換

埼玉県埼玉稲荷山古墳から出土した「辛亥年（四七一）銘」鉄剣、そこに金象嵌された一一五文字のなかの「治天下大王」が、中国王朝からの脱却をはかろうとした倭王の新しい天下観を表す。「王」から「大王」への意識改革をともなう中央政治機構や、杖刀人や典曹人といった地方官の配置などの地方統治方式が整備され、国家形成にむけての王権の転換がはかられた。熊本県江田船山古墳の鉄刀銘文もあいまって、この頃には倭王武の上表文に描かれた東西の版図が確立していた、ここにきてやっと、卑弥呼の王権や前期古墳の未開的な側面が払拭された、などとみなすのが、文献史家の大方の共通理解のようである。

「五世紀代の倭王権の強化が、半島諸国との外交関係における主導性と相まって、倭王に『天下』的世界を構想させ、『治天下大王』の称号を生み出させる」。「これは倭王権が中国の皇帝から相対的に独立した独自の権威を保持するようになったことを意味するもので、このことが冊封体制から離脱し自立への道を歩み出す決意をさせ、さらには列島の王に独自の権威を付与する即位儀礼を整備させることになる」(熊谷二〇〇一)。

「五三一年ごろの磐井の反乱と欽明朝の成立から、六七二年の壬申の乱と天武朝の成立までが、日本国家の形成期だという、敗戦後数年間に提起され、近年しだいに有力になりつつある見かた」がある。「六世紀中ごろ以後ようやくヤマトの政治勢力は、畿内の地域政権としてのありようを脱していくが、その性質は七世紀後半にも色濃く残り、律令国家の基本性質を規定している」(山尾一九七七)。

熊谷公男らが説くように、倭王武の上表文(四七八年)を最後にした中国王朝の華夷観念や冊封体制からの離脱、新しい支配観を表明した「治天下大王」ワカタケルの登場が、「独立国」日本への確実な歩み、倭国から日本国への発展的な転換の出発点とみなされる。そして、「磐井の乱」を制圧した大和政権はいよいよ国家形成の途につく、といった見方が、古代国家へのメインストリームを形成している。すなわち、ワカタケル(雄略)大王の活躍した五世紀後半ごろを、国家形成にいたる大きな画期とみなすわけだ。

このような文字史料をもとにつくられたイメージが古墳時代研究を大きく規定し、それに同調する考古学研究者も少なくはない。つまり、この頃に古代国家形成を認めてもいい、といった謂いである。ただその場合、いったい前方後円墳の何をもって国家の「形成」と認識するのかは、かならずしも明確ではないようだし、それがいつ「完成」したのかが明確に説明されているわけではない。そこまで厳密に言わずに、この頃から大和政権・大和王権は中央集権化への歩みをはじめるという論者が多い。しかし、果たして古墳などを材料にして、上述したようなできごとが十分に証明されているのであろうかというと、やや疑問なところがある。

畿内地域などを中心にした西日本各地では、横穴式石室の普及、須恵器副葬の一般化、属人的な威信財の増加というふうに、五世紀後半ごろから終わりごろにかけて、古墳の性格が大幅に変質するのは事実である。ただ、それは直接的には古墳に表出された葬送儀礼の変質をしめすにすぎないのであって、古墳に媒介された政治秩序の位相とはまったく次元の違う話である。もし後者にもっていこうとするならば、それなりの方法と論理が要請されるのはことさら強調するまでもないが、現状はかならずしもそうではない。また、上記した要因にしても日本列島各地で遅速があって一律ではない。

先述したように、前方後円墳や大型円・方墳などで形成された首長墓系譜が、前期と中期の境の四世紀後半もしくは末ごろに途絶したり、前方後方墳が姿を消して代わりに帆立貝式古墳や大型円墳などが登場したり、あるいは中期から後期に移る五世紀後半ごろから開始される首長墓系譜が目立ったり、各地の巨大前方後円墳が中期のなかでしか築造されない、といったふうな事実はある。さらに、前方後円墳終息期の七世紀初めごろに、汎列島的な画期を迎えるのも事実である。ところが、それらのなかのどれかを国家形成につなげていく論拠を、文字史料や文献史学の成果であらかじめ決定するのであれば、そもそも古墳変遷から抽出された三つの画期そのものが、さほど意味をもたなくなってしまう。やはり、考古資料を分析・統合していく骨太の論理を提示する必要があろうし、そこにこそ日本考古学の力が発揮されねばならない。ちなみに、東国では「辛亥年」銘鉄剣の埼玉稲荷山古墳を嚆矢とする埼玉古墳群の印象がつよくて、あたかも五世紀後半ごろに大きな画期がありそうにもみえるが、実際のところはそうではない。むしろ、東京都や神奈川県を除いた各地で前方後円墳が激増する六世紀後半ごろに最大の画期を設定したほうが、東国古墳時代像の形成には有効的なように思われる。これについては後述する。

そうはいっても、大王墓をめぐる動向にとってこの時期は大きな画期である。古市古墳群を除く百舌鳥・佐紀・馬見の各古墳群はこの頃に終息する。大王墓が大和・柳本古墳群もふくめた畿内五大古墳群のなかに含まれ、ほかの大型前方後円墳を築造した首長層などとのイデオロギー的一体性を表す、といった営為が終焉を迎えるわけだ。つづく摂津地域の今城塚古墳以降の四基の大王墓は、それぞれ単独で造営されるようになる。そして、それらは大・中・小型の前方後円墳どころか「陪塚」さえも随伴させていない。六世紀前半ごろ以降の大王墓は孤高の趣きを呈していて、まさしく「治天下大王」にふさわしい存在ともいえそうだ。

## 2 前方後円墳の終焉——六〇〇年前後の画期

8～10期の後期大王墓は、岡ミサンザイ（仲哀陵）古墳（二四二）、今城塚古墳（一九〇）、河内大塚古墳（三三〇）、平田梅山（欽明陵）古墳（一四〇）、見瀬丸山古墳（三一八）の順に築造される。1～4期の前期には一二基、5～7期の中期には二〇基あった墳長超二〇〇mの巨大前方後円墳は、8～10期の後期には三基しか存在しない。墳長一五〇mを超えるものも四基の大王墓以外にはない。つまり、平田梅山古墳以外は二位以下の前方後円墳との較差が大きくて、大王墓の突出度が大きい。

大王墓のほかの後期前方後円墳は、畿内地域では墳丘が小型化し、葺石や埴輪も減少してビジュアル度は低下の一途をたどる。しかも、山城地域の嵯峨野古墳群や古市古墳群の8～9期を除くと、河内・和泉・摂津・山城地域には有力な後期前方後円墳がほとんどなくなってしまい、大和地域に偏在するという事実がある。ちなみに、大和の後期前方後円墳は約一〇〇基あって、そのうち墳長一〇〇m以上の大型前方後円墳が一一基、おなじく六〇m以上は二三基を数える。墳長一五〇mを超えるのは見瀬丸山古墳の三一八mだけである（図8）。それらは奈良盆地各所に分散しながら数基づつ、あるいは単独で造営されていて、各有力首長がそれぞれの本貫地で、一代一墳的に数代にわたって造墓したようにも見える。もはや畿内五大古墳群のような複数系譜型古墳群は見あたらないが、石上・豊田古墳群や新沢千塚古墳群などのように、大型群集墳のなかに位置する前方後円墳はある（広瀬二〇〇三c）。

そうした情況から、四有力首長で大和政権が共同運営されていた中期とは違って、大王権の相対的な自立を読みとっても大過はなさそうだ。いっぽう、大王を支えて政務を分掌した中小首長層にとっては、畿内五大古墳群のような一大共同墓域で政治的つながりを見せる、といったイデオロギー装置はもはや過去のものになってしまっている。第一に、共通性と階層性を見せる墳墓としての前方後円墳の機能が低下したのであろうか。第二、畿内五大古墳群のなかでも百舌鳥古墳群と古市古墳群は、西方の勢力に見せるという効果が期待されていたが、もはやそれが有効でないように朝鮮半島をめぐる東アジア情勢が変更したのであろうか。そうした事態にともなって、大和政権を構成していた有力首長層は、それぞれの本貫地に造墓した蓋然性が高い。

いまのところは推測にしか過ぎないが、杖刀人や典曹人などの形で中央政権に上番していた各地の首長たちが、四大古墳群の一角で中小古墳を造営していて、五世紀末ごろには各自の拠点に戻って造墓活動を実施した可能性も認めておきたい。たとえば、その頃になって、さきたま古墳群などは造墓活動を始めるが、それ以前にその周辺には有力な古墳群が営まれていないので、いわゆる「突如として」の群形成にな

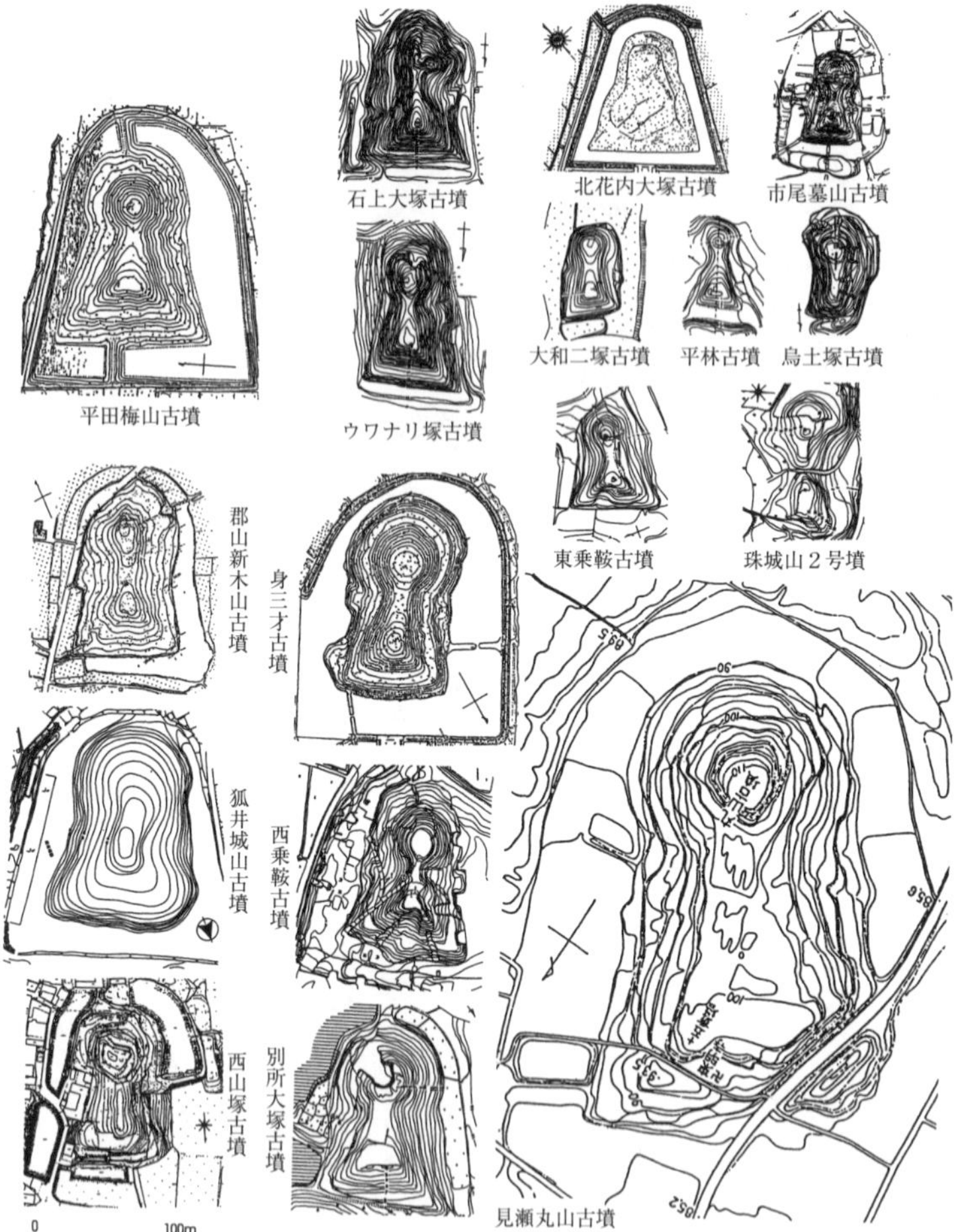


図11　大和地域の主要後期前方後円墳

る。地域における古墳群の開始と終焉にも、在地側だけの要因ではなく、中央との有機性も考慮したほうが解釈の幅はひろがるであろう。

東国や九州などを除いた各地では、大和地域以外の畿内地域とおなじく、9期や10期の前方後円墳は数少ない。前方後円墳に媒介されていた政治秩序は確実に変容しているのだが、それについては「政治的普遍性」を高く評価する近藤義郎、それを意識しながらも「地域の独自性・独立性」を高く評価する甘粕健・小宮まゆみによって、いささか異なった世界が描かれている。

「大王墳における前方後円墳の廃止は、大和政権最高首長との同祖同族関係を表示するものとしての前方後円墳築造の意味が無くなったこと、あるいはその意味を認めないことを、大和政権自身が宣言したことを示す。つまり、もはや前方後円墳築造によって示される同祖同族関係の設定を行うことなしに、大和の大王と諸首長との上下関係は保証されるにいたったこと、大和の大王権が諸首長に君臨する位置を不動のものとして確立したことを意味した」(近藤一九八三)。

「畿内の王権は中央集権化の初期の段階では、全国的な首長連合のシンボルであった前方後円墳を畿内周辺や西日本において否定しながら、関東に対しては、一定期間従来からの在地首長の支配体制を温存してその軍事力を利用しようとする政策をとったのではないか」。つまり、「前方後円墳の消滅が単なる葬制の変化に留まるものではなく、前方後円墳造営の基盤であった小地域ごとの政治的結合の解体――前方後円墳の被葬者であった伝統的な在地の政治勢力の没落という、大きな社会的・政治的な構造の変化と密接に関係」していた(甘粕・小宮一九七六)。

いずれにせよ、永きにわたって造営されつづけてきた前方後円墳の消滅は、次に述べられているように、律令国家への歩みと一体の関係でとらえられるのが一般的である。首長連合的な大和政権のありかたから、中央集権的な政治への体制強化のためには、もはや前方後円墳は過去の遺制になっていた、といった理解が支配的である。

「政治・社会的産物として生まれた古墳は、政治的社会のなかで変貌し、政治体制の変化――同族的・共同体的原理から個別人身支配へ――のなかで消えていったのである。極端な表現をするなら、律令体制への歩みそのものが古墳の命脈を絶ったことにほかならない。すなわち古墳時代の終末は、そのまま律令時代への幕開けであった」(岩崎一九九〇a)。

「まさに前方後円墳の造営停止は、ヤマト王権が各地の複数の政治勢力のうち有力な一つを選び、これを国造という地方官に任じ、これを通して地方支配を貫徹しようとしたものであろう。それは首長連合としてのヤマト政権を否定し、大王を中心とする中央集権的な地方支配制度への方向を明確にしたものにほかならないのである」(白石一九九九)。

前方後円墳終息の情況は地域によって違う。東国では後期になって前方後円墳が頻繁につくられだす。8期から10期の後期だけで、じつに六四九基もの前方後円墳が築造された、という事実がある。とくに六世紀後半から七世紀初めごろの10期になって前方後円墳が激増する。

注意したいのは、東国では後期になって激増した前方後円墳が、七世紀初めごろにほぼ一斉に終息してからも、同一の古墳群で方墳や円墳に墳形を変更しながらも造墓活動がつづくことである。たとえば、千葉県板附古墳群では前方後円墳二代に方墳二代と計四代の首長墓が連続して築造されているし、竜角寺古墳群では複数の前方後円墳が数代つくられたあと方墳が二代つづくようだ。また、内裏塚古墳群では前方

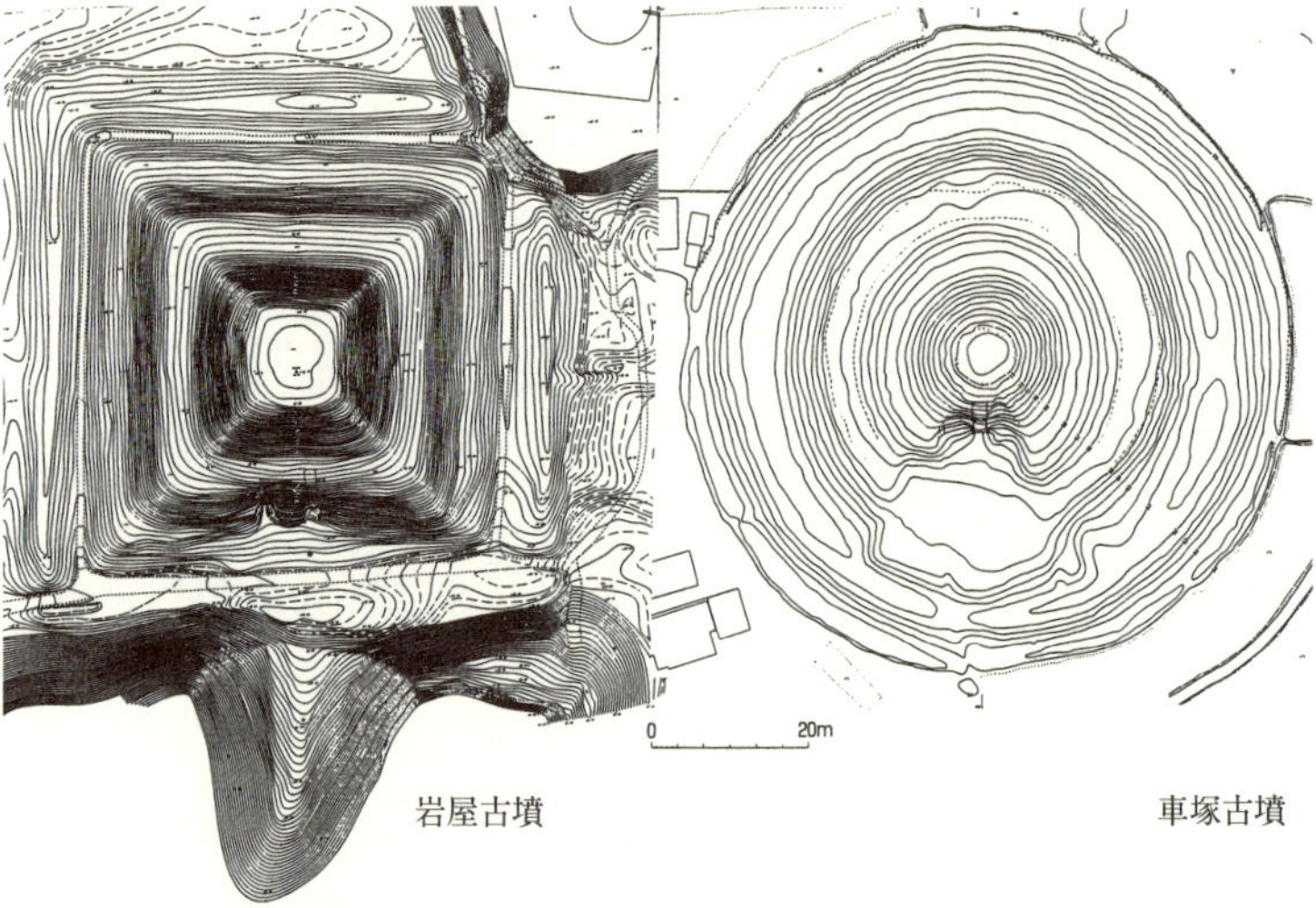


**図12**　東国の大型終末期古墳

後円墳各二代に方墳が各二代ほどつづく。ほかにも千葉県祇園長須賀古墳群、同人形塚古墳群、埼玉県さきたま古墳群、同若小玉古墳群、群馬県総社古墳群、栃木県しもつけ古墳群、同常見古墳群、東京都多摩川台古墳群等々、類例には事欠かない。そのなかには竜角寺古墳群の一辺八〇mの大型方墳である千葉県岩屋古墳や、しもつけ古墳群の直径八二mの大型円墳である栃木県車塚古墳もあって、在地首長の力量が前方後円墳から方・円墳に変化してからも衰えていないものが目につく（図11）。

北海道・北東北と沖縄を除く汎列島的な共通性と階層性を見せる墳墓であった前方後円墳が、七世紀初めごろに中央政権の政策変更で終息してからも、東国の有力首長層は二～三代は古墳造営をつづける。それどころか岩屋古墳や車塚古墳などを見ても、在地首長の力量が衰えたとはとても考えられない。つまり、前方後円墳から方・円墳への墳形変更の過程で、東国の首長層が凋落したわけではけっし

表8　終末期の主要方・円墳の墳丘規模比較

| 東国地域 | | | 畿内地域 | | |
|---|---|---|---|---|---|
| 千葉県岩屋山古墳 | 方墳 | 80 | 大阪府葉室塚古墳 | 方墳 | 75 |
| 千葉県駄ノ塚古墳 | 方墳 | 62 | 大阪府向山（用明陵）古墳 | 方墳 | 65 |
| 群馬県宝塔山古墳 | 方墳 | 60 | 大阪府磯長高塚（推古陵）古墳 | 方墳 | 59 |
| 群馬県愛宕山古墳 | 方墳 | 56 | 奈良県石舞台古墳 | 方墳 | 50 |
| 栃木県多功大塚山古墳 | 方墳 | 53 | 奈良県茅原狐塚古墳 | 方墳 | 50 |
| 千葉県割見塚古墳 | 方墳 | 40 | 奈良県赤阪天王山古墳 | 方墳 | 40 |
| 栃木県車塚古墳 | 円墳 | 82 | 奈良県岩屋山古墳 | 方墳 | 40 |
| 埼玉県八幡山古墳 | 円墳 | 74 | 奈良県牧野古墳 | 円墳 | 48～60 |
| 栃木県桃花原古墳 | 円墳 | 63 | 大阪府叡福寺北（聖徳太子）古墳 | 円墳 | 52 |
| 栃木県丸塚古墳 | 円墳 | 58 | 奈良県ムネサカ1号墳 | 円墳 | 45 |
| 栃木県岩屋古墳 | 円墳 | 46 | 奈良県越塚古墳 | 円墳 | 40 |

（数字は墳丘規模。方墳は一辺、円墳は直径。単位はm）

てない。もっとも、方墳や円墳がひとつの地域で排他的な墳丘型式となることはないし、地域を超えた階層性を表すこともない。それらはもはや前方後円墳のような汎列島的な政治秩序を表す墓制ではなくなっている、それが重要である。

上述のように前方後円墳終焉後には、列島第一位の方墳の岩屋古墳や、おなじく円墳第一位の車塚古墳が東国に築造されている（図12、表8）。前方後円墳の最上位が三五〇年間にわたって終始、畿内地域にあったのとは大幅な模様替えである。それらは七世紀前半ごろから後半ごろの短期間にすぎないけれども、東国各地での共通性と階層性を表すように性格を転換させながら、墳墓を媒介にした新たな政治秩序として機能しつづけたのである。いいかえれば、前方後円墳の汎列島的な政治秩序の表象にたいして、それが廃止されて以降の方墳や円墳は、およそ旧国ほどの広がりの政治秩序を体現する墓制に転化したのである（広瀬二〇〇八b）。

10期になっての前方後円墳の激増、畿内地域などとは様相を異にした個性的な前方後円墳の築造、前方後円墳終焉後の大型方墳・円墳の存在というような東国での事象は、従来言われてきたような「中央集権化」への動きとどのように関連するのであろうか。律令国家の前史として古墳時代をとらえてきた既往の研究では、これなどはほぼ捨象されてきたと思われるが、これから十分な検証がなされねばならない。

## Ⅲ　大和政権の地方への勢力拡大

「磐井の乱」に象徴される各地の豪族の「反乱」を制したり、「武蔵国造の乱」のような地方勢力の主導権争いに介入したりしながら、着実に大和政権は地方支配を実現していった、というのが通説的解釈である。もちろん、『日本書紀』の編年的叙述や、倭王武の上表文などがベースになっていて、そのような理解が大和政権の政治的版図の一元的拡大に陰に陽に影響力を行使し、古墳時代の中央―地方の関係性を規定してきた。いったい、古墳時代の中央―地方の政治関係は、考古学的方法ではどのように理解されてきたのだろうか。東国を例にとって検討を加えてみよう。

古墳時代の東国は、前期に多い前方後方墳、中期の大型前方後円墳の築造、前述したような後期に爆発的に増加する前方後円墳、円筒埴輪や形象埴輪で飾られた後期古墳、七世紀の大型円・方墳の存在などの特性をもつ。それらに『記紀』の記述があいまって、往々にして中央政権からの見方であったが、独自のまとまりをもった地域として認識されがちであった。

## 一　東国の「後進性・自立性・直轄性」と畿内勢力

### 1　東国首長層の「自立性」と「直轄性」

畿内勢力にたいする「自立性」と、畿内勢力による「直轄性」という相反した位置づけが、文化的「後進性」との先験的な決めつけと深くかかわって、いまもなお東国古墳時代研究の底流を根づよく形づくっている。前者については、東国における古墳先進地域と目される毛野地域の古墳時代中期などを中心として、「地域政権」の成立などが説かれる。後者については、さほど開明的ではなかった広大な東国は、舎人や牧の存在、あるいは甲冑の出土などから説かれるように、軍事力を中核とした人的資源の供給源として大和政権の後背地の役割をもっていたという、いわゆる中央史観的な歴史が描かれがちであった。

そうは言いながらも、それらはけっして二項対立的な解釈というわけでもなかったようで、ときとして微妙に重なり合いながら、東国古墳時代像をつくりあげてきたようだ。以下、古墳時代の東国を論じた論説のなかから、いくつか抜粋してみよう。

「東国が大和朝廷の支配下に入ったのは、大和朝廷が西日本の朝廷としての権力と行政機構を発達させた後であり、他方、東国地方の文化的発展度は、西日本に比べものにならないほど低かった」（井上一九六五c）。

東国は「中部以西を統一した大和政権が四世紀末から五世紀にかけてさらにその勢力圏を拡大・強化する段階で、ようやくその征服同化の対象として歴史の舞台に登場する。すでにこの段階では大和政権が征服の対象としうる族長が関東各地に成立し階級的な成長をとげていた」（甘粕・久保一九六六）。「東日本各地の発生期の古墳」の「地域区分」は、「『濃尾平野』『濃尾地区をのぞく中部地方』『関東―東北南部』の三区分」だが、それらは「階級社会の成熟度の差」と関わるから、「先進地型・中間地帯型・後進地型と規定」しうる（甘粕・小宮一九六七）。

「文献史学による関東地方の研究は、畿内政権の全国統一過程を問題とする時、避けることのできない重要課題として進展した」（久保一九八六）。

「大化前代の東国の特殊性は、軍事力の供給源として舎人を貢上させていた点にある――中略――東国の国造は一元的な領域権力としての特色を強くもっていた。これゆえ、東国国造は自立性が強く、朝廷への服属が強く求められ、逆に朝廷への服属奉仕関係を通じて、舎人など親衛軍として朝廷との結びつきを強めた」（大津一九九二）。

「鉄製挂甲が短甲の時代に続いて九州と関東に多いことをもって、上番の制を認めるとすれば――中略――東国の兵士が畿内へ上番してヤマト王権の軍事的基盤を担っていたことは事実であろう」（杉山一九九二）。

「ヤマト王権は東国の軍事力に早くから注目し、国家的軍事体制へ編成することを企図していたに違いない。東国の群集墳の活況が物語るものは、ヤマト王権が国造級地方豪族層を介して古墳築造の特権をも承認した村落首長層・有力家父長層を、自らの軍事編成に組み込んでいくという東国経営の一断面である」（利根川一九九四）。

「かつて独立王国の王だった大首長・中小首長は、大王勢力との臣従関係にともなって、武具・武器・

宝器を下賜される代償に、支配下の人間・物資を提供するという形で、臣従（大王と王）・交易関係を維持しつづけてきた」（原島一九九四）。

すでに幾度か指摘してきたように「万世一系の天皇家」、その先駆としての大和政権・大和朝廷の地方支配が、四道将軍やヤマトタケルを地方へ派遣したり、「武蔵国造の乱」のような地方豪族同士の争闘にも関与しながら、時間をかけて広く、かつ深く拡大し、浸透していく。やがて、大化の改新や壬申の乱などを経て律令国家が完成する。すなわち最初、畿内で起こった大和政権が、そこを中心として同心円状あるいは放射状に勢力を東西に拡大させるわけだが、その地方支配の舞台として東国が措定されてきたのである。そこでは大和政権・畿内政権の政治的卓越性にたいする東国の後進性・自立性が、表裏一体的にとらえられてきた。中央権力は着実に成長してやがて統一国家を形成する。いっぽう、地方政権をつくっていた地方勢力は、ときとして激しい武力的抵抗を試みながらも、結局のところ中央政権に従属し、やがては解体されてしまう。そうした歴史の彼方には輝かしい律令国家が待っている、という一直線的な図式が、古墳時代の諸事象を解釈していくときの観念的下敷きの役割を発揮している。

ところで、東国の古墳時代研究を呪縛してきた「東国の後進性に対応した大和政権の東国政策」なるものは、十分に証明されているのであろうか。いったい、いつごろからどのような資・史料によって東国は一個の歴史的世界とみなされてきたのか。中央政権によって後背地的な役割を負わされた東国の軍事力は、何によって論証されたのであろうか。そもそも、どういう意味での後進性で、どこにたいしての後進性なのか。

井上光貞は「文化的発展度」の低さをいい、甘粕健は「階級社会の成熟度の差」を指摘した。そのため、西日本にくらべて大和政権の東国支配は一段階遅れた。東国の古墳時代は政治的には「未熟」な段階にある、とされたのだが、そういった評価はその後どうなっているのだろうか。

「東日本の在地首長層が畿内勢力との政治関係の成立を機に、古墳づくりを始めたとする説と、畿内勢力がこの地方を征圧し、その圧倒的な力を誇示するかのように、巨大な墓を築いたとする見解となるだろう。前者は、相対的に弱体な畿内勢力を念頭におき、同型の墓制を媒介として擬制的同祖関係をとり結び、それによって政治圏の拡大を図った、と想定することになる。いっぽう、後者は、畿内勢力の圧倒的優位性を前提とすることになるから、各地の定型的古墳は、在地民衆を威圧する、ヤマト王権のシンボルとでもいえるものに擬される」(岩崎一九九〇a)。

岩崎卓也が指摘するように、東国首長層の「自立性・直轄性」、さらにはそれらをもたらした「後進性」なるものは、中央政権を形成した「畿内勢力」の強弱をどうみるか、と密接不可分の関係にある。それは中期の大型前方後円墳、東国で唯一、墳長が二〇〇mを超える群馬県太田天神山古墳や、南関東最大で墳長一四四mの千葉県内裏塚古墳などの位置づけについても同様である。ちなみに、上野地域の太田天神山古墳は往々にして「毛野政権」の象徴として語られるが、上総地域の内裏塚古墳はそのような言説をほとんどもたない。奇異な感を受けるがそれはともかく、つまるところ東国の政治権力の成熟度をどう見るかは、中央政権の力量をどうみなすのか、といった評価と表裏一体だというのはそのとおりである。

そもそも、そうした政治動向は前方後円墳のあり方をとおして語られているのだから、「自立性・直轄性」の実質もその理解の仕方で異なってくる。前方後円墳がどのような政治過程を表象しているかについては後述するが、畿内政治勢力の力量を前期、中期、後期、それぞれにどの程度に見積もるかによって、東国古墳の位置づけも大幅に変わってくる。いずれにせよ、具体的な東国の前方後円墳の分析をとおして、東国首長層の「自立性」と「直轄性」の実質を説いた研究はないようだが、いったどのようにすればそれが読みとれるのか。さらには古墳時代前期の東国が「後進的」であったとするならば、「畿内勢力」にたいして「自立性」をもつだけの政治的実力をもっていたのかどうかが疑問になるが、どうであろうか。ただ、中央―地方の構造はまだ古墳時代には成立していなかった、という立場にたてば、また違った東国像が描けるであろうが、そのような観点からのまとまった研究成果はまだ提出されていない。

古墳時代東国像の構築にとって、前方後円（方）墳の出現をどう見るかはきわめて重要である。梵天山古墳、星神社古墳、宝莱山古墳、秋葉山古墳群、駒形大塚古墳、真土大塚山古墳、塩古墳群など、古墳時代の初期前方後円墳や前方後方墳が東国各地でつくられている。なかでも1期の梵天山古墳は長さ一六〇mの大型前方後円墳である（図13）。安定した首長墓系譜を形成する、しないにかかわらず、前期をつうじて前方後円墳や前方後方墳は造営されつづけるが、そうした事象は「大和政権が東方へ徐々に支配を拡大していった」という既往のとらえかたでは解釈しづらいのも前述した。なんとなれば、それらは奈良盆地に築造された箸墓古墳や西殿塚古墳とおなじ時期の、1期や2期という古墳時代初期の築造になるのだから。ただ前方後方墳はともかく前方後円墳に関しては、いささか時代を下降させて編年するような傾向が見られるから、事実認定の段階における課題もないことはない。

散発的ではあっても、畿内地域をはじめとした西日本各地と同時多発的に、東国でも大・中型の前方後円墳・前方後方墳が造営されていた事実は、「大和政権による地方支配の同心円的拡大」という通説的解釈に変更をうながすことを、まずは確認しなければならない。1期から10期まで前方後円墳が造営される

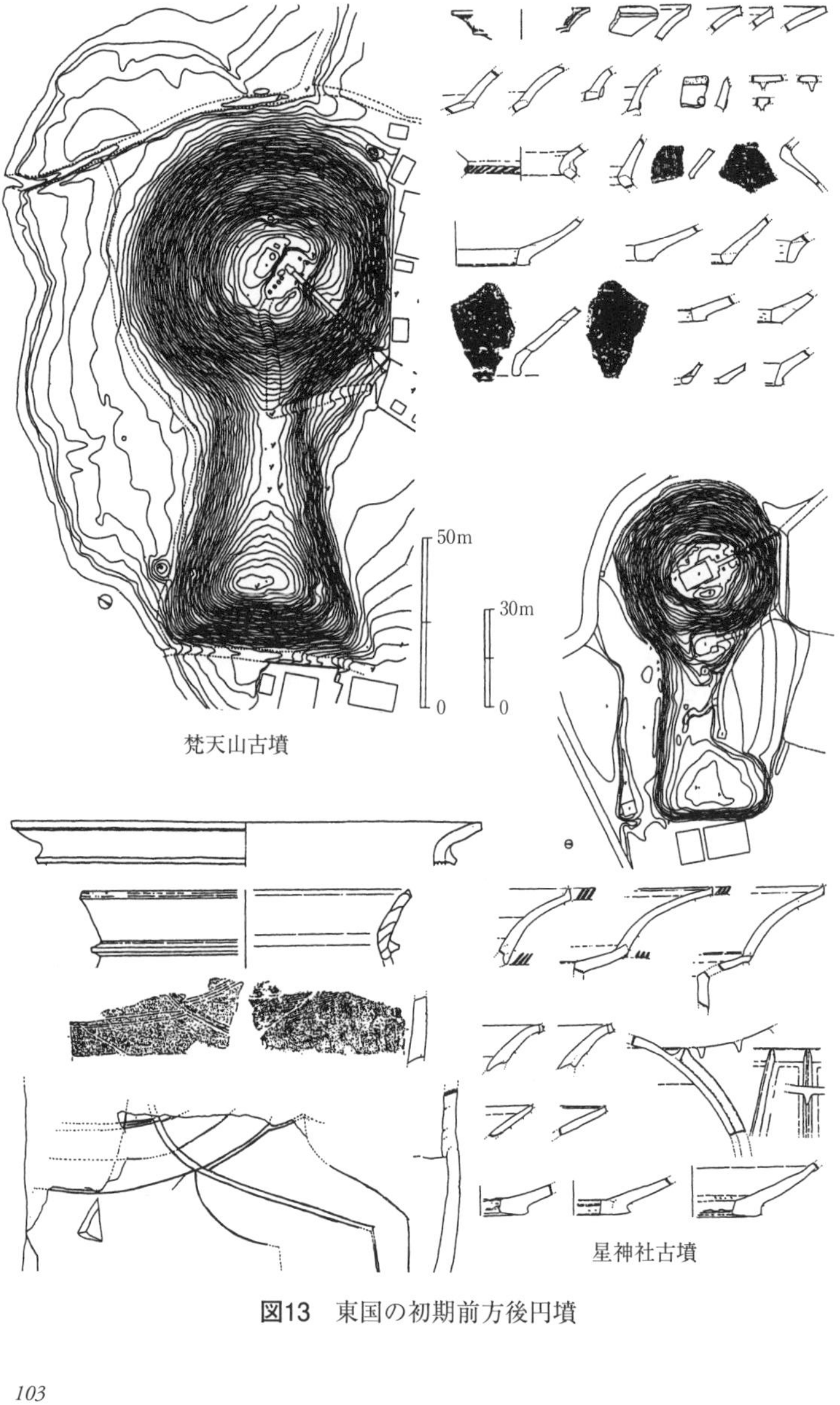


図13　東国の初期前方後円墳

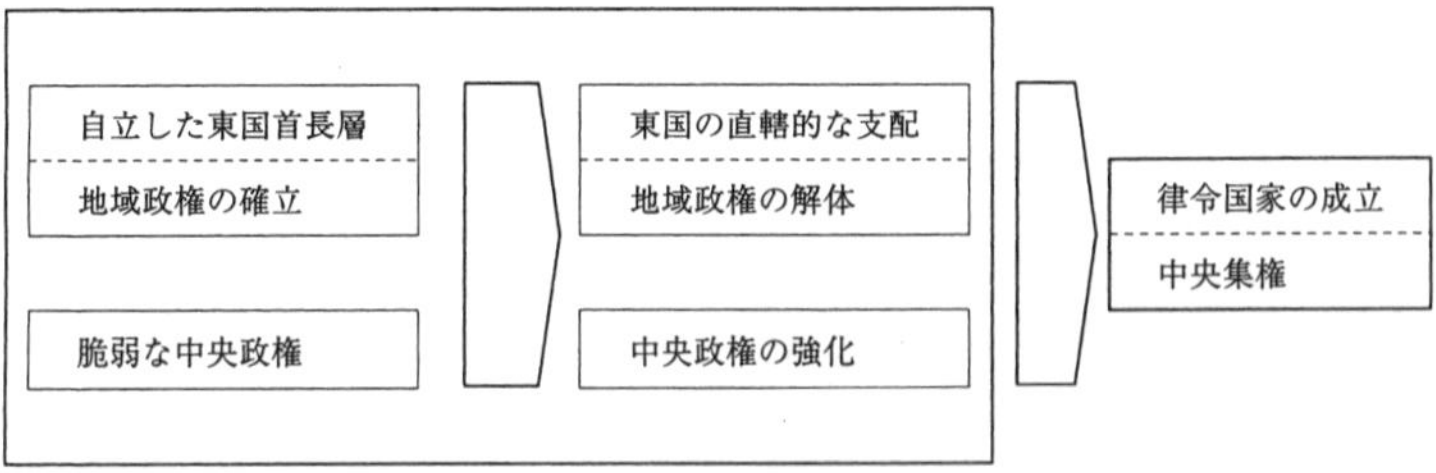


図14　既往の古墳時代東国のイメージ

という事実と、それが〈中央―地方の政治秩序〉を表象しているとみなす立場からすれば、畿内地域も東国をも通底するような政治秩序が、およそ三五〇年間にわたって敷衍されたことを認めねばならない。それは、いわば大和政権の同心円的な地方支配の拡大とは違って、中心性をもちながらの「同時多発」的な政治秩序の成立、とでもいった政治過程である。

東国首長層の「自立性・直轄性」をそのなかで理解すれば、中央政権にたいする東国首長層の政治的地位の上下といった問題に転換されても大過はないだろう。いいかえれば、中央―地方の関係をもった政治的共同体の一員として、東国各地の首長層をとらえるという観点である。いままでのところを図解すると、既往の古墳時代像は図14のとおりになるであろう。

## 2　東国の文化的「後進性」

「文化的発展度」や「階級社会の成熟度」の低さにともなう、東国の「後進性」も十分に論証されたとは言い難い。どちらかといえば、このテーマは前方後円墳などを素材にしてというよりは、食料生産や手工業技術の発達段階、首長居館や農民集落の構造、神殿や祭祀のありかたなどから追求されるべきである。東国も含めた古墳時代の経済的社会構成がどのような地域的差異をもっているのか。豊富な考古資料を駆使して、これから解明されていかねばならない大きな課題である。

西日本各地の食料獲得方式は、弥生時代以降つづいてきた河川灌漑の水田稲作が普通であった。たとえば、畿内地域では六世紀末ごろには沖積平野の耕地化はほぼ終了していたようで、残された広大な洪積台地を開発するため、七世紀初めごろに大阪府狭山池に代表される溜池灌漑――水を貯める長大な堤防と、それをコントロールする樋が重要な技術的要素――や、古市大溝のような一〇㎞にもおよぶ長大な灌漑水路の外来技術が導入された（広瀬一九八三）。牛馬耕も五世紀ごろには先駆的なものが導入されているようだし、その普及と関連するのであろうか、水田一筆の面積も大阪府長原遺跡など七世紀ごろのものからは大きくなっている。いっぽう、東国の食料生産はどのような水準にあったのか。水田稲作と畑稲作とはどのような比率にあったのか、その技術段階はどうであったのか、などが究明されないと、技術的な「先進地」であった畿内などにくらべて「後進的」であったのかどうか、などの実態はいっこうに明らかにならない。

東国の政治的かつ文化的な独自性を考えるとき、古墳時代にいたる弥生時代の長さの差はいかなる影を落としたのであろうか。炭素14年代法にもとづけば、水田稲作が開始されてから前方後円（方）墳が成立するまで、北部九州では一二〇〇年近く、近畿では八〇〇年ほど経っているが、南関東ではわずか三〇〇～四〇〇年ほどしか経過していない。弥生文化の時間幅や練度はあまりにも違う。そのような事情を考えたとき、初期前方後円墳・前方後方墳の築造を、在地の経済的発展の結果だけで理解しうるのか、それとも「派遣将軍」などに象徴される外からの政治的移植を考えたほうがふさわしいのか、といった問いがでてくる。

たとえば、栃木県那須地域では六代におよぶ前方後方墳が一代一墳的に築造されつづけていて、1期の駒形大塚古墳や2期の吉田温泉神社古墳では主墳の前方後方墳に隣接して、周溝をめぐらせた「方墳」が十数基づつつくられている。ところが、この地域ではその前段階の弥生時代の集落遺跡は皆無といった状態である（真保一九九九）。つまり、初期の前方後方墳や「方墳」の築造をささえるだけの経済性はとうてい認めがたいのである。ところが、やっと集落遺跡が増えてきた古墳時代前期末に、最大規模をしめす下侍塚古墳、いわばもっとも「発展」形態をみせた前方後方墳を最後に、この地域ではそれ以降は後期後半になるまで前方後方墳も前方後円墳も築造されない。このような跛行的状態は上部構造たる政治が、下部構造の経済に規定されるという単純な図式では解釈できない。

もう一例あげておくと、神奈川県三浦半島の付け根付近の丘陵尾根に、段築、円筒埴輪列、葺石というふうに、東国の前期では希少な畿内様式の前方後円墳が二基、さほど間隔をあけずにあいついで4期に築造されている。円筒埴輪列を樹立させた一号墳（九〇）と、円筒埴輪列と葺石をそなえた二号墳（八八）からなる長柄・桜山古墳群だが、二基の前後にはまったく古墳が存在しない。そして、古墳群が営まれた丘陵の近辺での可耕地となる平野面積はすこぶる狭い。ここでも、在地の順調な生産性の向上にもとづいて前方後円墳が造営されたとは認めにくい。やはり、それらの消滅もふくめて政治的な要因で造営されたとしか考えられない。蛇足にはなるが、一・二号墳とも東国で伝統的に採用された壺形埴輪が、円筒埴輪といっしょに樹立されているので、まったき畿内型の前方後円墳というわけにはいかない。したがって、被葬者は東国のなかのどこかに本拠地をもっていた可能性が高い。

生産方式や生活様式などを内容とする経済的社会構成と、社会秩序を維持するための権力のありかたにかかわる政治的社会構成は、いつも整合的であったのかどうか、が問われなければならない。ことに東国では経済の「後進性」に、政治のそれが規定されがちで、考古資料の分析に際しての先入観になりやすい。しかし、1期や2期の前方後円墳・前方後方墳が造営されている事実からみれば、経済的社会構成と政治的社会構成はいつも対応しているわけではない。言い方はともかく、経済の「未熟性・後進性」にたいして、政治の「先進性」があって、そこにこそ古墳時代社会の特質があるのかもしれない。ちなみに、経済的発展度の高低にかかわらず、それらを平準化するのが政治の特性なのであるが、経済は政治の土台たり得ていないケースも多々あるというわけだ。

## 二　中央史観と古代東国像

### 1　「辛亥銘」鉄剣と中央史観批判

一九七八年、埼玉県埼玉稲荷山古墳から一一五文字を金象嵌した「辛亥」銘鉄剣が発見された。それを契機に、考古学と文献史学などの学際的な研究が急速にすすむ。しばらくの間、従来の畿内主導ではなく東国を舞台にした歴史発信があいついだ。また、それと同時に熊本県江田船山古墳の「治天下」銘銀象嵌大刀の再検討もおこなわれた。そして、東国から中央に上番したとされる杖刀人や、おなじく西国の典曹人、それらに倭王武の上表文があいまって、ワカタケル大王（倭王武・雄略天皇）の版図は東国や九州、さらには朝鮮半島にもおよんでいたことが、史実とみなされるようになった。さらには、『日本書紀』の信頼性に一定度の支持をあたえるかのごとき心理的基盤も醸成された。

さて、文字史料からのアプローチはその中核に『日本書紀』があったから、当然のことながら中央史観にもとづく。そうした事態にたいして、地域性を大きな武器にもった考古学の側から異論が提出される。とくに金井塚良一ら東国の考古学研究者から、「辛亥」銘鉄剣をめぐる学際研究などをつうじて、「中央史観にもとづく東国史の克服」「『記紀』史観からの脱却」「東国の地域的自律性」などを主張する論調がそうである。考古資料たる遺跡が、それぞれの地域での歴史的な文脈のなかに位置づけられないと、正しくは理解しがたいという考古学の特性からしても、いわば正当的な主張であった。

「古代東国の歴史的性格が、東国を主体にして検討されたことはほとんどなかった。古代東国と大和政権が、東国の歴史展開を基盤にして追跡されたこともなかった」。つまり「中央史偏重ともいえる歴史認識」とともに地域の主体的な歴史形成を核にして古代史を構築する理論と方法の欠如にも、大きな原因があった」(金井塚一九八〇)。

ちょうどその頃から「記録保存」のための発掘調査が各地で盛行しはじめ、地下から掘り出された膨大な遺跡・遺物が、急速に考古学研究者の眼前に積み上げられる。考古資料は文字史料と違って、「いつ、どこで、なんのために」といったみずからの故事来歴を語らないから、それらを明らかにするための個別形態論的研究、分析的研究が要請され、そうした方面で考古学研究がフル稼働しなければならなくなる。いっぽう、自治体やその外郭団体などの埋蔵文化財専門職員を中心に、考古学研究者も一気に急増しはじめた。いわばこれもあたりまえのことだが、「記録保存」のための発掘調査にウエートをおいた埋蔵文化財行政は、自治体住民のための歴史を明らかにするという大義名分があったから、いきおい自治体考古学とでも別称すべき、当該自治体を単位にした考古学研究が「繁栄」しはじめる。そして、そういった動きが、畿内地域どころか近接する地域との結びつきさえさほど考慮させなくなるのも時間の問題であった。

そのような事態の到来によって、「辛亥」銘鉄剣の発見で高揚した学際研究や、東国を対象にした古代史研究の気運は、残念ながら萎んでいった。およそ三〇年を経たいま、西川修一が次のように指摘するとおり、中央政権の後背地（後進地）からの脱却をも含意した中央史観への感覚的な、それだからこそ本質的だった異議申し立ては、いまなお克服されたわけでもない。東国の歴史的な特性が十分に解明されたともいいがたい現状が、あいかわらず横たわっている。

「個別資料の年代観などを除いたとき、その主張するところの『枠組み』について、この間にどれほど異なった切り口が提示されてきたであろうか。むしろ三〇年前の論調は、ニュアンスを変えながらも、今もなお温存されているようだ」（西川二〇〇二）。

「ヤマトタケル伝承、ヤマト政権（王権）の東征、邪馬台国VS狗奴国の抗争……このような文脈から、思考回路を解き放ち、改めて『東日本の古墳出現期の実像』を見直す必要がある。実は背後に横たわる『東国征伐史観』という地下水脈こそが克服されるべきであろう」（西川二〇〇五）。

中央指向、中央偏重ともみえる歴史叙述、それに依拠した歴史観にたいして、日本列島各地に展開したであろう地域的な個性を強調するのはけっして間違ってはいない。しかし、殷賑をきわめる自治体考古学と地域性を冠した個別研究の隆盛が、古墳時代における地域の歴史を生き生きと描いているかといえば、すなおに首肯できるような事態にはまだ立ちいたっていないように見える。

東国をとってみても、前期を中心にした前方後方墳、中期にみられた帆立貝式古墳などへの墳形変更、あるいは短甲や大阪府陶邑窯産の初期須恵器など、中心構造をもった「もの」の生産と流通、後期に急増した前方後円墳やそれの急速な消滅といった諸現象が、個々のテーマ研究をすすめながら、それらを体系的に歴史に高めていく作業がなされなければならないが、そうした研究の蓄積がさほどあるわけではない。たとえば、前方後円墳にみられる地域的な個性に照射して、それが「在地」側の要因で造営されたといった場合、複数の「在地」、いいかえれば各地にひろがっていた「在地」は、どうして前方後円墳という共通の墳墓様式を、三世紀中ごろから七世紀初めごろにかけての三五〇年間にかぎって採用したのかが問われなければならない。さらに、各地の「在地」間にみられる前方後円墳分布の偏在性、ひとつの「在地」としての大和地域や河内地域――これらの地域は中央とみなさない風潮があるにもかかわらず、ひとつの在地としても扱わない――との階層的懸隔をどう理解するのか、といった問題も出てくるが、十分な解が出されているわけではない。

そもそも、『記紀』に依拠するかぎり、畿内地域を主軸とした中央史観の埒外には立てない。それは中央政権による地方支配を叙述した歴史書だから、至極当然のことである。だからといって、そのアンチテーゼとしての地域（地方）史観だけでは、古墳時代史はけっして叙述できない。中心性をもった威信財や権力財の流通、高度な知識や技術を携えた渡来人や技術者の広域におよぶ移動、新しい文物をもたらした中国大陸や朝鮮半島の動向等々、汎日本列島的な〈「もの」・人・情報の再分配システム〉が確立された古墳時代を、旧国単位、あるいは東国という特定地域の動向だけで叙述しようとしても、所詮は無理な話である。あえてそうしようとするならば排他的な歴史観、いいかえれば他地域とのつながりを意識的、無意識的に切断し、排除した狭隘な地域史観に陥りかねないのは、荒井秀紀が次に説くとおりである。

「ヤマトから見て、この遅れて支配下に入った『東国』に『後進性』のイメージがあるのは当然なことである。一部に東国の『後進性』を否定するのに古墳の大きさや分布の濃密さ、発掘遺構・遺物の豊富さを引き合いに出す論調があるが、それは『後進性』と『自立性』を対称的に捉える面で、また東国独自の社会・経済・文化と王権や律令体制を形成したところの社会・経済・文化を同一視点で比較するという点で誤りである。そして、その誤りは時に偏った地方史観が潜んでいる。中央、この場合にヤマト王権及び律令政府の歴史を無視した地方史は単なる『お国自慢』に過ぎないものとなる」(荒井一九九四)。

中央史観と地域史観（反中央史観）という二項対立的状況は、前方後円（方）墳の造営が地域首長層の自律的な意志にもとづくのか、そうではなく他律的な意志が発動されたとみなすのか、との問いにも置き換えられる。ところが、それらを対立的に見るかぎり、前方後円墳がそなえている汎列島的な共通性をもたらした中央の意志と、地域の意志を反映させた地域的特殊性の二面性を整合的に理解するのは難しい。

反中央史観や反畿内中心主義の視座で古墳時代に論究するということは、既往のパラダイム[1]、すなわち通説の束を解体するという知的営為を意味するのだが、そのような指向性に明確に依拠した研究はそうは多くない。それは『日本書紀』の記述とはまったく異なった古墳時代像樹立の可能性も秘めている。したがって、「前方後円墳とはなにか」「前方後円墳に媒介された政治秩序とはなにか」といった概念の整理、学史的整理や方法論の明示、古墳時代を通底した体系的論理の確立などの作業が必要となることを、十分に意識しなければならない。

## 2　「国造」と前方後円墳

天皇家・貴族層を中心とした律令国家にいたる日本統一の歴史、それが編年体で叙述された歴史書としての『日本書紀』を主な史料にした文献史学の成果が、古墳時代研究の大きな枠組みとしていまもなお働きつづけていることは、幾度となく述べてきた。なかでも四道将軍の派遣や「武蔵国造の乱」などが、大和政権による政治的版図の一元的拡大に陰に陽に影響力を行使し、中央―地方の関係性を規定してきたのは否定しがたい。

『記紀』をもとにした研究の成果として出された地方支配の統治方式、国造・ミヤケ・部民・県主などが、首長墓系譜の解釈に前提されることも、特に東国では目につく。もっとも、近年の研究動向では、そうした地方支配制度は六世紀代に施行されたとみなすのが主流のようだから、それらは前方後円墳の時代全般をカバーしうるものではない。それにもかかわらず、三五〇年間ほどつづいた前方後円墳のなかの、終末にちかい六世紀のものにだけ国造を比定し、それ以前のものには何の解釈もほどこさない、という矛盾に目を向けない学的風潮はどうしたことか。もっというならば、国造がいたとされるところでも、前方後円墳などの首長墓が確認されていない地域もあるが、それについては言及されない。さらにもう少し辛辣にいえば、畿内中心主義や中央史観を批判しながら、個々の前方後円墳に大和朝廷の地方支配のための○○国造を比定するという、自家撞着に気がつかない論者も少なくはない。しかも、その反動なのであろうか、「国造」に充当できない四～五世紀史は卑弥呼の時代の延長としての、なんとなく未開的だとのイメージが醸成されているような雰囲気さえ漂うのは、いったいどうしたことか。

いっぽうでは、国造が設置された時期はまだ定まっていない研究情況が、文献史学のなかにある。もっとも新しくみなす山尾幸久は、国造は「七世紀第Ⅳ四半期に、国司（「国宰」「国守」）が支配する機構（国―評〔こほり〕―里―戸〔へ〕の組織）を建設する際、国家的神祇祭祀による一国規模での社会意識の統合を担った、現地最高の名誉職的機関（公的地位）である」と言う（山尾二〇〇四）。この学説をとれば、もはや前方後円墳は造営されていないから、それらに国造を比定する試みそのものが意味をもたない。

そうした『記紀』の叙述に、『宋書倭国伝』「倭王武の上表文」の「東方の毛人を征すること五十五国」や、「辛亥」銘鉄剣の「杖刀人」、さらには千葉県稲荷台古墳の「王賜」や江田船山古墳鉄刀銘文の「典曹人」などが相乗して、あるいは実体をあたえ、大和政権による「官僚」的な地方支配の拡大・進展のイメージが再生産されつづけている。そして、古墳時代研究がその支配下にあることも、大幅には否定しがたい現状がある。

五世紀ごろの大和政権と東国政治勢力の関係性についての、いくつかの論究を次に抽出しておこう。大和政権の支配拡大や征服活動、地域における首長間の「抗争」、地域政権の成立や解体、大和政権と地方勢力の「同盟から服属へ」、東国統治のための政策などの言説が、東国の古墳時代をめぐって指摘されている。なかでも地域政権の評価について、やはり「同盟から服属へ」との理解が底流にあるようだが、前方後円墳を材料にしながら一方で「自立」や「同盟」を説きながら、他方で「直轄」や「服属」を語るのは、前述したように方法的な一貫性という観点からは問題がないではない。

「短期間のうちに、関東から東北南部までの要所々々に畿内直結の様式をもつ古墳が一斉に現れる背景には、ヤマト政権が自己の政治的勢力を拡大するために、東国の諸地域の首長達との接触を開始しうるという一つの歴史的画期があった」。そして「東国の首長の側でも、積極的にヤマト政権と従属的な同盟関係を結ぶ道を選択した」が、加えて「関東および東北南部の諸地域に、巨大な前方後円墳を作り得るだけの生産力と権力構造の発展があった」（甘粕一九七九）。

「太田天神山を中心にして、おそらく周辺の地域政権が一つに結集あるいは統合されていたという、毛野連合政権」があったが、「地域政権と大和政権を並立して、独立的な主体として地域政権をつかんでいかないと、五、六世紀の歴史展開は正しく理解されない」（金井塚一九八九）。

「五世紀末の画期」は「五世紀を通じて貯えられたヤマト王権の圧倒的な力量を背景におこなわれた」が、「かつて大王と『同祖関係』で結ばれたことの表示であった地方の前方後円墳も、臣従者の墓と化していた」（岩崎一九九〇b）。

「五世紀前半に併存した二大地域勢力を統合する形で、太田周辺地区勢力の主導の下に一大地域連合体が成立した」。そして、その「一大地域連合政権の長としての地位を大和政権が認めた」。毛野は「一貫して畿内勢力との強固な紐帯を保持してきた」（右島一九九四）。

「太田天神山古墳の被葬者像については、（1）ヤマト政権に対抗する「毛野政権」とでもいうものの最高首長か、それとも（2）ヤマト政権の遣わした将軍か、あるいは（3）ヤマト政権に組み込まれた同盟者とするか、意見の分かれるところである。」筆者（橋本）は「同盟者とみる」（橋本博二〇〇六）。

〈共通性と階層性を見せる墳墓〉が前方後円墳である。もっとも、共通性のなかにも地域的個性を見せるので、中央の意志と地方の意志とを重層した墳墓である。いわば「同盟」というベールの下に「服属」という実質が包摂されているわけだ。したがって、どちらを強調するかで事態は変わりうる。とにかく前方後円墳の諸要素のどこに照射するかといった手続きを欠いたまま先験的に語るのでは、考古学研究の方法に疑問符をつけられても仕方がない。

はたして前方後円墳の築造は造営主体の任意だったのだろうか。まったくの任意とまでは考えないものの、地方首長の自律的な意志でそれが実現する、というふうなイメージをもつ研究者が最近では多いように思う。地域のなかで実力をもった首長が誕生すれば前方後円墳を築造しうる、といった論法である。その場合、特定の地域だけでなく汎列島的に造営されているという事実、いいかえれば前方後円墳の属性である〈共通性と階層性〉をどうみるのか、という問題を説かねばならないが、その方面の意識はけっしてつよいとは言えない。

さらには、東国のなかでも相模・上総・下総地域などのように、方形周溝墓という弥生墳墓の伝統をつよくもった地域と、常陸や下野地域などのようにそうでない地域とでは、前方後円墳や前方後方墳にたいする意識は、かなり異なっていたのではないか。そうした地域的特色をもちながらも、大筋では墳形や埋葬施設や副葬品の組合せなどは各期ごとの共通様式があって、そのなかでの地域的個性を見せるのが前方後円墳なのである。このように、前代弥生墳墓との差異をみても、前方後円墳はそれぞれの地域を超える要因を備えている。

上記したのとおなじ理由で、前方後円墳などをつうじて「毛野政権」のような地域政権の存在は論証できるのであろうか。第一に、畿内地域にピークをもちながらも、各地の個性を覆ってしまうような共通性をもった墳墓形式である前方後円墳を、地域政権が採用しつづけたことの意義をどう説明するのか。第二に、「毛野政権」というとき、「毛野」とよばれた地域を先験的に措定しないとすれば、その政治的版図がどこまで広がっていたのか、前方後円墳を素材として論究できるのであろうか。つまり、前方後円墳は地理的な境界を超えて、広域に連綿とつづいていくのだが、どこで、なにを根拠に政権の版図を線引きするのか、という問いである。

中央の意志か地方の意志か、あるいは双務的な関係なのか。前方後円墳築造における意志関係の追求は、一定の墳墓様式をもたらした造営技術をはじめ、威信財や権力財の配布などもふくめて、東国にかぎらず各地の古墳時代を理解していくための重要な課題である。そうした問題は前方後円墳をとおして、一方で中央―地方の政治を読みとり、他方では地方勢力の独自性を読みとる、といった、いわば前方後円墳の多元的な解釈、その築造に一貫性を求めない解釈が、方法的に成立するかどうかにも通底する。そこには、一元性と多元性のどちらで前方後円墳を理解するのか、といった原則的な理解にかかわる問題が横たわっている。

各地に分布する前方後円墳や前方後方墳とのかかわり、京都府椿井大塚山古墳などを中心にした三角縁神獣鏡の同笵関係、腕輪形石製品や甲冑など威信財の配布、南部朝鮮で産出された鉄素材をはじめとした権力財の再分配などから、それらがどのように描けるか。あるいは、各時期の首長墓系譜の消長、伝播してきた横穴式石室の分布と構造、「王の棺」とよばれた長持形石棺と在地性のつよい舟形石棺、東国において異様なまでに発達した形象埴輪、東国のまとまりを物語る可能性をもった鈴鏡や石枕や滑石製品等々をつうじて、いかなる東国史が構築できるのか。そのためにはどういった方法が必要なのか。

## 三　東国古墳の「特殊な」事例――激増した後期前方後円墳

### 1　首長的結合の強さを表した複数系譜型古墳群

東国の古墳時代には独自の事象がいくつかみられるが、大和政権の地方統治のあり方と関連して、ひと

表9　東国の後期前方後円墳（数字は時期ごとの基数。括弧内は墳長80m以上）

| | 茨城県 | 栃木県 | 群馬県 | 埼玉県 | 千葉県 | 東京都 | 神奈川県 | 合計 |
|---|---|---|---|---|---|---|---|---|
| 8期 | 5(2) | 5(1) | 101(3) | 3(2) | 4(0) | 0 | 0 | 118(8) |
| 9期 | 20(5) | 3(1) | 40(7) | 16(0) | 12(0) | 3(0) | 3(0) | 97(13) |
| 10期 | 48(4) | 68(4) | 132(17) | 74(5) | 98(6) | 3(0) | 11(0) | 434(36) |
| 合計 | 73(11) | 76(6) | 273(27) | 93(7) | 114(6) | 6(0) | 14(0) | 649(57) |

つとりあげてみよう。それは古墳時代後期、ことに10期における前方後円墳の多さについてである。東京都と神奈川県を除く東国各地では、おおむね六世紀後半ごろから七世紀初めごろの10期に前方後円墳築造のピークがあって、その頃にはほぼ終息に向かう畿内などの地域とは際だった差異をしめしている。

表9のように8期から10期をあわせると、東国では六四九基もの前方後円墳が築造されている。とくに10期になって前方後円墳が激増する（東京都と神奈川県は例外である）。じつに四三四基もあって、8期の三・七倍、9期の四・五倍にものぼる。都道府県単位でみても、栃木県の10期の前方後円墳は8・9期のそれの八・五倍だし、千葉県でもほぼ六倍である（広瀬・太田編二〇一〇）。この時期になって広範な地域で首長が急成長したのか、それとも首長に統率された人びとが大量移住してきたのか、などの要因を考えないと、通常の在地の動向だけでは説明は難しい。そうした方向での検証も必要になるが、早くも七世紀初めごろには前方後円墳はほぼ一斉に姿を消す、といった動向からすれば、東国首長層の再編成ともいうべき中央政権の政策発動を認めたほうが理解しやすい。

そうはいっても、下野地域の一段目が低平で「基壇」とよばれる墳丘や、埼玉古墳群など北武蔵地域や、殿塚古墳、姫塚古墳、人形塚古墳など下総地域の一部にみられる長方形の周濠や、上総地域の内裏塚古墳群の低い墳丘というふうに、前方後円墳の造営には在地側の自主的な判断もかなり働いていたようである。さらに埋葬施設の横穴式石室は、東国各地の首長層が任意につくっていて（畿内型横穴式石室はほとんど見られない）、中央政権の意志はそこにはまったく働いていない。

群馬県観音塚古墳（九六）の巨石を用いた横穴式石室や、栃木県吾妻古墳（一三四）、埼玉県小見真観寺古墳（一一二）や千葉県三条塚古墳（一二三）など、墳長一〇〇mを優に凌駕するもの、一四振りもの大刀を副葬していた千葉県金鈴塚古墳（九五）や、おなじような様相をしめす千葉県城山一号墳（六八）など、枚挙にいとまがないといった状態で、有数の後期前方後円墳が営造されている。白石太一郎によれば、墳長六〇m以上の前方後円墳は二一六基もの多きを数えるが、その被葬者は「畿内王権の設置した部の地方管掌者の性格をも合わせもつもの」で、「関東地方が畿内を含む日本列島の他の地域とはやや異なる原理ないし基準にもとづいて前方後円墳が造営された特異な地域である」（白石一九九二）との見解が示されている。

前方後円墳の偏在性は、後期の東国だけの事象ではない。おなじ後期であれば、宗像地域、京都平野、宮崎県祇園原古墳群など、北・中部九州でも前方後円墳は多数つくられている。また前期に目を転ずれば、讃岐地域、播磨地域、日向地域などではすこぶる多くの前方後円墳が築造されている。ちなみに、さほど面積の広くない讃岐地域には六一基もの前期前方後円墳があるし、宮崎県西都原古墳群には二七基もの前期前方後円墳が集中して営造されている。

ところが、畿内地域や上野地域を除けば、中期の前方後円墳はどの地域ともすこぶる少ない。東国であれば群馬県が群を抜いて多いものの、それについで千葉県が少し目につく程度で、神奈川県や埼玉県ではほぼ皆無に近いし、茨城県では愛宕山古墳、栃木県では笹塚古墳や塚山古墳など、規模の大きなもの数基程度しか見あたらない。すなわち、畿内以外の多くの地域では、前方後円墳は前期から中期へ、中期から後期へと順調に「発展」しないのが普通なのである。こうした前方後円墳造営の時期的かつ地域的偏りを、一貫した方法で分析し、論究しないと、いわゆるダブルスタンダードの論理になってしまいかねない。

さて、東国の後期を特徴づけるのは、前方後円墳の激増だけではない。墳丘には人物埴輪や馬形埴輪など、多岐におよぶ形象埴輪を飾り立てたり、外堤を付随させた二重濠をめぐらせたりする。さらには、後期や終末期なのに、古墳時代中期と同様に「交通の要衝」のように目立つところに築造したり、というふうに、可視性に富んだ墳丘を構築している。東国首長墓の造営には、西日本の後・終末期古墳などに該当させられるような、「奥津城」といったイメージは妥当性を欠くのである。ちなみに、群馬県における形象埴輪を樹立させた古墳は、小型円墳にいたるまで一二〇〇基もの多きを数える（右島一九九五）。

さらに、後期古墳群の二、三の事例をみておこう。

第一に、千葉県内裏塚古墳群（図15）。この古墳群は二基の五世紀代の前方後円墳のほかは、九基の後期前方後円墳と六基の終末期方墳が、二〇数基の後・終末期円墳を随伴させた古墳群である（小沢一九九二）。五世紀後半ごろの内裏塚古墳（一四四）と五世紀末ごろの上野塚古墳（四五）が築造された後、しばらくの空白期があって、六世紀後半ごろから七世紀初めごろにかけの短期間に九基の前方後円墳が造営される。そのなかでも三条塚古墳（一二三）、稲荷山古墳（一〇六）、九条塚古墳（一〇五）、の大型前方後円墳が盟主格で、他の前方後円墳を凌駕している。ついで、七世紀前半ごろから七世紀中ごろ、もしくは後半ごろの大・中型の方墳のなかの割見塚古墳（四〇）は、畿内中枢部の有力首長が採用していたものと同形式の横口式石槨をそなえている。もし、後期の前方後円墳と終末期の方墳が各々一代一墳的に造営

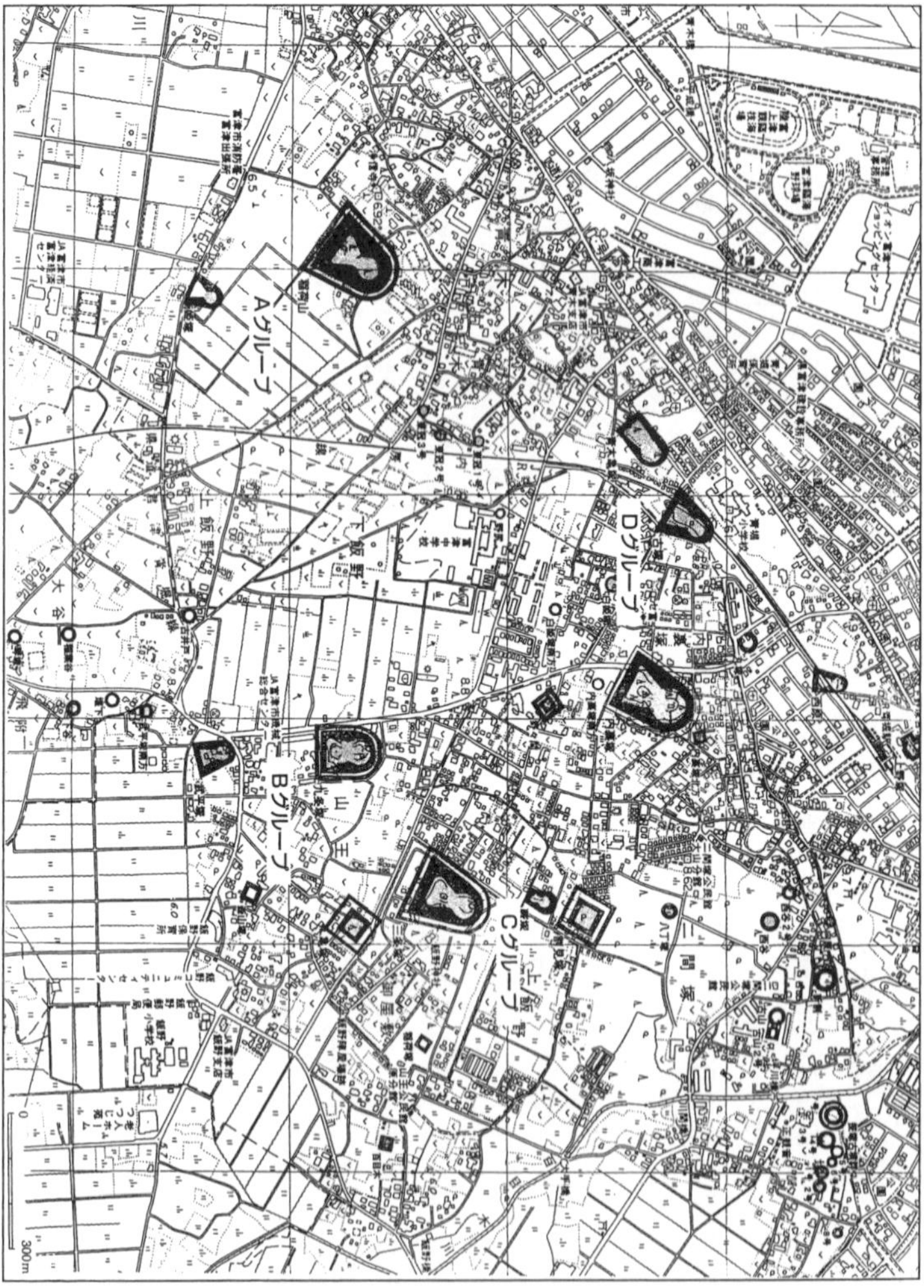


図15　内裏塚古墳群の分布図

されたとみなすならば、およそ一世紀ほどの間に一五代もにおよぶ首長墓が連続して営まれたことになるが、他地域の例もみてもそのような事態はとうてい考えられない。

9期の前方後円墳は、分布のまとまりからA～Dグループの二基づつ四グループに分けられる。そして、各グループは10期の古段階と新段階の二時期にまたがるので、それぞれが二代にわたって造墓したことになる。それらに方墳がつづくが、その編年的位置づけはよくわからない。いずれにせよ、四系譜の首長が各々四代程度、前方後円墳から方墳へと墳形を変化させながら、築造しつづけた複数系譜型古墳群が内裏塚古墳群なのである（広瀬二〇一二ａ）。

第二に、千葉県龍角寺古墳群（図16）。三七基の後期前方後円墳と六基の終末期方墳と七一基の円墳で構成される古墳群である。前方後円墳三七基のうち墳長四〇ｍ級が七基、三〇ｍ級が一九基、二〇ｍ級が九基と、小型前方後円墳が圧倒的に多い（高谷編二〇〇八）。六世紀代はそれら小型前方後円墳を築造した、ほぼ均質な六～七系譜の首長墓が墓域を共同にしていたことが考えられるが、七世紀になると中型前方後円墳の浅間山古墳（七八）、大型方墳の岩屋古墳（八〇）、中型方墳のみそ岩屋古墳（三二）というふうに、三代におよぶ傑出した盟主墳が抽出できる。それらを中核にした二～三系譜程度の首長墓に収斂されていくようである。ことに、岩屋古墳は先述したように七世紀の方墳では列島第一位の規模を誇るが、二重周濠をめぐらし、三段築成でつくられた墳丘の土量は前代の浅間山古墳を遙かに凌駕している。

第三に、栃木県しもつけ古墳群（表10）。六世紀中ごろ～七世紀中ごろに形成されたこの古墳群は、墳長が六〇～九〇ｍ（最大は吾妻古墳の一三四ｍ）の前方後円墳や、直径八二ｍと七世紀では列島第一位の大型円墳の車塚古墳など、一一基の大・中型の前方後円墳や九基の大・中型円墳が、七グループにわかれ

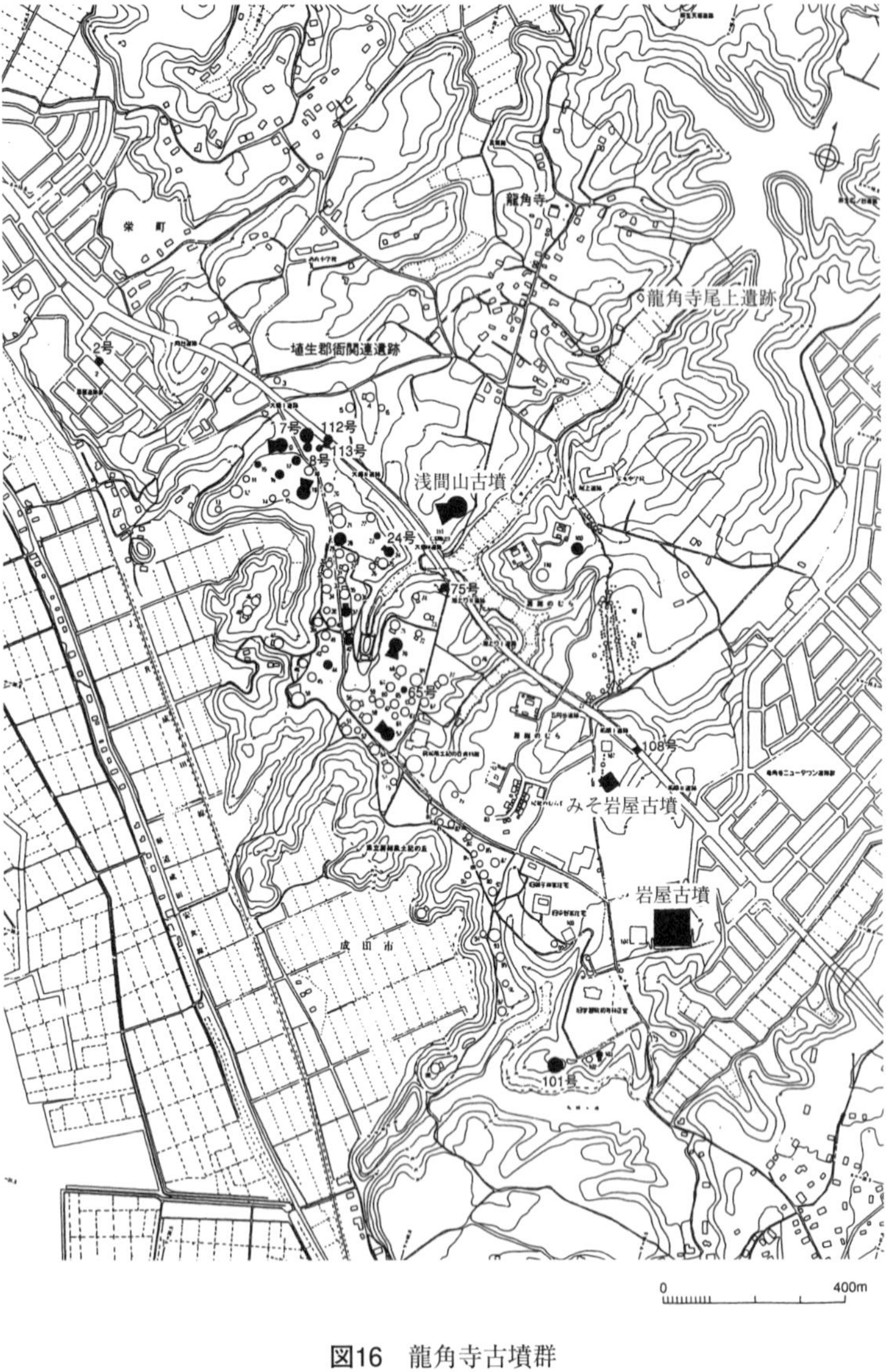

栄町
龍角寺
龍角寺尾上遺跡
2号
埴生郡衙関連遺跡
7号
112号
113号
8号
浅間山古墳
24号
75号
65号
108号
みそ岩屋古墳
岩屋古墳
成田市
101号
0
400m


図16　龍角寺古墳群

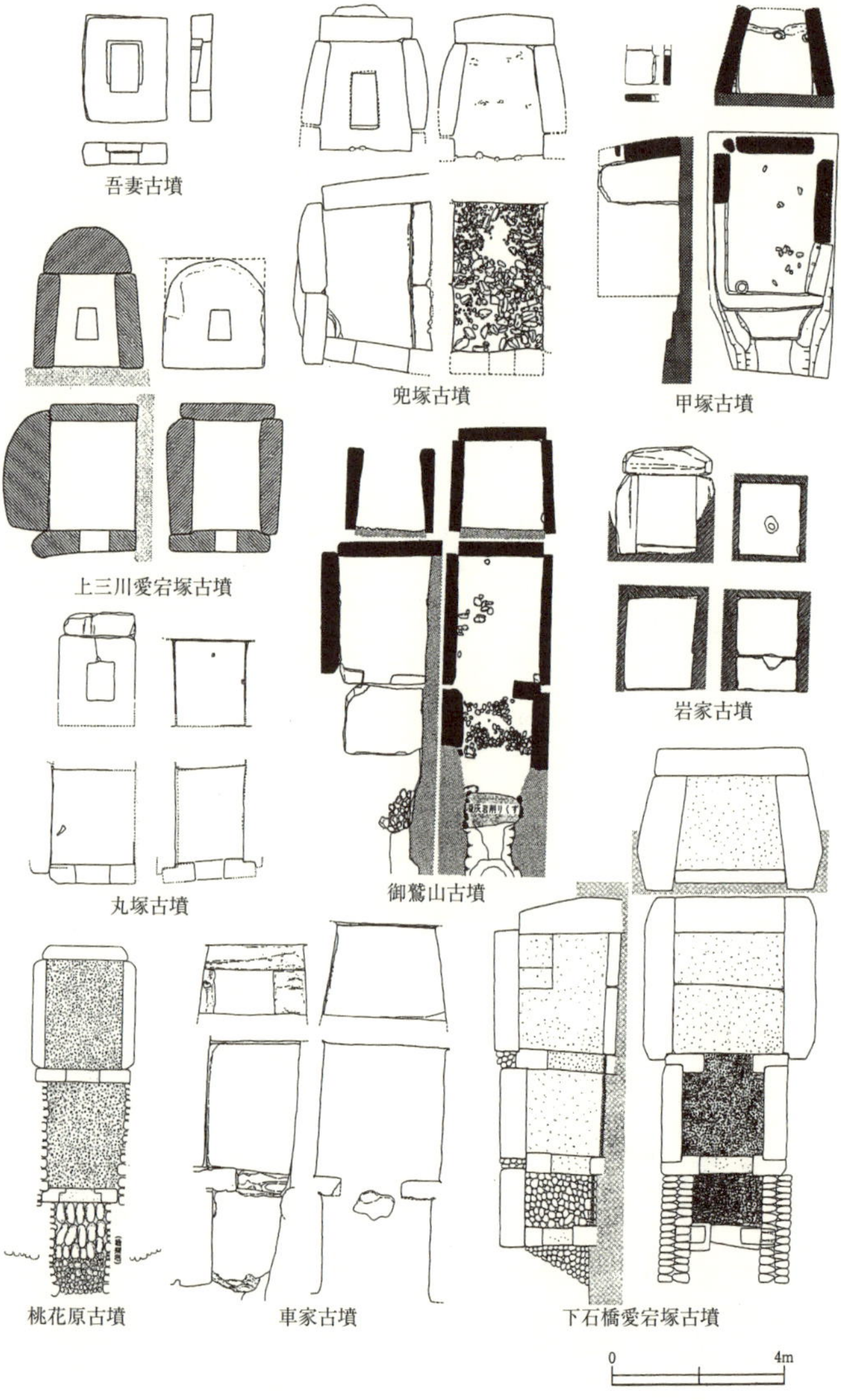


図17　しもつけ古墳群の石室

表10　しもつけ古墳群の編年

| | 1期（TK10） | 2期（TK43） | 3期（TK209） | 4期（TK217古） | 5期（TK217新） |
|---|---|---|---|---|---|
| A | 冨士山・86（埴・葺） | 茶臼山・91（埴・葺） | 長塚・80（葺） | 桃花原・63（葺）（石・石） | |
| B | | 壬生愛宕塚・78（埴） | 牛塚・60 | 車塚・82（葺）（石・石） | |
| C | 吾妻・134（埴）（石・石） | 山王塚・82（河＋切・石） | 国分寺愛宕塚・78（石室） | 丸塚・58（石・石） | |
| D | | 甲塚・85（埴）（石・石） | オトカ塚・32（河・石） | | |
| E | | | 岩屋・46（石・石） | | |
| F | | 御鷲山・74（埴）（石・石） | 横塚・52（埴）（河＋切・石） | 下石橋愛宕塚・84（石・石） | 多功大塚山・53（横口式石槨？） |
| G | | 兜塚45（埴）（石・石） | 上三川愛宕塚（石・石） | | |

各期の（　）は陶邑の須恵器型式（田辺1966）、古墳名称のつぎの数字は墳長、（埴）は埴輪、（葺）は葺石、（石・石）石棺式石室、（河・石）河原石積横穴式石室、（河＋切・石）河原石・切石併用横穴式石室の略。

て、およそ五㎞四方の限られた空間に集中的に分布している。そして、七グループは各々が一代一墳的に、それぞれが前方後円墳から円墳（一基だけ方墳）へと墳形を変化させながら、三〜四代つづけて造墓している（広瀬二〇一一a）。そして、この古墳群を形成した首長墓は、おおむね「基壇」とよばれる低平な一段目をもち、前方部に下野型石棺式石室ともいうべき埋葬施設をもつという共通項をみせる（図17）（秋元・大橋一九八八、草野二〇〇七ほか）。

南武蔵や相模地域を除いた後期の東国では、前方後円墳を築造しうる政治勢力が各地に蟠踞していた。注意をひくのは、上記した三古墳群がいずれも複数系譜型古墳群だという事実である。個々の首長の基本的な領域がどれぐらいの広がりをもっていたのか——令制の数郷程度ではないか——は明瞭ではない。しかし、広範な地域に分散居住していた複数の首長が、あえて一ヶ所に墓域を統合したのは、首長同士の政治的結合の強さや親縁性を内外にしめす（見せる）必然性があったからだろう。これらの古墳群からは、前代とのつながりや他首長とのつながりを内外に、ことに中央政権や近辺の首長に見せようという意図が看取できる。ところが、内裏塚古墳群の後期前方後円墳は、二重濠をめぐらせて平面的には大きいが墳丘はすこぶる低いし、しもつけ古墳群の前方後円墳や大型円墳は、墳丘一段目が「基壇」とよばれ、低平で幅が広い。それらはいずれも見かけの大きさにくらべて、墳丘造成にかけられた労働力は意外と小さい。おそらくその背景には、大きな墳丘をつくろうという意志と、労働力不足という在地首長の事情があったようにも推測される。

六世紀後半ごろの東国各地の首長層は、親縁的な関係をつよく保持していた。そのような在地の首長的結合のありかたを前提に、およそ旧国ほどの広がりごとに東国各地の首長層の政治的統合を中央政権が促した。そこでは〈共通性と階層性を見せる墳墓〉としての前方後円墳の属性が機能していた。中央とのつながり、地域における首長同士のつながりをそれで視認させた。

東国の後・終末期の複数系譜型古墳群の背景には、在地における首長層の強固な政治的結合があったのだが、それが地方政権ともいうべきなかば自律的な政治的構成体を表すかとなると、先に触れたように検討の余地がある。ちなみに、甘粕健と久保哲三は「大化前後の時期において、なお在地の伝統的な政治勢力がすこぶる強大で」あって、「前方後円墳の存在も、たんに辺境の後進性によるものとして説明しきれぬ固有の歴史的背景がある」と指摘する（甘粕・久保一九六六）。「固有の歴史的背景」の実質はこれからの大きな課題として、古墳時代の人的結合のつよさ、ことに首長層のそれが墳墓をとおして確認されるところに、東国古墳時代政治構造の特質があることを、ここでは指摘するにとどめたい。

## 2　前方後円墳から方・円墳へと変化した後・終末期古墳群

東国の後期前方後円墳の多さの背景には、畿内などとは異質な支配秩序があったのだ、とみなされることがある。もしそのように考えると、おなじ前方後円墳という墳墓形式が、時代によって、地域によって、各々異なった政治秩序を体現していたことになって、国造の比定と同様の問題がここでも出てくる。政治的モニュメントとしての時空的な多元性を前方後円墳に認めたとすれば、どこでどのように多元的な解釈の峻別をするのかという、方法的かつ論理的手続きが必要になってくる。それなしにケースバイケース的に解釈を加えていくと、前方後円墳研究は任意性の彼方に消え去ってしまい、いわば不可知論の領域にはまりこんでしまいかねない。

六世紀後半ごろに激増した東国の前方後円墳だが、その命脈は意外と短い。七世紀初めごろにはほぼ一斉につくられなくなる。それらが盛行したのは半世紀に満たない期間だった。その前提をなした首長層の共同観念がどう変化したかという観点からの論究も必要であるが、前述してきたように東国各地の複数の首長たちが自発的に、かつ一斉に築造を停止するような要因が考えられないかぎり、中央からの、いわば他律的な力が作用したとみたほうが妥当ではないか。前方後円墳は中央―地方の政治秩序を維持していくための記念碑だ、という立場からすれば、中央政権が主導した政治制度の変革を想定するのが、解釈としては無理がない。

さて、この頃の前方後円墳や方墳・円墳の分析の仕方次第では、およそ三五〇年間もつづいてきた前方後円墳が終焉を迎えた、あるいは迎えようとしている西暦六〇〇年前後の生き生きとした政治動向を明らかにしていけるのが、東国古墳時代研究のもつ可能性である。七世紀初めごろに前方後円墳が一気に消滅してからも、つづく七世紀代にも途切れることなく同一古墳群のなかで方墳や円墳を営造しつづける事実が重要だが、その背景については前述したので繰り返さない。そのいっぽうで、外在的意志が働いた前方後円墳から方墳・円墳への墳形の変化とはなかば没交渉に、埋葬施設である横穴式石室の形式が興味深い動向をしめす。

下野地域や武蔵地域などのように、六〇〇年ごろをはさんで連続する地域もあるものの、下総・上総地域、上野地域、常陸地域などのように、その頃に新たに律令制の国ほどの地域的ひろがりで、おなじ形式の横穴式石室を共有するところが目につく。そこでは在地首長層の〈われわれ意識〉が、横穴式石室の共通形式の採用という形をとって、前方後円墳の終息と軌を一にして形成された蓋然性が高い。しかし、各地の首長層が相互に没交渉であったわけではない。たとえば、千葉県金鈴塚古墳の横穴式石室におさめられていた組合せ式石棺が、埼玉県西部の秩父地域の結晶片岩でつくられていたり、その逆に埼玉県将軍塚古墳の横穴式石室が、千葉県南部の「房州石」で築造されていたり、というように。太田博之が説くような地域を超えての東国の首長同士のつながりもみられる。

「『古墳構築材』受給の実態は複雑な様相を示すが、生産地と供給地の地域間対応には固定的対応関係は見られない。また、同一古墳において、多系統の埴輪や石室石材の供給がしばしば認められるように、首長間の関係は常に一対一の個別的なものではなく、同時多面的な関係も一般的に存在したことを示している。『古墳構築材』の供給関係からは、排他的な領域は推測されず、多様で交錯的な首長間の通交関係が想定される」(太田二〇〇六)。

しもつけ古墳群での石棺式石室や、武蔵地域でみられる胴張り複室構造の切石横穴式石室は、同地域の六世紀にみられた自然石積みの狭長な無袖式横穴式石室との系譜的連続性はまったく辿れないし、東国のなかでもモデルを見いだしがたい。遠隔地であって、細部にわたる差異はあるものの、前者は出雲東部地域の石棺式石室に、後者は三河西部地域などの東海地域に、それぞれ祖形を認めることができるかもしれない。そうだとすれば、六世紀後半ごろから末ごろにかけて、遠距離におよぶ彼我の首長層には、いったいどのような交渉があったのだろうか。中央—地方という関係性を包摂しつつ、汎列島性をもった前方後円墳という墳丘形式を採用しながら、中央を経由しない埋葬施設の共通性をどのように理解するのかが、今後の大きな課題になってくる。

上野地域に端を発した切石造りの整美な横穴式石室が、六世紀末ごろから七世紀初めごろには相模地域や常陸地域を除く東国一円の首長墓に採用される。さらに、常陸地域の横穴式石室も板石を組み合わせたもので、石室壁面の滑らかさでは切石造りに匹敵する。そこでは上野地域首長層の文化的先進性を指摘しうるのだが、一方ではそれを共有した東国首長層の親縁性も認めなければならない。つまり、畿内地域のような巨石墳志向——奈良県石舞台古墳の横穴式石室玄室天井石の一枚は七〇トンを超える——ではない整美な横穴式石室志向の背景には、東国首長層の共通心性が読みとれる。なぜならば、そうした動向は東国の周辺地域ではさほど認められないからである。ちなみに、切石造り横穴式石室が先行したとみなされがちな畿内地域では、実際は東国より遅れて七世紀中ごろの奈良県岩屋山古墳などで初めて実現している。もっとも、そこでは硬質の花崗岩を加工しているので、技術的にはそちらのほうが高度といえる。

ほぼ旧国ごとの狭域と、かつ東国全体の広域とに、同時に起こった切石石室への転換という〈墓室の革新〉は、政治的結合を深めた東国首長層のイデオロギー的紐帯を強化しようという墳墓装置であった。すなわち、整美な横穴式石室形式の共有という現象は、狭域と広域の二重の首長層の心性、〈われわれ意識、帰属意識、自他意識〉を表象していたのである。ここにいたって、やっと東国という地域的まとまりが、考古資料で確認できるようになるわけだ（広瀬二〇〇八b）。

この時期を遡って、東国という広域におよぶ首長層ならびに「民衆」が、観念的もしくは政治的な一体性を見せたことを、考古資料でしめすことは難しい。ひとつの例外は三五〇年間にまたがる前方後円墳という墳墓形式であるが、それは北海道・北東北と沖縄以外の汎列島性を有していて、東国を包摂するような広大な地域におよぶから該当しない。

上述してきたような七世紀の東国の情況にたいして、『日本書紀』に描かれた大化改新に関してのつぎのような歴史叙述もある。

「八月にはいると、新政権はいよいよ国制の改革に着手する。まず東国と、朝廷の古くからの直轄地である倭（大和）の六県（六御県）に、使者を派遣する。大和朝廷にとって東国は政治的な新開地であった。東国を征服した朝廷は、東国をその軍事力の重要な基盤とし、東国の国造の多くは、朝廷の『部』（大和朝廷の支配機構の分節）の組織のなかに編入されていった。新政権の改革の第一歩を東国から始めたのは、そのような背景があったのである」（吉田孝一九八八）。

七世紀中ごろに樹立された改新政府にとって、東国は「軍事」的基盤とするために「征服」されるべき「政治的な新開地」とみなされていたようだ。もしそうだとすれば、六世紀後半ごろの東国における前方後円墳の急増現象や、七世紀の大型方墳や円墳の築造はいったいどう理解すればいいのであろうか。こうした『日本書紀』の叙述にそのまましたがうには、あまりにも考古学的実態との齟齬がありすぎる。「書紀編修の始めは天武天皇十年におくべき」(坂本・小島一九九三)との説に拠れば、それからさほど遡及しない時期のことだけに、『日本書紀』に描かれた文字史料と豊富な考古資料をどのように解釈すれば、歴史の整合性が獲得できるのだろうか。重要課題である。

# Ⅳ　新しい古墳時代像創出に向けて

ここまで検討してきたように、大和政権が地方支配を拡大し、中央集権体制へと歩をすすめていく過程で、かつての同盟者であった地方首長は服属していく、といった古墳時代についての通説的解釈は、前方後円墳などの研究から導きだされたというわけではなかった。前方後円墳にたいして、あるときは「同盟」を、また他では「服属」が語れるとするならば、どのような方法を用いればそれが可能か、などの問いへの応答がけっして十分でないことも見てきたとおりである。やはり、一個の様式を有した遺跡・遺物については、それを貫ぬく論理的かつ整合的な説明がまずはなされないと、いくとおりもの解釈が相関性を欠いたまま並列してしまいかねない。

政治秩序を表象した記念碑的墳墓が前方後円墳である、が古墳時代研究の一つの到達点だった。しかし、前方後円墳が有効性を発揮した政治とは何か、についての論考はさほど多くない。それが一元的であったのか、そうではなかったのかの方法的視座を明瞭にした論議も深められたわけではない。どちらかといえば、『日本書紀』の体系的記述が意識的、無意識的とを問わず、古墳時代史の外在的要因としてつよく作用してきたように思える。それをいったん外したら何が見えてくるか。「もの」に包摂されている諸属性を抽出し、それらの関係性の時―空的展開をとおして、その後に同時代の文字史料や各種の類推を駆使して、歴史を叙述できるかどうか。

文字史料で描かれた世界を参照しながら、考古資料で歴史を構築する試み、文献史学の無意識裡の傍証的態度ではない考古学は可能か。いったい、考古資料を駆使した歴史叙述は可能なのか。律令国家の前史ではない古墳時代の歴史、律令国家の形成過程ではない古墳時代史は、どうすれば叙述しうるのか。そこには文字のなかった時代、あるいは少なかった時代の歴史をどのように叙述するのか、といった問題が通底している。

さて、政治システムや支配統治のありかたを前方後円墳をとおして叙述する場合、「前方後円墳とはなにか」と「前方後円墳を媒介とした政治とはなにか」の二つを峻別して論じなければならない。これらは往々にして混交されて問題を複雑にしてきた嫌いがあるからだ。これまで述べてきた言説（広瀬二〇〇三a、二〇一〇a、二〇一一cなど）を概述したり、今後の見通しをふくめたりしながら、「新しい古墳時代像創出に向けて」の方向性を述べておこう。

## 一　前方後円墳とはなにか

「前方後円墳とはなにか」という本源的なテーマについては、代々の首長霊としての祖霊でもある前代首長の霊を、新しい首長が継承することで初めて首長の資格を獲得する、そのための儀式が前方後円墳で実施されたという、近藤義郎の「首長霊継承儀礼説」が一般化している（近藤一九六六、一九八三）。最近では寺沢薫が弥生墳墓の分析をつうじて再度検証している（寺沢二〇〇〇、二〇〇三）が、岡田精司や大久保徹也らからの批判も出されている（岡田一九九九、大久保二〇〇四b）。

前方後円墳首長霊（権）継承儀礼説には、いくつかの疑問がある。第一、もし霊魂がつぎの首長に継承されたとするならば、亡き首長の遺骸は霊魂のない「抜け殻」になっているはずだが、多量の「宝器」類を「抜け殻」に副葬する必然性はどこにあるのか。第二、繰り返しになるかもしれないが、「首長霊の継承儀礼」にどうして前方後円墳という、多量の労働力を費消しなければならない墳墓を必要としたのか。多種多彩な威信財や権力財がなぜそこに副葬されたのか。そもそも前方後円墳の何で、首長霊継承儀礼が説明できるのか。第三、この学説では霊魂観の存在、いいかえれば霊肉分離の観念が成立していたことが前提になっているが、それについての十分な説明はない。後述するように、霊魂観はけっして先験的な存在ではないし、非歴史的な産物でもない。

## 1　〈共通性と階層性を見せる墳墓〉が前方後円墳

前方後円墳はディテールにおいて多様なありかたをみせる。墳丘の形態をみてもそうだし、埴輪の樹立や周濠の形状などの外部表飾もそうである。可視的でない埋葬施設や副葬品などにいたっては、かなりのバリエーションが存在する。そのような差異を強調すると、各地で任意に築造された文化的産物との見解も出てこないことはない。しかし、日本列島の永い墓制史のなかで、限られた時期に円形と方形・台形が結合したダブルマウンドが築造されつづけるという汎列島性な共通性に焦点をあてれば、そして副葬品の組合せなどにおいて見られる一定の約束事にしたがった墳墓様式という側面からすれば、上記したような考え方はさほど合理的ではない。「首長霊の鎮魂・継承」はともかく、近藤義郎が次に説くとおりである。

「統一性・画一性をもってあらわれ、各地に波及するという普遍性をもつ。すなわち前方後円墳は、地域性を継承しつつ一つの飛躍をとげ、その中で地域性を切断する統一的祭祀としてあらわれる。それは、弥生時代に成立した首長霊の鎮魂・継承の祭祀の型式のあたらしい創出ともいえるものであった」（近藤一九八三）。

続縄文文化の北海道・北東北と、貝塚後期文化の沖縄を除いた日本列島で、三世紀中ごろから七世紀初めごろにかけて約五二〇〇基つくられた前方後円墳・前方後方墳の本質は、見る／見せる墳墓というところにあった。それらはけっして人里離れた、人跡未踏の地につくられたわけではない。大部分は生活空間を見下ろす丘陵や交通の要衝に立地していた。そして、葺石や段築や円筒埴輪列などで墳丘を装飾し、前期のものは正面観を見せていた。たとえば、奈良県西殿塚古墳は平野側だけ一段多く墳丘を築成しているし、京都府蛭子山古墳も平野側だけ三段築成に仕上げられている、などである。さらに、一人や二人の埋葬空間には大きすぎる墳丘をもつという特性を有している。

七世紀初めごろに前方後円墳がほぼ一斉に終息してからも、北東北地域などの「末期古墳」を除いて、七世紀末ごろもしくは八世紀初頭ごろまで方墳や円墳などが築造されるが、そこでは可視的な要素はいちじるしく劣化している。いっぽう、前方後円（方）墳が築造された地域の多くでは、弥生時代後期ごろから丘陵などに墳墓が姿を見せはじめる。しかし、そのビジュアル性は一部のもののほかは、さほど強くはない。

時―空的な偏差もあるけれども、相対的に前方部が発達していく墳丘形態、遺骸を保護・密閉・辟邪した段階から、それに一定の空間を付与する段階へ変容する埋葬施設、威信財と権力財と生産財の組合せか

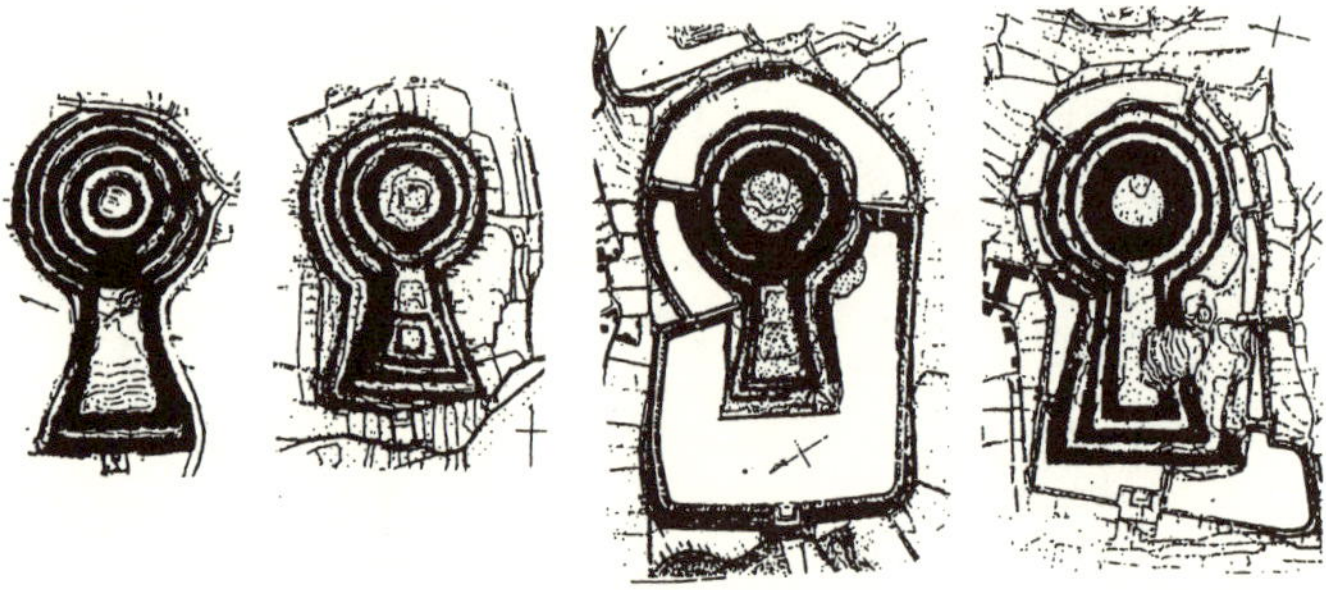

箸墓古墳　西殿塚古墳　行燈山古墳　渋谷向山古墳

図18　後円部最上段の大型化

ら、生産財が希少になっていき、そこに生活財が加わる副葬品、というような変化をみせながらも、各地の首長墓には時期ごとに共通性が認められる。そこには、弥生墳墓や律令期の墓とは異なった原理、汎列島的な〈われわれ意識〉を表出する墳墓様式としての前方後円墳の本質がある。

前代からの伝統、技術的な限界性、中央からの距離感などに起因した地域的特殊性をもちながらも、墳丘構造や埋葬施設や副葬品の組合せに共通性をもたらしたのは、〈亡き首長がカミと化して共同体を守護するという共同幻想〉を内容とした前方後円墳祭祀であった。それが前方後円墳の共通性をもたらしたのである。詳しくは別稿（広瀬二〇〇三a、二〇一一c）に委ねるが、ここでも簡単に記しておく。

畿内を中心とした前期の前方後円墳は、長大な割竹形木棺に納められた亡き首長の遺骸を、排水溝をそなえた竪穴石槨や粘土槨で密閉・保護・辟邪する。そして、三角縁神獣鏡などの中国鏡、腕輪形碧玉製品などの威信財、鉄剣・鉄刀・鉄槍・鉄鏃などの権力財、鉄鎌・鉄鍬（鋤）・鉄斧といった生産財を副葬し、不特定多数の人びとに見せるための墳丘を築造した。箸墓古墳、西殿塚古墳、行燈山

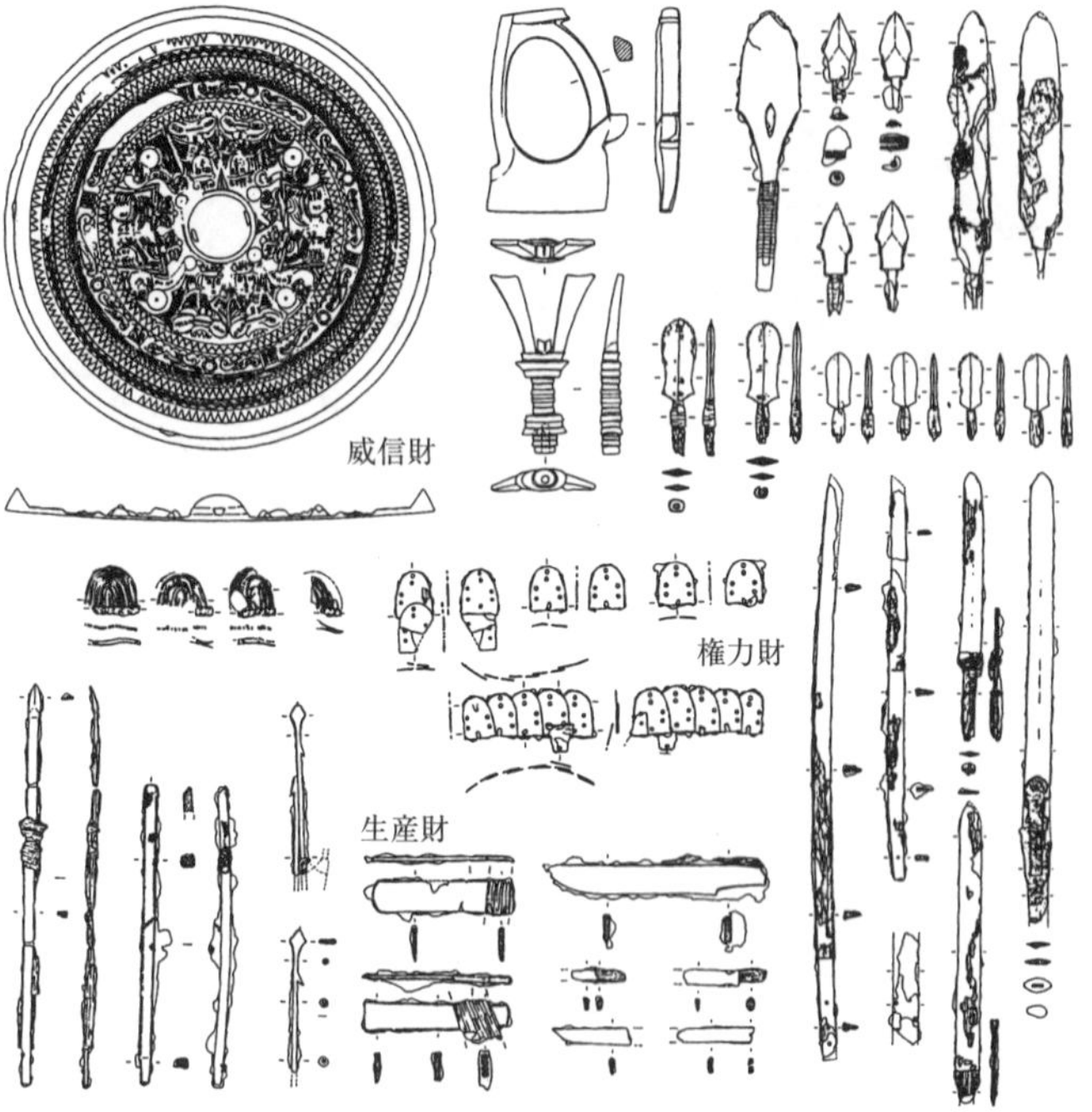


**図19**　前期古墳の副葬品（雪野山古墳）

古墳、渋谷向山古墳とつづく前期の巨大前方後円墳は、時期の経過につれ遺骸を埋葬した最上段だけが巨大化していく（図18）。亡き首長のありかを不特定の人びとに顕彰したようである。

死した首長の遺骸には、中国王朝の権威を体現した銅鏡、外敵を防御し、倒すための鉄製武器、食料生産に必要な農具や森林開墾の鉄斧といったふうに、共同体を再生産していくために必須の道具類が副葬される。注意を引くのが、この段階ではまだ土器などの生活財がみられないことである。同種多量的色彩がつよいこととあいまって、東アジアの同期の墳墓とくらべて顕著な特徴といえよう（図19）。

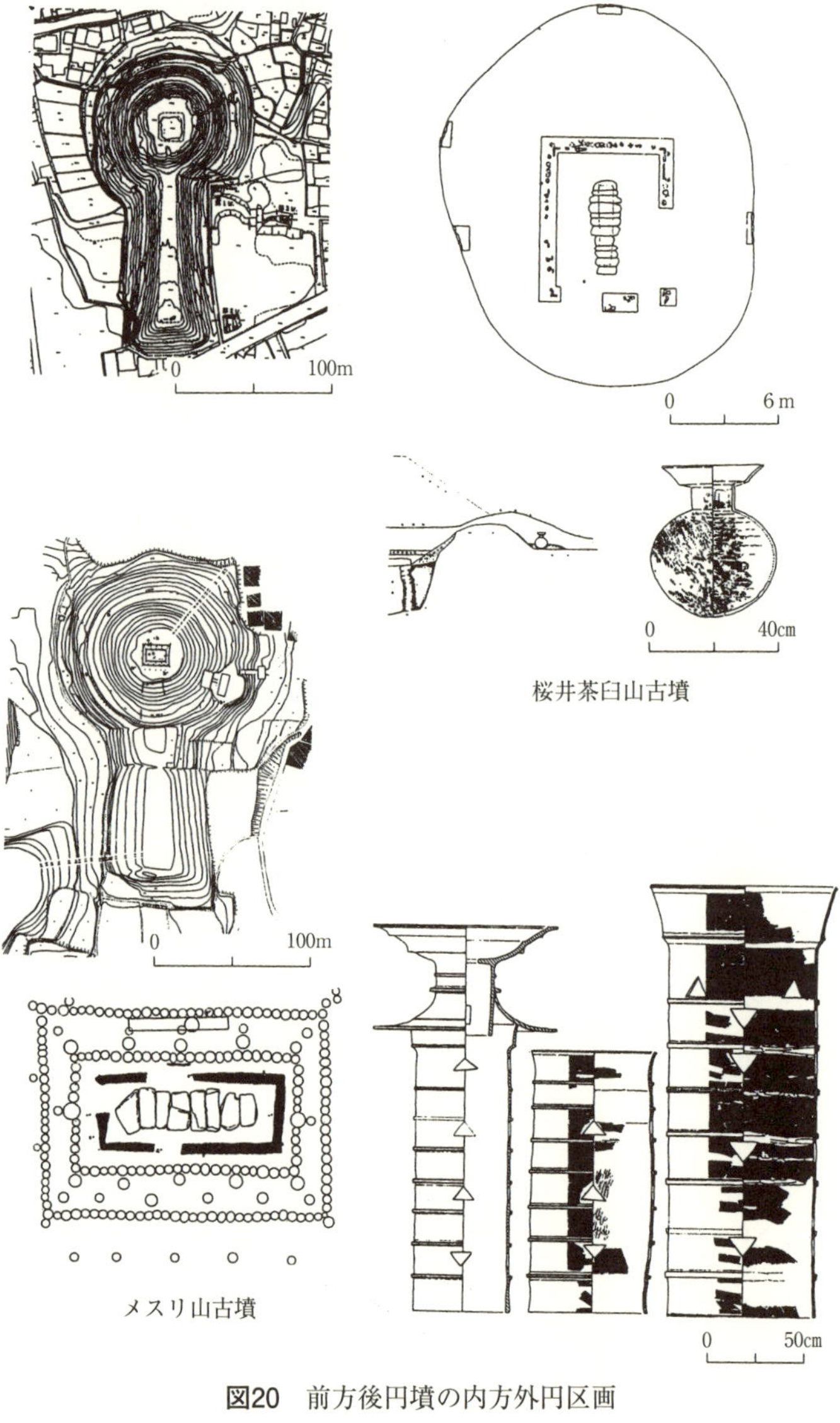


**図20**　前方後円墳の内方外円区画

豪華な副葬品を死者に副えるという行為に、特定の意味がもたされていたのだが、それは〈死した首長にもうひと働きしてもらおうという共同の願望〉を体現したものであった。そこには世界各地でみられる死と再生の観念が通底していた。すなわち、個体としての「王」の死に、社会性や政治性が付与されたわけである（カントーロヴィッチ一九九二）。その内実のヒントになるのが後円部墳頂部の内方外円区画である。

桜井茶臼山古墳のように、後円部埋葬施設の上部につくられた方形壇に壺形埴輪をめぐらした方形区画と、墳頂部縁辺を板石列で円形に囲繞した円形区画にはじまって、次のメスリ山古墳では方形区画、円形区画ともに円筒埴輪列で形成される（図20）。やがては、家形埴輪や蓋形埴輪を置いたり、それを盾や靫などの器材埴輪が囲んだ方形区画を、円形の円筒埴輪列がとりかこむ。それはまさに、方格規矩四神鏡に具現された〈天円地方の観念〉（林一九八九）を墳丘に体現するものであった（図21）。内側の方形区画で一定の儀式を経てカミと化した亡き首長は、後円部墳頂の円形区画のなかで、共同体再生産のための品々をもって共同体を守護しつづける、と観念されていた。そのような前方後円墳祭祀を共有することで、首長たちに〈われわれ意識〉や、おなじ祭祀共同体に所属しているという一体性や帰属意識が形成された。

中小河川流域などを領域とし、首長と農民層で形成された農耕共同体と、首長同士がつくった支配共同体（首長層）の二つの共同体は、食料増産や非自給物資の交易などの役割は現実の首長、すなわちいま生きている新しい首長が担い、自然の脅威など不可知の領域にたいしては、カミと化した死した首長が対応するといった共同幻想が、古墳時代前期には広く醸成されていた。すなわち、古墳時代の共同体の繁栄は二人の首長で保証されるとの共同幻想が敷衍されていたのだが、そのイデオロギー的道具立てが前方後円墳だし、それが見せる共通性の実質なのであった（図22）。ただ、おなじ前方後円墳といっても地域的な

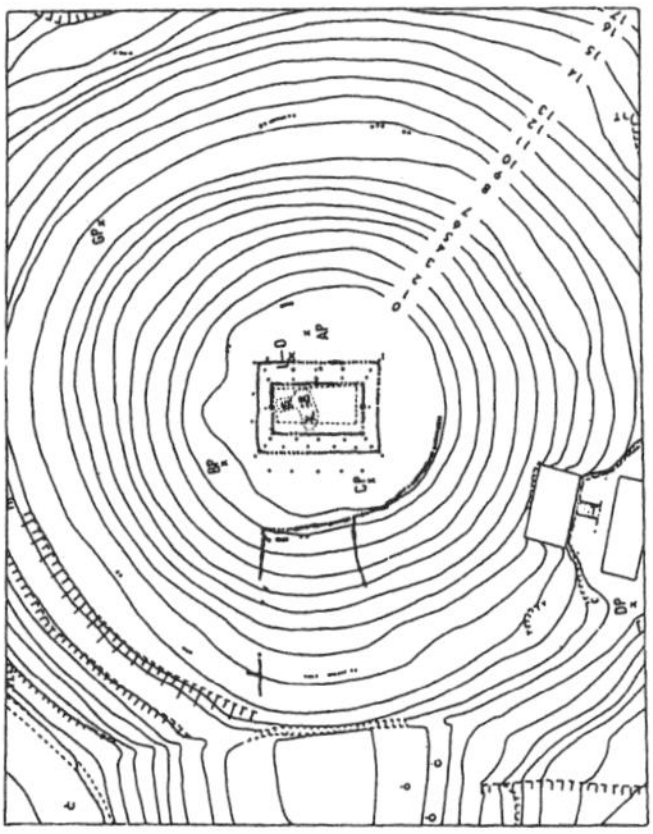

**図21**　内方外円区画と方格規矩四神鏡

個性が見られるから、上記したような前方後円墳祭祀にたいする首長層の理解度は、地域によってかなりバラツキがあったようだ。

どうして首長層の一体意識が要請されたのであろうか。各地の首長たちの利害調整をはかるという実質が、背景にあったからだ。鉄素材をはじめとした「もの」や人の交通をめぐって、首長層同士の対峙で各々が雲散霧消してしまわないように、広域におよぶ首長たちの利益共同体を創出する必要があった。集団の利害を調整し、その秩序を維持する行為はまさしく政治だが、そういう意味ではそれは広域の政治的共同体の結成でもあった。つまり、前方後円墳は首長層の政治秩序を表象する観念的装置として発明されたのである。

しかし、各地の首長（層）に共有された前方後円墳祭祀は、けっして対等ではなかった。中心性のある明瞭な階層性をもっていた。初期の箸墓古墳の墳長二八〇mにはじまって、中期の大山（仁徳陵）古墳の四八六mや、後期の見瀬丸山古墳の三一八mにいたるまで、墳長が二〇〇mを

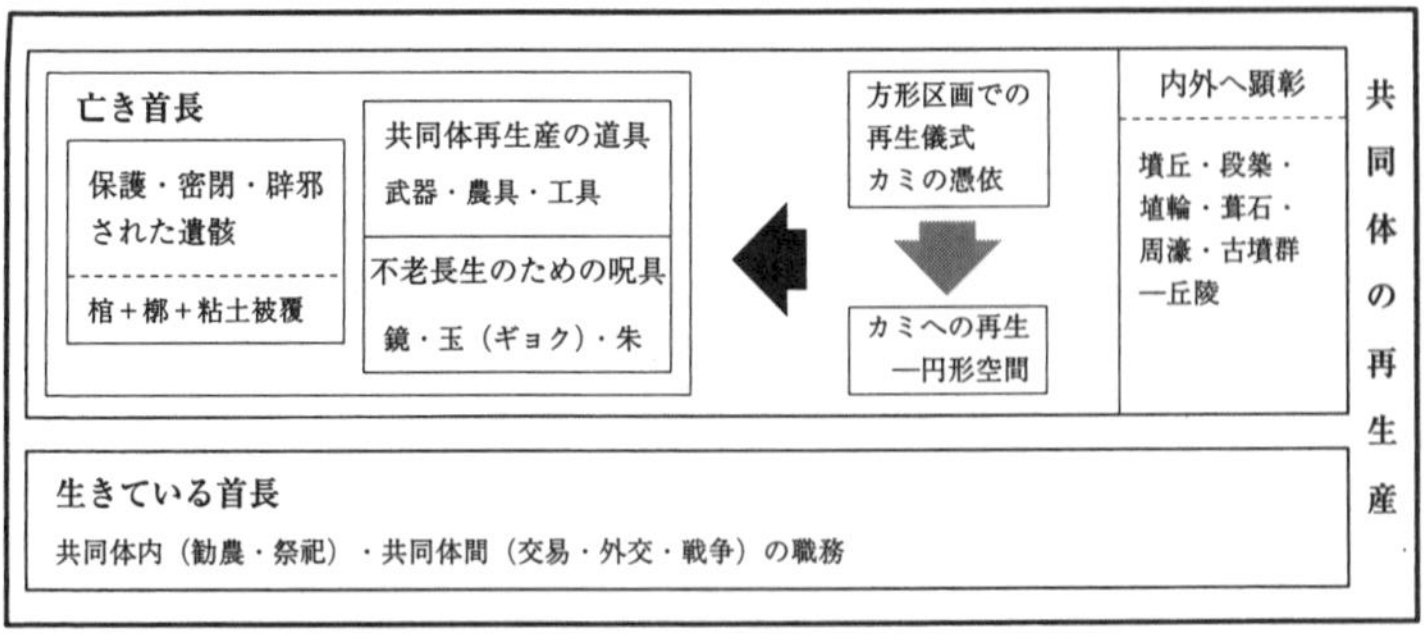


図22　「二人」の首長による共同体の再生産

凌駕する巨大前方後円墳は、全国でわずかに三六基しかない。そのうちの三二基が大和・河内・和泉・摂津地域に集中している。さらに、墳長が一〇〇mを超える三〇二基の大型前方後円（方）墳のなかの一四〇基は、それらに山城地域を加えた畿内地域に偏在している。それだけではない。前・中・後期のいつの時期をとってみても、各々の最大級の前方後円墳は畿内地域につくられつづけた。さらに、三三面の三角縁神獣鏡を副葬した奈良県黒塚古墳のような多量の威信財、二〇〇本を超える鉄槍を副葬したメスリ山古墳のような権力財の副葬量も、畿内地域の古墳が文句なしに卓越している。

各地の首長層にみられる階層的秩序の頂点に、畿内地域の有力首長層が聳立していたことは動かない。そうした階層性が前方後円墳を頂点とした古墳を見る／見せることで、不断に視認されつづけたのである。再度言うならば、〈共通性と階層性を見せる墳墓が前方後円墳〉であったし、墳丘規模に代表される差異性を包摂し、前方後円墳祭祀の共有に基因した同一性の原理にしたがって造営されたのが前方後円墳なのである。

## 2　前方後円墳は〈中央―地方を表出した墳墓〉

古墳時代には中央―地方の関係があった。墳長二〇〇mの巨大前方後円墳が一代一墳的に中核を占めつづけた大和・柳本古墳群、佐紀古墳群、馬見古墳群、古市古墳群、百舌鳥古墳群の畿内五大古墳群が、中央性を厳然と表している。陵墓や陵墓参考地に治定されているため、多くの巨大前方後円墳や大型前方後円墳の実態は不明だが、それでも大量の権力財や威信財や生産財を保持していた様相が垣間みえるし、大和・柳本古墳群を除く佐紀・馬見・古市・百舌鳥の四古墳群の巨大前方後円墳には、「陪塚」をふくめた中小の前方後円墳や円・方墳が、多数随伴している。さらには、前方後円墳の墳形や外部表飾や副葬品の組合せなど、地方のそれらの範型となるものが顕著である。ことに畿内五大古墳群などの巨大前方後円墳に規範をもった墳丘プランを、いくつかの地方首長墓が採用していることは、まさしく中央―地方の関係の表象以外のなにものでもない（北條一九八五、岸本一九九二など）。つまり、前方後円墳祭祀のモデルや主導権は中央にあったわけだが、ほかにも中央からの規制や差別化があったのか、それとも地方の文化的練度に基因するのかはわからないけれども、中央からの距離感が大きいものも見られる。

そうした前方後円墳の特性を、立場を変えて地方首長の側からみると、中央とのつながりの表明が第一義的ということになる。ことに旧郡程度の限られた地域において、ある時期の一代にかぎって前方後円墳が築造され、しばらくの空白期をおいて再び一代や二代だけ、前代のものと類似した前方後円墳が造営される不連続の連続とでもいうべき現象をみると、前代とのつながりも重要な意義をもっていたようである。すなわち、地方首長にとっては〈中央とのつながりと前代とのつながり〉という二重の紐帯が、前方後円墳の造営には包摂されていたわけだ。

時—空的つながりを視認させる装置としての前方後円墳連鎖、そうした現象をみれば、前方後円墳が〈目で見る王権〉や〈可視的な国家〉として機能していた、との見解を導きだすのは、さほど無理なことではない。地方首長が造営した前方後円墳は、中央のそれにつながっているという事実に依拠することで、古墳時代の王権の一翼、いいかえれば権力機構としての首長〈層〉を担う、という事態を表していたのである。

さて、共通性と階層性を見せる墳墓といっても、各地の前方後円墳には細部においては個性が顕現している。地域的な個性を見せるのも、前方後円墳のいま一つの意義なのだが、そこだけを強調すると前方後円墳は各地で任意に築造されたとの見解も出てくる。それは共通性のなかの多様性でしかないのだが、前方後円墳は中央政権（大和政権）による地方支配進展過程を表す、という既往の思考法にたいする反発に基因しているようにも思われる。

いったいに、汎列島的な共通性と地方的色彩を二項対立的にとらえても、さほど生産的ではない。前方後円墳には中央政権の意志と地方首長の意志が重層的に包摂されているから、中央と地方といっても相互的もしくは互酬的な要素は否定できない。そのどちらがつよく前面に出るかによって、畿内色のつよい「畿内型」古墳とか、共通性を逸脱したかのような「在地型」古墳などとよばれたりする。もっとも、中央の前方後円墳にしても一枚岩的なありかたをしてはいない。たとえば初期の巨大前方後円墳でも、前方部の拡がった墳丘に前方後円形の周濠を囲繞させた行燈山（崇神陵）古墳や渋谷向山（景行陵）古墳などにたいして、周濠をもたずに前方部が狭長かつ低平で、いわゆる柄鏡形の墳丘をもった桜井茶臼山古墳やメスリ山古墳というふうに、かなりの差異が認められる。そして、それらは地方の前方後円墳にも見られる。

地方のなかでも首長同士の関係は一元的とはいいがたい。上野地域の舟形石棺、あるいは上・下総地域や常陸地域の滑石製石枕のように、一定の空間的ひろがりで地域的共通性を見せるものもあるが、そうでない遠距離の首長相互の関係を表す事実もある。前述したように、長方形の特異な周濠をもつことで北武蔵地域のさきたま古墳群と下総地域の殿塚古墳や人形塚古墳は共通性をもつ。平入りと妻入り、床石の有無などの差異をもつものの、石棺式石室という形式では出雲東部地域と下野地域は酷似しているし、武蔵地域で盛行する胴張り形式の横穴式石室は東海西部地域などと近似している。

中央―地方という関係性をもちながらも、各地の首長層は婚姻・移住などの人的行為や交易・貢納などの物的関係に依拠した、重層かつ錯綜した交通関係を保持していたようだ。首長ネットワークは多岐に及んでいたのである。〈汎列島性と地域性〉を包摂した前方後円墳、そこにどのような首長層の意志を読みとるか、ここにこそ考古学の本領が発揮されなければならない。このように考えてくれば、祭祀と政治を表象したのが前方後円墳という墓制である、ということができそうだが、それは後述するように弥生時代後期の墳墓にも認めうる。違うところは、古墳時代にはそれが中央と地方という関係性をもつようになっていることだ。したがって、前方後円墳という概念は〈中央―地方の契機をもって、祭祀と政治を表出する墳墓〉ということになる。

## 二　前方後円墳の成立と消滅

### 1　前方後円墳祭祀の変貌とその終焉

人間は肉体と霊魂からなっている、という観念は、人間の本質なのか、それとも歴史的に形成されたのか。こうした観念領域の考古学的研究はさほど豊かではないが、霊肉分離の観念がいつごろから敷衍されたのかについては、北・中部九州の装飾古墳を対象に別途、論じた（広瀬二〇一〇ａ）。概略を述べると次のようである。

五世紀から七世紀にかけて、横穴式石室や横穴墓に絵画や文様を描く装飾古墳は、おおよそ北・中部九州では次の四段階の変遷を辿る。五世紀初めから中ごろの第一段階には、家形石棺や横穴式石室の石障に浮彫りや線刻で、鏡の形式化した同心円文や直弧文、大刀、靫・盾などの武器・武具などが描かれる。ついで五世紀後半から六世紀前半ごろの第二段階には、石棺や石障に加えて、横穴式石室に設置された石屋形などに同心円文、直弧文、連続三角文、双脚輪状文、大刀・靫などが線刻され、赤・青・緑色などで彩色される。六世紀前半から七世紀初めごろの第三段階になって、装飾古墳は大きな変貌を遂げる。横穴式石室の玄室や前室などの壁面に、同心円文、連続三角文、大刀、盾、靫、蕨手文、馬、船、人物などが、赤・青・黄・白・緑色などで彩画される。ピークを過ぎた七世紀初めごろから中ごろの第四段階には、横穴式石室の玄室や羨道の壁面、横穴墓の外面などに、船、木の葉、鳥、魚などが線刻で描かれる。以上を図式化すると図23のようになる。

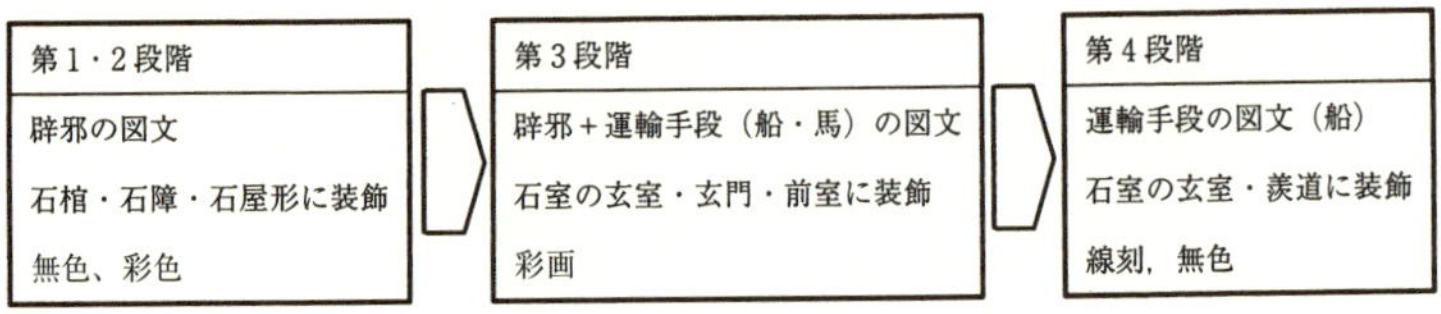


**図23**　装飾古墳の変遷

辟邪のための図文が主体の第一・二段階は、施文部位も遺骸の収納施設にかぎられていた。遺骸に魑魅魍魎がとりつかないようにとの、前期以来の伝統的な辟邪観念が、横穴式石室の採用にもかかわらず看取しうる。ところが第三段階になると、従来の辟邪図文だけでなく新しく船や馬などがそこに加わって、しかも横穴式石室の玄室壁面いっぱいに装飾されるようになる。つまり、辟邪さるべき空間が一気に拡大したわけだ。したがって、それを必要とした観念が成立したとみるのが妥当であろう。さらに、この頃から一般化する図文の船や馬によって、死者の霊魂が横穴式石室に運ばれてきたと解釈するわけだ。そしてちょうどこの頃、北・中部九州でも飲食のための須恵器副葬、生活財の副葬という画期が認められる。

死者に広い空間を与える横穴式石室――そこに船や馬で運ばれた霊魂は、盾や靫、直弧文・鏡の形式化した連続三角文・同心円文などで辟邪されつづける――の普及や、「黄泉戸喫」のための須恵器副葬からすれば、西日本各地では五世紀後半から六世紀前半ごろにかけて、霊肉分離の観念が浸透していったとみなしても大過はない。

古墳時代には海上他界観や山上他界観といった、誰にとってもの、そして見えない抽象的な他界を物語る考古資料は見あたらない。そうではなく、追葬のたびに訪問できる往還可能な横穴式石室が他界とみなされていた。それは墳丘をもっていたし、早い段階のものは葺石や埴輪もそなえた可視的な存在であった。やがては横穴墓もそこに加わってくる。

古墳時代の他界観は〈可視的で往還可能、属人的で聖なる他界〉であった。広大な日常世界のなかに、個々の多数の非日常世界があって、此界と他界は空間的につながっていた。それらの往来を妨たげる要因はなにもない。ちなみに、死者の霊魂が「黄泉戸喫」した土器類は、基本的には当時の集落で日常生活の飲食に使用されたものと、おなじ形式のものが墓室にもちこまれている（小林一九四九a、土生田一九九八、辰巳二〇〇二など）。「黄泉戸喫」の舞台となった他界も所詮は日常の延長だと観念されていたようである。

日本列島における霊肉分離の観念は自生したものではなく、五世紀後半ごろに伝わってきた外来思想で、百済や加耶などの渡来人によってもちこまれた外在的なものである。つまり、「好太王碑文」で知られる四世紀末ごろからの朝鮮半島への武力支援などを契機にして、南部朝鮮との人的交流が活発化しはじめたが、加耶や百済からの渡来人が霊肉分離の観念をもたらした、とみたほうが実情に即している。そうした霊肉二元論の観念にもとづく他界観の浸透が、伝統的な前方後円墳祭祀を変貌させていくのである。

前期古墳を特徴づけていた中国鏡、碧玉製品、武器、農工具など、共同体再生産のための道具類の副葬のウェートが、後期になると低下する。かわって、金冠・飾履・耳環、あるいは飾り馬具や飾り大刀一式といったふうに、鍍金がほどこされ、カラフルになった個人的装い、属人的で世俗的色彩の副葬品が、霊魂観と軌を一にして一気に増加する。

〈共同性を本義としていた前方後円墳に個人性が胚胎した〉。それが霊魂分離の観念のもたらした古墳変容の大きな契機であった。三世紀中ごろに成立し、変化しながらもつづいていた前方後円墳祭祀は、カミとして再生させた亡き首長に、共同体再生産を祈念させるために創出されたものだった。したがって、そ

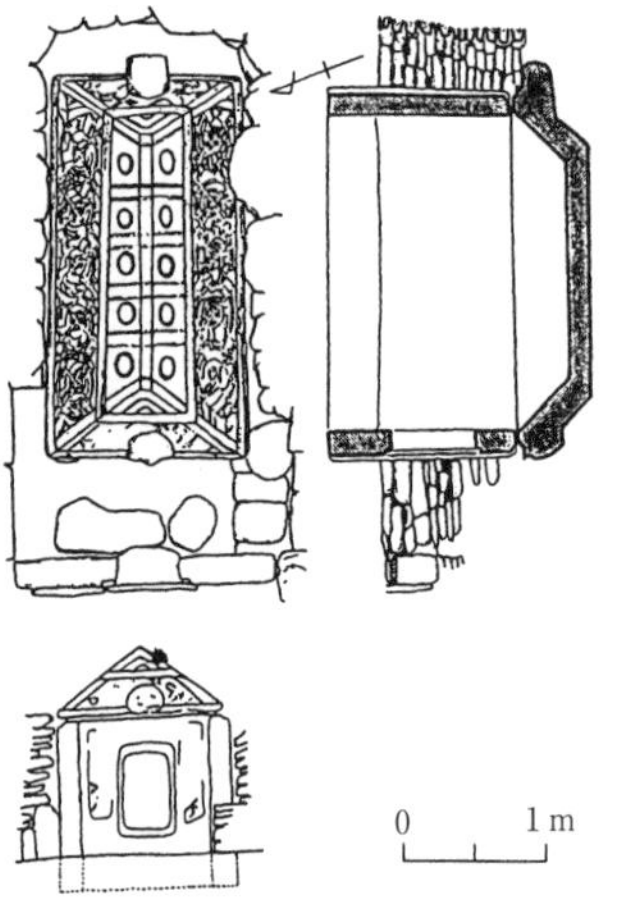


石人山古墳の横穴式石室と家形石棺

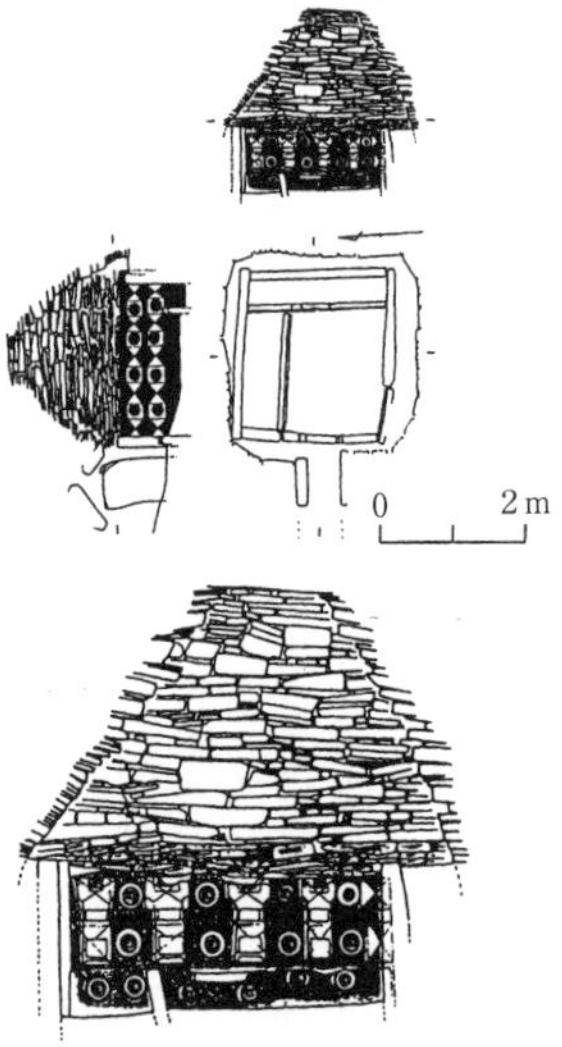


千金甲１号墳の横穴式石室と石障

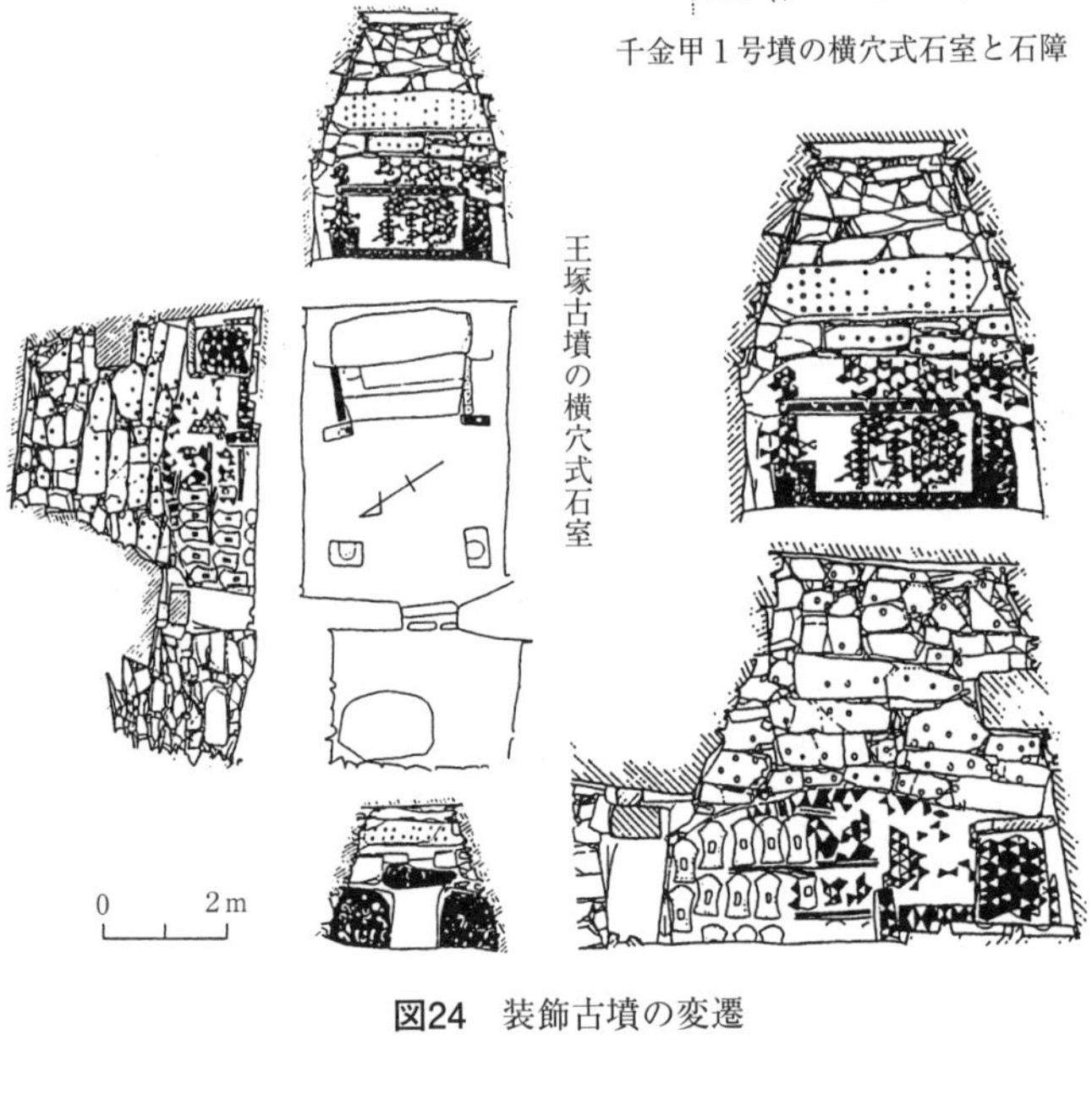


王塚古墳の横穴式石室

**図24**　装飾古墳の変遷

の主人公である死した首長は、付与された政治的身体によって属人性はなかば剥奪されていた。共同体再生産のために不可欠な財が同種多量的に副葬されたものの、個人的色彩のつよい製品や生活容器類などの欠落が、そうした事態を傍証している。つまり、墓誌が一例も出土していない事実に裏づけされるように、前方後円墳は個人の墳墓なのに匿名的である、という矛盾を当初から包摂していた。ところが、霊魂観が浸透していくことで個人性が異分子のように浸透していき、その住みかとしての他界は共同性を徐々に喪失させ、前方後円墳祭祀を形骸化させていく。再度言うならば、霊魂観の浸透で敷衍された個人性の論理が、共同心性の領域で地歩を固め、政治的身体と化して「生きつづける」と観念された、亡き首長の役割を空洞化させていくのである。

古代の人びとによって仮想された他界には二段階が想定できる。第一段階は三世紀中ごろ以降で、亡き首長がカミとなって共同体を守護しつづける場としての前方後円墳。第二段階は五世紀後半ごろ以降で、亡き首長の霊魂が生きつづける横穴式石室とそれを覆う墳丘。ただ第二段階にいたっても、第一段階の他界観は一掃されたわけではなく、新しく定着してきた霊魂観と重層しながらつづく。

第一段階から第二段階への他界観念の移行は、けっして劇的なものではなかった。伝統的な心性に外来的なものが重層し、やがてはそれが新しい心性を形づくる。他界といいながらも第一、二段階とも日常世界のなかの可視的な装置であって、けっして人びとの手の届かない彼岸的な存在ではなかった。そうした経緯をたどりながら、七世紀末もしくは八世紀初頭ごろに古墳は終焉する。

なお、律令国家の正統性を高らかに唱道した『日本書紀』では、律令国家を統治した天皇はカミにつながる系譜をひく。死してカミと化した古墳時代の首長層とのヒアタスは大きい。七世紀のなかでそれをもたらした観念的な乗り越えがあったはずだが、考古学の方法論ではよくわからない。

## 2　前方後円墳祭祀を用意した弥生墳墓祭祀

弥生時代後期になると、出雲や丹後、越前や越後といった日本海側の各地域、吉備や讃岐や播磨などの瀬戸内地域の首長墓は、可視的な墳墓としての特性をもちはじめる。それらは生活域から仰視できる、かつ生活域を見下ろす丘陵や台地につくられた、大きくて高い墳丘をもった墳墓である。そこからは亡き首長が葬られた空間を大勢の人びとに見せる、〈亡き首長の存在を顕彰する〉とのつよい意志が読みとれる。ただ、各地の弥生墳墓は前方後円墳のような斉一性はもっていない。それらは、各地で一定の約束ごとにもとづく共通性を見せる墳墓であった。出雲地域は扁平な礫石を斜面に葺いた四隅突出型墳墓、丹後地域は方形墳墓、吉備地域は特殊器台・特殊壺を樹立した円形や方形の墳墓、大和地域は前方後円型墳墓、近江から東海にかけての地域は前方後方型墳墓といったふうに。

亡き首長のありかを顕彰したいとの人びとの意志が、〈見る／見せる墳墓〉の出現を促した。それは死した首長の遺骸に政治的身体をもたせる、という共同観念の嚆矢である。すなわち前方後円墳祭祀の萌芽ともみなせるもので、祭祀と政治が墓制に媒介されていく過程をも表象している。つまり、首長の死が社会的な意味をもちはじめた、それが共同体の死と重なるようなイメージが、各共同体のなかに醸成されだしたのである。

弥生墳墓は旧国やそれをいくつかあわせたほどの地域的ひろがりで、首長層の文化とでもいうべき共通の様式、墳形・埋葬施設・供献土器などの共通性を見せる。そのような事実からすれば、前方後円墳祭祀と同様に農耕共同体と支配共同体という、二つの共同体の再生産にかかわる祭祀の役割をもちはじめた、とみても大過はないようだ。画一的な墳墓様式を限られた地域の首長たちが共有することで、首長同士の親縁的な関係、みずからの帰属意識を表現したのである。

〈見る／見せる墳墓〉の出現は、亡き首長に政治的役割――共同体再生産のための職務――を付与しようとの共通心性の誕生を物語る。それとともに、丹後地域や出雲地域などの各地首長層の併立に際して、各首長層が結束を強化し、それを相互に視認するとともに、「民衆」にも見せたことを意味する。具体的な実効性をもった観念装置であったわけだが、この首長層を地域政権といいかえれば、それは地域政権の〈われわれ意識〉と、他の地域政権への他者意識を表現していたことになる。

さて、二世紀後半ごろには各地の首長墓のなかに、「王墓」とよばれる傑出した大型墳丘が築造される。岡山県楯築墳墓の双方中円型墳墓は、直径四〇mの円丘と突出部をふくめた墳長が八一・五mにもおよぶ。京都府赤坂今井墳墓は長辺三九m、短辺三六m、高さ四mの方形墳墓だし、島根県西谷三号墳墓は長辺約四〇m、短辺約三〇m四隅突出型墳墓である。奈良県纏向石塚墳墓は墳長が九三mの前方後円型墳墓であるし、滋賀県神郷亀塚墳墓は長さ三六・五mの前方後方型墳墓である。つまり、各地の首長層のなかに「王」とでもいうべき大首長が聳立していたわけだ。

このように弥生墳墓には、共通性とともに階層性が貫徹され、前方後円墳とおなじように〈共通性と階層性を見せる墳墓〉としての威力が発揮されていた。しかし、その有効性は個別地域の枠を超えることはなかった。出雲地域や丹後地域、あるいは吉備地域や大和地域などの限られた地域のなかでだけそれらは機能していたのである。一定の墳墓様式を共有した首長同士の結合体、すなわち各地の首長層の政治的つながりは、けっして汎列島的ではなかった。いいかえれば、各地の首長層の間に中央―地方の関係は形成されてはいなかったのである。

前方後円墳と弥生墳墓との懸隔はそれだけではない。副葬品でも大きい。もっとも数量が多い京都府大風呂南一号墓第一主体部には、鉄剣一一、鉄鏃四、銅釧一三、貝輪一、ガラス釧一、ガラス勾玉一〇、緑色凝灰岩製管玉二七二、ヤスなどが副葬されていた。しかし、楯築墳墓は翡翠・瑪瑙・碧玉製の玉類のほかは鉄剣一、西谷三号墳墓でも副葬品はガラス製の勾玉・管玉・小玉や緑色凝灰岩製の管玉などにすぎない。さらには中国思想を体現するような製品の副葬や装置は認めがたい。

『魏志倭人伝』の「倭国の乱」と、異なる墳墓様式の併存という事実が相乗して、二世紀後半から三世紀前半ごろの日本列島には、諸勢力が対立していたといったイメージが形成されがちだ。ことに前述したように、前方後方型墳墓がつぎの時代の前方後方墳とあいまって、狗奴国と邪馬台国の対立に収斂されがちだが、それは上記した事実にそぐわない。さらに、楯築墳墓、西谷三号墓、神郷亀塚墳墓、ホケノ山墳墓といった王墓の中心埋葬施設は、中国起源の木槨に木棺を納めるという共通性をもっている。弥生時代の日本列島では自生しない、それも外部からは見えない埋葬施設を共有するといった事実は、各地の王に密接な交渉があったことをしめしている。すなわち、各地の首長層は王を抱き、相互に交渉をもちながら各々が主体性を保持していて、各地首長層には上下の関係はみられない。つぎの古墳時代とは違って、中央と地方の関係はまだ存在しなかったのである。[2]

ひとつの地域の弥生墳墓が、そのまま前方後円墳に移行したのではない。西日本各地の弥生墳墓祭祀を部分的に集め、統合したのが前方後円墳である（近藤一九九八、北條二〇〇〇）。したがって、成立の当初か

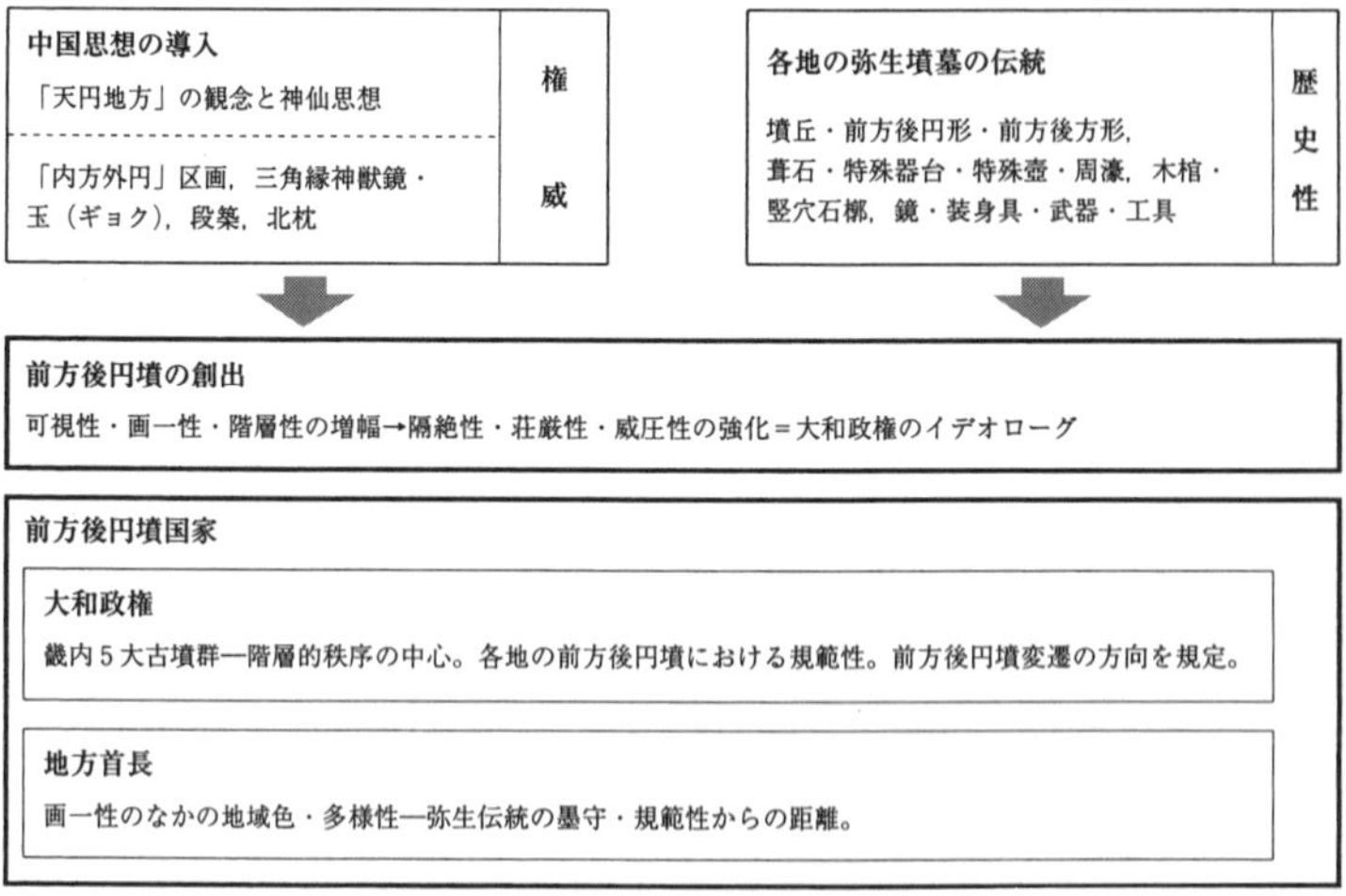
中国思想の導入
「天円地方」の観念と神仙思想
「内方外円」区画，三角縁神獣鏡・玉（ギョク），段築，北枕
権威
各地の弥生墳墓の伝統
墳丘・前方後円形・前方後方形，葺石・特殊器台・特殊壺・周濠，木棺・竪穴石槨，鏡・装身具・武器・工具
歴史性
前方後円墳の創出
可視性・画一性・階層性の増幅→隔絶性・荘厳性・威圧性の強化＝大和政権のイデオローグ
前方後円墳国家
大和政権
畿内５大古墳群―階層的秩序の中心。各地の前方後円墳における規範性。前方後円墳変遷の方向を規定。
地方首長
画一性のなかの地域色・多様性―弥生伝統の墨守・規範性からの距離。

**図25**　前方後円墳諸要素の相関性

ら前方後円墳は〈共有〉という側面をもっていて、西日本首長層の連合を表象していた。ただそれだけでは前方後円墳は成立しない。そこに、天円地方の観念や神仙思想などの中国思想が相乗されて前方後円墳祭祀が創出されたのだが、それは中央―地方の関係性を包摂した汎列島的な首長層の〈われわれ意識〉の成立と同義である。革新性をもって発明された前方後円墳祭祀は、そのもとでの各首長層のイデオロギー的統合・同意がなければ、新しい政治体制が出発できなかったことを明白に表している。そして、新しく結成された政治的結合の正統性を主張するためには、中国王朝という外部の権威が必要であったことも。以上を図解すると図25のようになる。

先行した各地の弥生墳墓祭祀を統合し、それに神仙思想や天円地方の観念という中国思想を付加して創出されたのが前方後円墳祭祀だから、それを共有した首長層が形成したのは第一義的には祭祀共同体である。それは階層性や中央―地方の契機をもつことから、同時に政治的共同体でもあった。さらに、副葬品の種類や多寡、墳丘の形や大きさなどをみれば、〈もの・人・情報の再分配システム〉を中軸にした利益共同体がそれらの基盤にあった。つまり、前方後円墳祭祀は大和の政治勢力を中心にした首長層の利益共同体を、スムーズに運営していくためのイデオロギー的一体性の維持に不可欠な儀礼装置であったわけだ。

さて、前方後円墳が表象した政治とかかわって重要なのは、弥生時代の墳墓様式を共有した各地首長層の間には中央―地方の関係性が存在しない、という事実である。西日本各地のどの地域の首長層も、他の諸地域を圧倒するだけの政治権力はもっていなかったようで、大和地域の政治勢力が他のそれらを力で屈服させて中央政権を樹立したとは、いまのところは説明しきれない。むしろ、「共立」といったイメージがふさわしいようにも思える。そうだとすれば、古墳時代になったとたんに大和政権が一元的に支配を拡大していく、というような政治過程を理解するのは難しい。

前方後円（方）墳が各地で「同時多発」的に出現する事実をあわせると、汎列島的な政治的共同体、首長的共同体の形成を、その背景に読みとるのがふさわしい。ただそうはいっても、初期前方後円墳のありかたをみるかぎり、弥生墳墓の統合過程でヘゲモニーを発揮したのが大和首長層だった、というその優位性も動かない。もっとも、比較的均質的であった弥生後期の首長層のなかから、どうして大和地域の首長層が主導権を獲得したかの合理的解釈は、これからの大きな課題と言わざるを得ない。

## 三　前方後円墳に媒介された政治秩序

律令制的支配の原型を古墳時代のなかに探るという視点から、そこにいたる連続性ばかりを強調してもけっしてうまくはつながらない。律令国家とは異なった政治原理を前方後円墳は表出しているからである。いったい、前方後円墳の時代の政治秩序とはどのような特性をそなえていたのであろうか。この問いにあたって重要なのは「各地の有力豪族が、三〇〇年あまりにわたって大王と同じ前方後円墳という墳形で自身の墳墓を築造し続けたことであり、当時の風習であったと、文化の問題として簡単にかたづけて済む問題ではなかろう」（沼澤二〇〇六）との視点である。

「特殊具体的なる墳墓形式がそのまま墳形を変容することなく地方に波及することの歴史限定的な意味」を論じた西嶋定生の「古墳というものが大和政権の国家構造における身分的表現として営造された」（西嶋一九六一）という視座を、部分的な変更はあるものの、私は基本的に共有する。そして、古墳の発生は「対外関係の変化によって生じた首長の地位の外的承認とみることができよう。また内的要因によって説明しようとすれば、首長権の世襲制の発生と関係づけるのが妥当であろう」（小林一九六一）と述べた小林行雄の、中央政権からの「外的承認」こそが地方首長にとっての古墳成立の要因なのも、動かないと思う。

なお、前方後円墳の造営に政治的要因は働いていないとみる意見もあるが、それは注ぎ込まれたエネルギーの大きさや、副葬された（二度と使えないという意味では、「廃棄」されたようなものとも言える）製品各種の意味を軽視しすぎてはいないだろうか。永きにわたる日本列島の墓制史において、膨大な労働力や高度な技術が投下され、威信財・権力財・生産財などが「惜しげもなく」埋納された墳墓の築造が、群集墳までふくめるとおよそ四五〇年ほどもつづいた事態、それも共通性と階層性とビジュアル性をもったそれを、ただの文化現象で説明しきれるのかどうか。しかも、中央とのつながりと代々とのつながりを視認させながら、交通の要衝などの場所に造営しつづける行為は、ほかの時代には一切見られないのである。

## 1　古墳時代の政治の特質

古墳時代の統治原理は、奈辺にあったのか。前方後円墳は〈共通性と階層性を見せる墳墓〉で、直接的には墳墓を媒介にした首長（層）と首長（層）の共通的（同盟的）かつ階層的な関係性を表す。同時に、前方後円墳祭祀をとおしての首長と民衆とのイデオロギー的一体性をも表す。そして、それは前方後円墳祭祀を共有した各地の首長層が、中央・地方の政治秩序に組み込まれていた事態をも表している。ただそこからは人と人の支配・服属の関係しか見えてこない。

まず注意しておきたいのは、一定の地域が一円的かつ網羅的に中央政権の支配対象になったという事実は、前方後円墳をつうじては明らかにできないし、そうした根拠は認めがたいということである。前方後円墳に媒介された政治秩序は首長（層）と首長（層）の間に形成されたもので、個々の首長がどのくらいの地域をみずからの領域として統治していたか、という問いにたいする解は、そこからは直接的には出てこない。前方後円墳のみならず大型円墳などについても同様である。

前方後円墳をつうじて貫徹された政治秩序とは、中央政権と地方首長層、もう少し言うと中央政権を構成している有力首長と地方首長層との人的な結合を内容としていた。そこでは人と人のつながりが第一義的であって、律令国家の根幹となった国・郡・里のような領域支配は認めがたい。それは、あくまで各地に盤踞していた首長の地域支配をとおして実現されたにすぎなかったのである。したがって、それぞれの地域を各首長がどういった方式で日常的に統治していたかは、前方後円墳などをとおして解明していくのはいささか難しい。こうした古墳時代の政治の特性については、考古学のみならず『日本書紀』などを素材にした文献史学の側からも同様の見解が出されている。

大化前代の「首長層の権力または生産関係の本質は人格的支配＝隷属関係にあり、後者は徭役労働賦課権としてもっとも端的かつ明確に表現される」(石母田一九七一)。

「部民制は各地の中小首長層にとって、伴造となることによって中央勢力と関係を結び、それによって本拠地とその周辺地域での支配的地位を確保するという意味をもっていた」。「部民制はそれぞれの地域の首長的秩序を前提とし、またそれを倭王権を中心とする畿内勢力のもとに再編成し強化するものであった」。また、「国造とは、王権に忠誠を誓う地域社会の代表的有力首長に対して、王権の与えた称号であり職位でもあった」(吉田二〇〇五)。

それらの成果をふまえて、水林彪は前近代社会の国制についてまとめたなかで、律令体制になると人的な政治秩序をベースにしながらも、それに領域的な政治秩序が付加されると正しく指摘している。

「ヤマト政権体制から幕藩体制にいたるまでの国制は、一貫して「共同態〈首長共同態〉ないし〈村落共同体〉を基礎としこれを支配する、正当な暴力 (legitime Gewalt) を何らかの程度において分有する族的諸勢力が、幾段階もの人的身分制的統合関係によって形成する重層的権力秩序」という意味での〈人的身分制的統合秩序〉であった」。ただ「同じく人的身分制的統合秩序とはいっても、大化前代と律令体制以降幕藩体制に至るまでの間には質的相違があり、後者の国制には、律令の継受の帰結として、本来は人的身分制的統合秩序に対立する〈制度的領域国家体制〉のモメントが付着」していた（水林二〇〇六）。

中央政権は個々の首長の地域支配までは関与していなかったのだが、六世紀後半ごろになると群集墳という形をとおして、地域首長の統治下にあった民衆にまで支配の網の目をかぶせようとしてくる。ただ、その場合でも各地の首長墓と群集墳のイデオロギー的一体性をみると、地方首長と民衆の間に形成された支配―被支配の関係には、中央政権は関与していないように見える。

古墳時代の政治秩序を考えるための重要なヒントを与えてくれるのが、千葉県大寺山洞穴墓である。東京湾口の海食洞穴に、五世紀初めごろから七世紀ごろまで営まれた海民の墓だが、実際に使用されていた丸木舟を木棺がわりにし、なかからは三角板革綴短甲や横矧板鋲留短甲や初期須恵器などが出土している（岡本二〇〇六）。ただ、洞穴だから墳丘はないし外部表飾もない。そして、洞穴の入り口は広くて閉塞のしようもないから、横穴式石室のように使われたわけでもない（図26）。

副葬行為のほかは前方後円墳とは没交渉な墓制だから、前方後円墳に代表される古墳という墳墓様式の範疇からは外れる。したがって、中央―地方の政治秩序の外縁に位置していたと考えざるを得ない。すなわち、安房地域の海民集団の首長クラスと想定しうる大寺山洞穴墓の被葬者は、前方後円墳のような〈共通性と階層性を見せる墳墓〉を造営していないから、五世紀には中央政権の統治対象になっていなかった蓋然性が高い。この地域の海民は、直接統治の対象にはなっていなかったのである。

そのようにみていいのであれば、古墳文化地域のなかでも中央―地方の政治秩序から外れた地域、いい

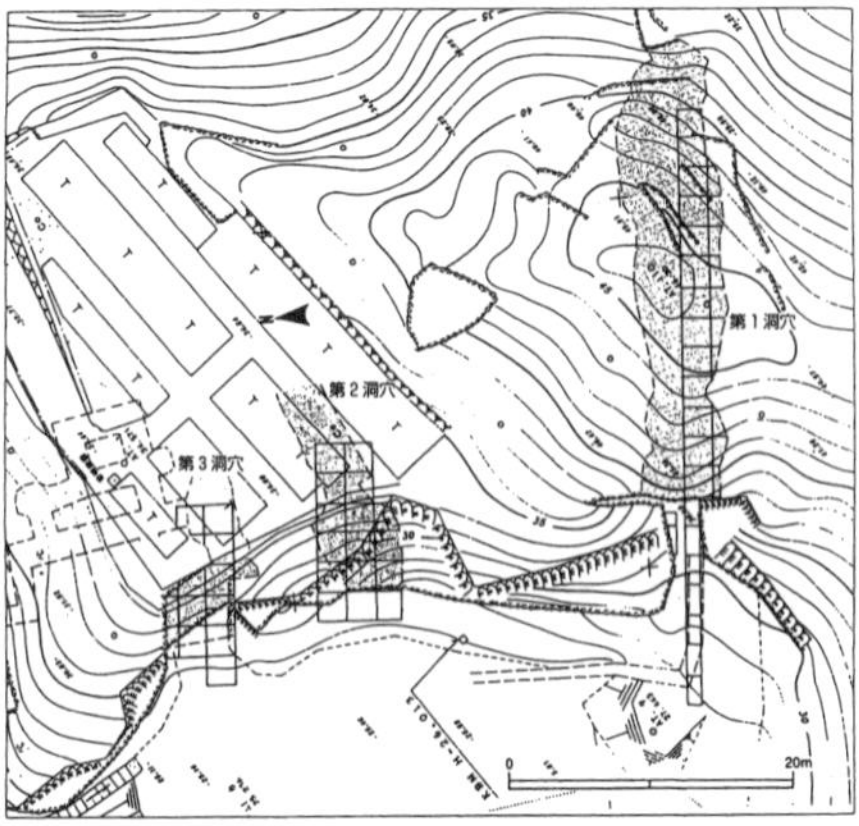


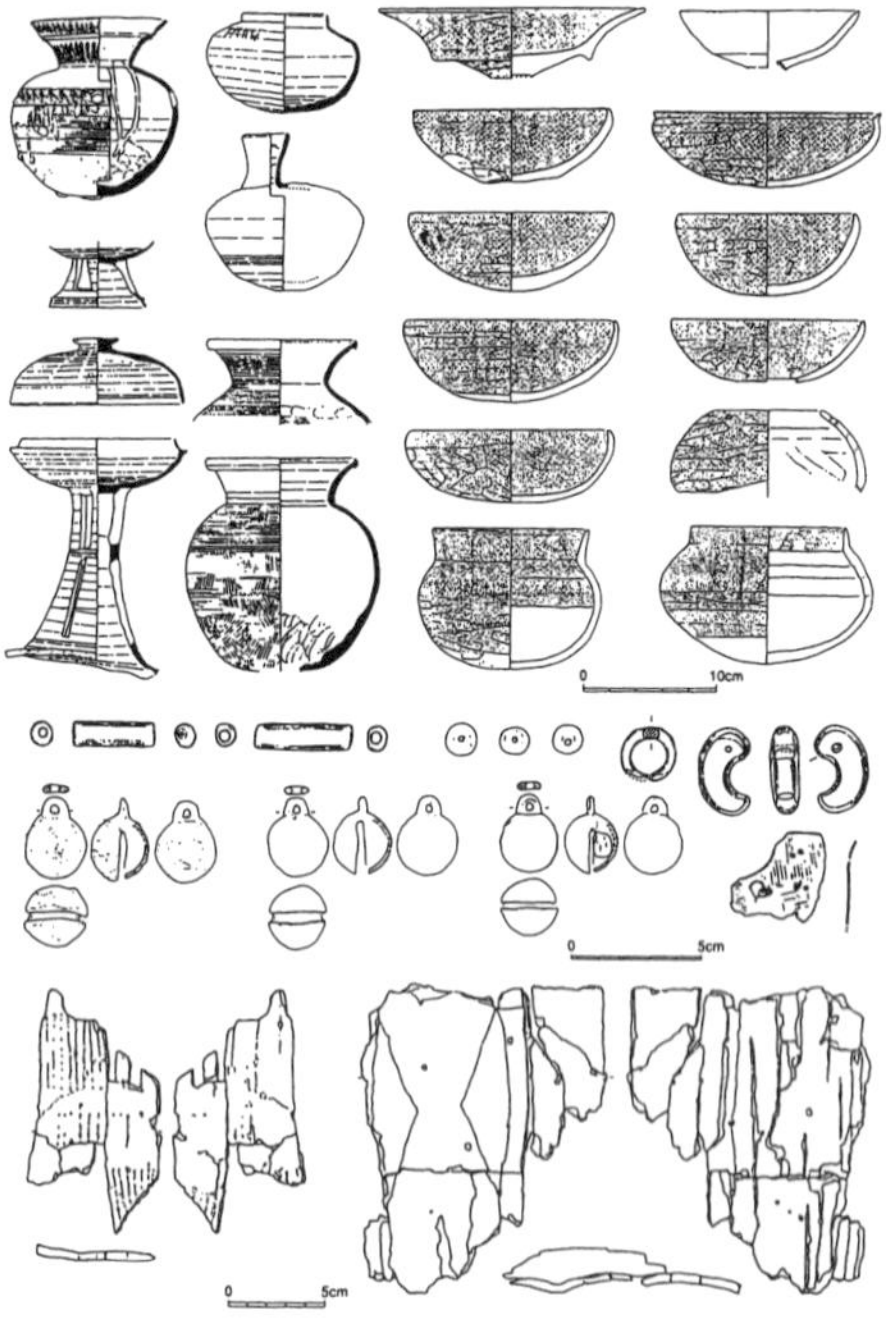


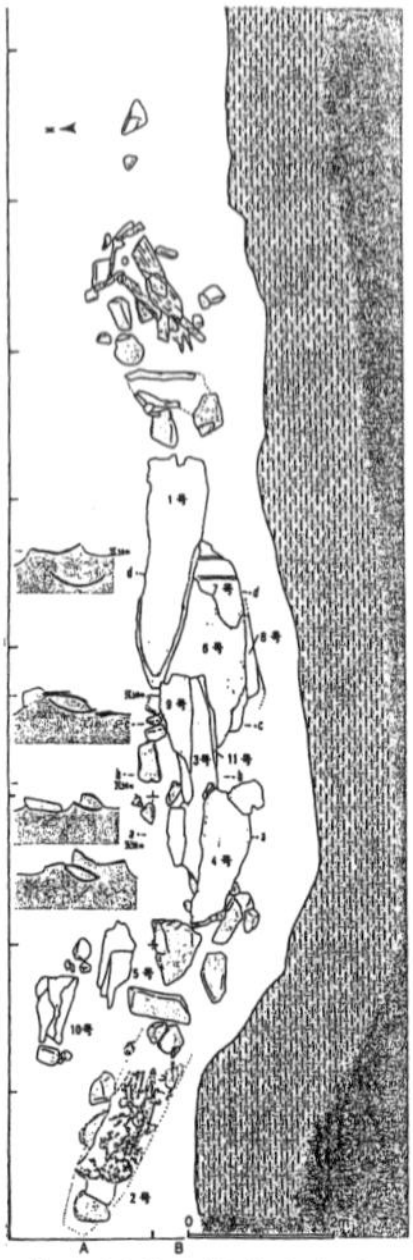
第1洞穴に埋葬された
丸木舟群

図26　大寺山洞穴墓

かえれば中央政権の統治領域にとって一部、空白地域があったことになる。つまり、中央政権の列島統治は余白を交えたモザイク状を呈していたとでもいうべきで、けっして一円的、かつ網羅的な支配ではなかったのである。人的支配を基礎にしながら、国・郡・里という領域支配が実行された律令国家とは、支配の原理が異なっていたのである。

大寺山洞穴墓を営んだ海民は、前方後円墳を築造した首長の直接的な統治の埒外であった可能性が高い。近在の首長とまったく没交渉だったとは考えがたいが、それらから相対的に「自由な」首長がいたようである。そうはいっても、大寺山の海民首長には中央で一括製作・配布された短甲が、すくなくとも二度にわたってもたらされている。中央からの直接配布でないとすれば、中央政権に統治された地方首長を経由したと考えざるを得ない。近いところでは、直線距離で三〇数km離れた千葉県弁天山古墳（八三）や、もう少し北方の内裏塚古墳（一四四）など、五世紀の前方後円墳を築造した首長が候補になる。

農民、もしくは手工業民などを統治し、中央政権との政治秩序に組み込まれていた首長と、その埒外にあった海民の首長は、いったいどのような交渉をもっていたのであろうか。後述するように、愛知県の三河湾に浮かぶ日間賀島や、瀬戸内海の岡山県喜兵衛島などでは、六世紀以降の横穴式石室をもった小円墳が築造されている。いっぽう神奈川県の三浦半島では、大寺山洞穴墓とおなじような洞穴墓が、六世紀後半ごろから七世紀にかけて多数営まれていて、鉄製武器や須恵器などが出土している。贄の貢納や、魚・貝の漁獲物のほか、水運にたけた海民——武器を保有していた——がどのように統治されていたのかは、交易のみならず朝鮮半島への出兵もふくめて、今後の大きな検討課題である。

## 2 群集墳とイデオロギー支配

一部は五世紀から、多くは六〜七世紀になると群集墳が各地で形成される。大阪府平尾山千塚古墳群や同一須賀古墳群、奈良県巨瀬山古墳群や同龍王山古墳群など、一〇〇基をはるかに凌駕した大型群集墳、広域におよぶ生活域を遠く離れて丘陵や山塊に共同墓域を設置したものや、集落と近接したところに数基、もしくは一〇数基で構成される、いわゆる村落古墳（山本一九五九）とよばれる小型のものなどがみられる。ことに六世紀後半ごろからは横穴式石室をそなえた群集墳が各地で澎湃と姿を表すが、この頃になって統治の対象が有力家族層にまで及んだと理解されている。

どの程度の家族までが小古墳を造営したのであろうか。たとえば、大阪府北部の山間部で一個の小宇宙を形成した能勢地域では、後期の小古墳が約九〇基確認されている。それらはおおむね時間的先後関係をもつ二〜三基程度にグルーピングできるから、大ざっぱにいえば六世紀後半ごろには三〇〜四〇ほどの古墳造営主体がいたことになる。律令期の摂津国能勢郡——いまの能勢地域にほぼ重なる——は三郷で構成されていたから、郷戸実態説にのっとって一郷五〇戸とみなせば、約一五〇家族がいたことになる。古墳時代後期をその八割程度と仮定すれば、およそ一二〇家族ほどがいたのであろうか。そのなかの三〇〜四〇家族が群集墳を造営したのだから、全体の1/3〜1/4ほどの有力な家族しか小古墳を築造できなかったわけだ（広瀬一九八二）。つまり、一定地域に住まいしていたすべての家族が、小古墳を築造して群集墳の一角を占めたわけではないのである。政治的に選択された有力家族層が集まって共同墓域を形成するのが群集墳なのである。もっとも、これは畿内地域周辺のひとつのケーススタディであるから、どこまで敷衍できるかどうかはこれから検証していかねばならない。

非農民層はいったいどうなのか。海民の造営としか考えられない島嶼部の古墳を見てみよう。愛知県三河湾に浮かぶ日間賀島の北地古墳群（図27）や、瀬戸内海の岡山県喜兵衛島の古墳群などはおおむね小型の円墳で、近在の平野部の前方後円墳や群集墳などと同一形式の横穴式石室を採用し、玉類・鉄刀・鉄鏃・須恵器・土師器など、同じ組合せの副葬品を出土している。海民（塩民）の生業をあらわすのは、ごく少数の釣針・石錘や製塩土器などにしかすぎない。それも、島嶼部の全部の古墳に見られるわけではなく、この時期の副葬品様式に一部を付加するといった程度にしかすぎない（図28）。

このように、海民の古墳も群集墳一般とまったく様相を一にしているから、そこから海民に対応した独自の支配方式を読みとることはできない。すなわち、農民層や海民層、それぞれの生業に応じた支配方式は、古墳時代には設定されていなかったのである。いいかえれば、異質な職掌についていた人びとを平準化した統治制度、彼らを一体化した支配システムの施行を、群集墳が表していたということになろうか（広瀬二〇〇八a）。

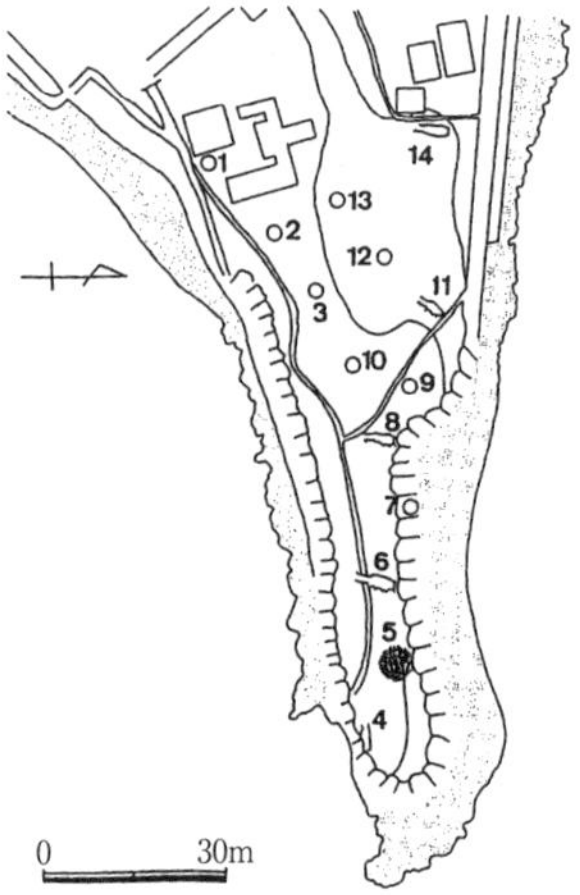

図27　北地古墳群

六～七世紀の「民衆」、そのなかでも有力な家族層は重量のある石材を架構して横穴式石室を営造したり、玉類や武器などを副葬するだけの富を所有していたのは確実である。なかでも注意をひくのは、武器を保有し、「武装状態」にあった事実だ。群集墳をみるかぎり、海民などの非農民層も含めて、有力な「民衆」は日常的に武装していたようである。「民衆」が鉄製武器を獲得しうる

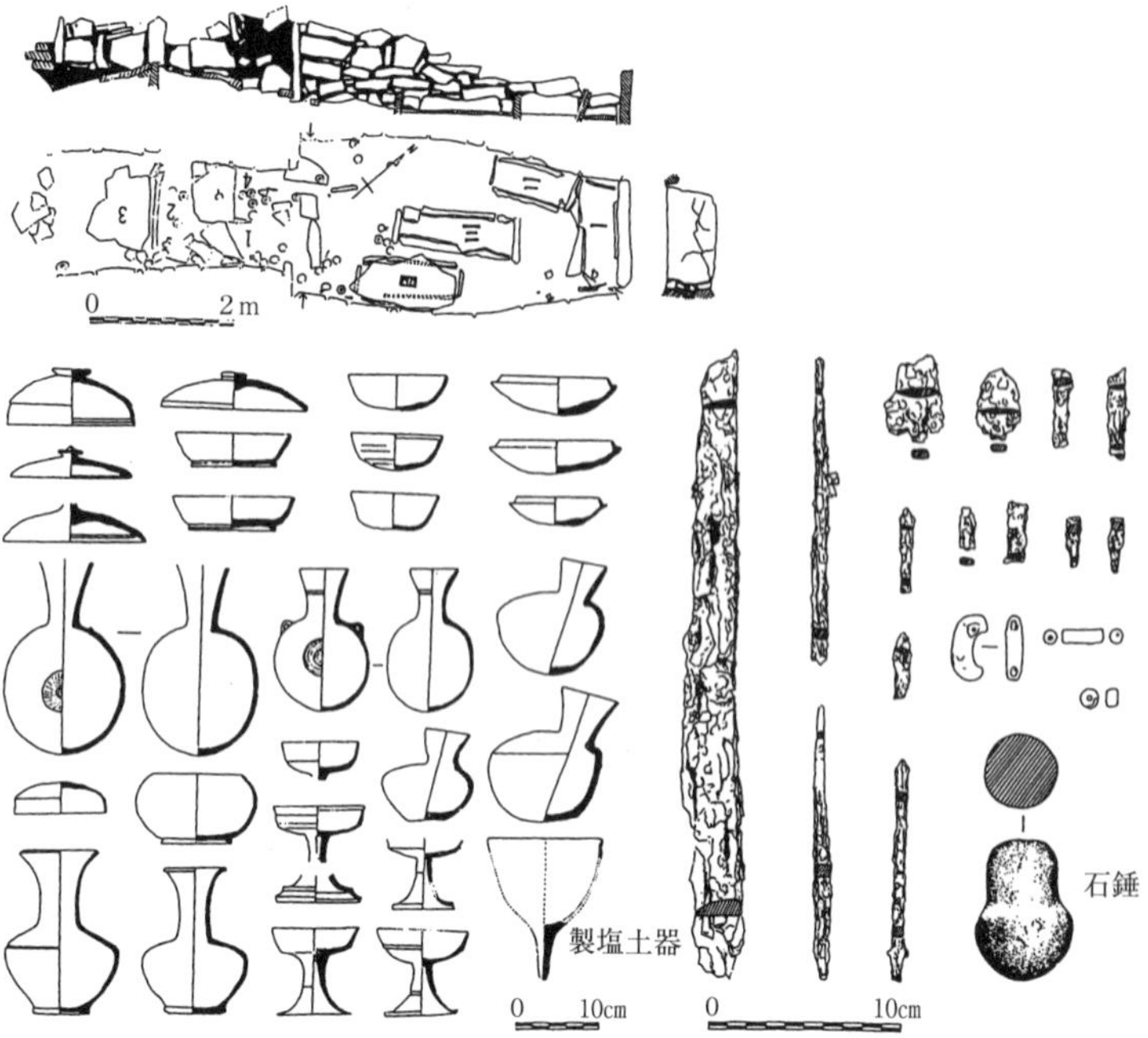


図28　北地６号墳の石室と副葬品

背景に首長の介入を考えざるを得ないとすれば、それは首長軍とでもいうべき軍事の組織化と深く関わるのかもしれない。

いっぽう、地方支配もふくめた統治の実質はどうであったのか。古墳時代の支配—従属関係といえば、暴力を付随させた権力行使と同義のように理解されがちであるが、この問題にも群集墳は重要なヒントを与えてくれる。その前に、そのような既往の見方に再検討をうながす文字史料として、埼玉稲荷山古墳から出土した「辛亥銘」鉄剣をみておこう。

「世々、杖刀人の首と為り、奉事し来り今に至る。ワカタケ（キ）ル（ロ）の大王の寺、シキの宮に在る時、吾、天下を左治し、此の百練の利刀を作ら

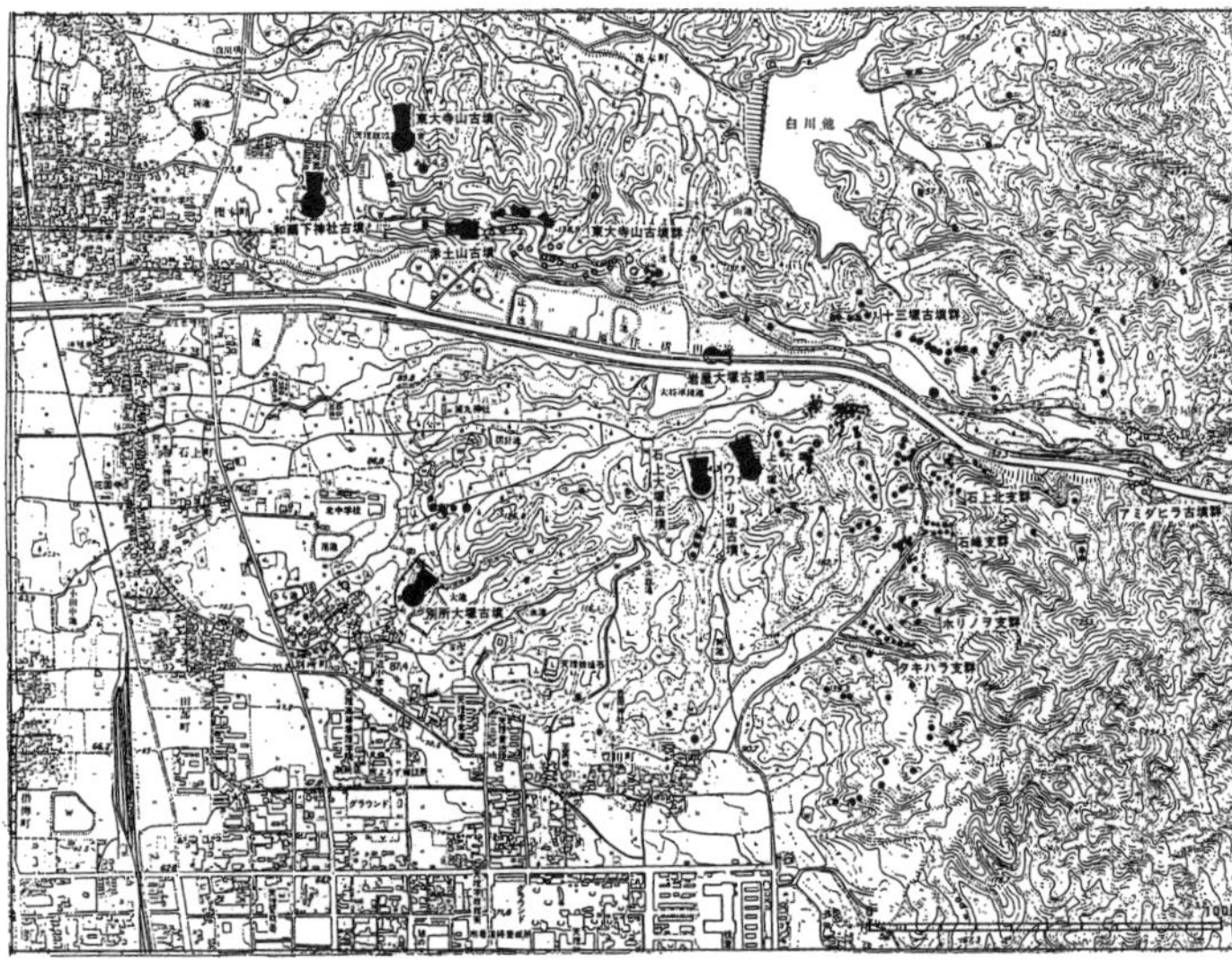

図29　石上・豊田古墳群

しめ、吾が奉事の根源を記す也」（岸・田中・狩野一九八二）。

鉄剣に刻まれた一一五字の銘文は、地域の首長が大王の統治を「奉事」し、「佐治」したという意識を保持していたことを明白に物語っている（仁藤二〇〇八）。そこからは、中央政権による一方的な収奪や強権発動の支配といった動向は読みとりにくい。暴力的な支配というよりは、互酬的かつ相互的作用な支配統治のありかたを考えたほうが、古墳時代の実態に即しているようである。

後期大和政権の中枢の一角を担ったであろうウワナリ塚古墳（一一〇）や石上大塚古墳（一〇七）など、大型前方後円墳を含んだ奈良県石上・豊田古墳群は一三〇基からなる群集墳だが、圧倒的多数は直径一〇～二〇ｍほどの小型円墳である（図29）。それらの多くは有力農民層の墳墓とみなされているが、なかには鍛冶工具や鉄滓を副葬した鍛冶工人のものもあったようだ。そこでの横穴式石室を比較すれば次のようになる。10期のウワナリ塚古墳の両袖式横穴式石室はいわゆる巨石墳で、玄室の幅は二・九m、長さは六・八五m、高さは三・六m以上、玄室面積は一九・八七㎡である。いっぽう、直径一〇mのホリノヲ六号墳の右片袖式横穴式石室の玄室幅は一・七八m、長さは三・二m、玄室面積は五・七㎡と、単純な比較を拒むほどの大きな懸隔が横たわっている（図30）。そうした階層的格差にもかかわらず、首長墓と有力家族墓が同一の丘陵で一体的に群集墳を形成しているところに、問題の核心がある。

同様の事例は和歌山県岩橋千塚古墳群や奈良県新沢古墳群などでもみられるが、墳丘や横穴式石室の規模、あるいは横穴式石室の両袖式と片袖式といった構造的差異はあるものの、基本的には同一形式の横穴式石室が共有され、なによりも共同墓域を構成しているという興味深い事実がある。そうした空間的な布置を普通に考えれば、首長と農民層・手工業民との間に対立的な様相を認めるのは難しい。むしろ親縁的な関係をみたほうが無理はない。すなわち、厳然たる階層的懸隔をもちながらも、同一様式の墓制を共有して共同墓地に葬られた人びとの間には、彼我の較差を超える一体性や同一集団への帰属意識が看取しうるのである。

大型の墳丘や巨石を架構した横穴式石室に投下された労働力、副葬品にみられる威信財・権力財など富の偏在、首長居館の防御性にみられる現実社会での対峙など、首長と「民衆」の間には、人と「もの」をめぐっての支配・従属の関係があった。また、「民衆」の間にも生業や階層、あるいは出自などにおける多様性があった。しかし、それらを超えた〈われわれ意識・帰属意識〉が醸成されていなければ、首長と「民衆」からなる集団の一体性は保持できないであろう。そうした効用をもたらすのが群集墳のひとつの

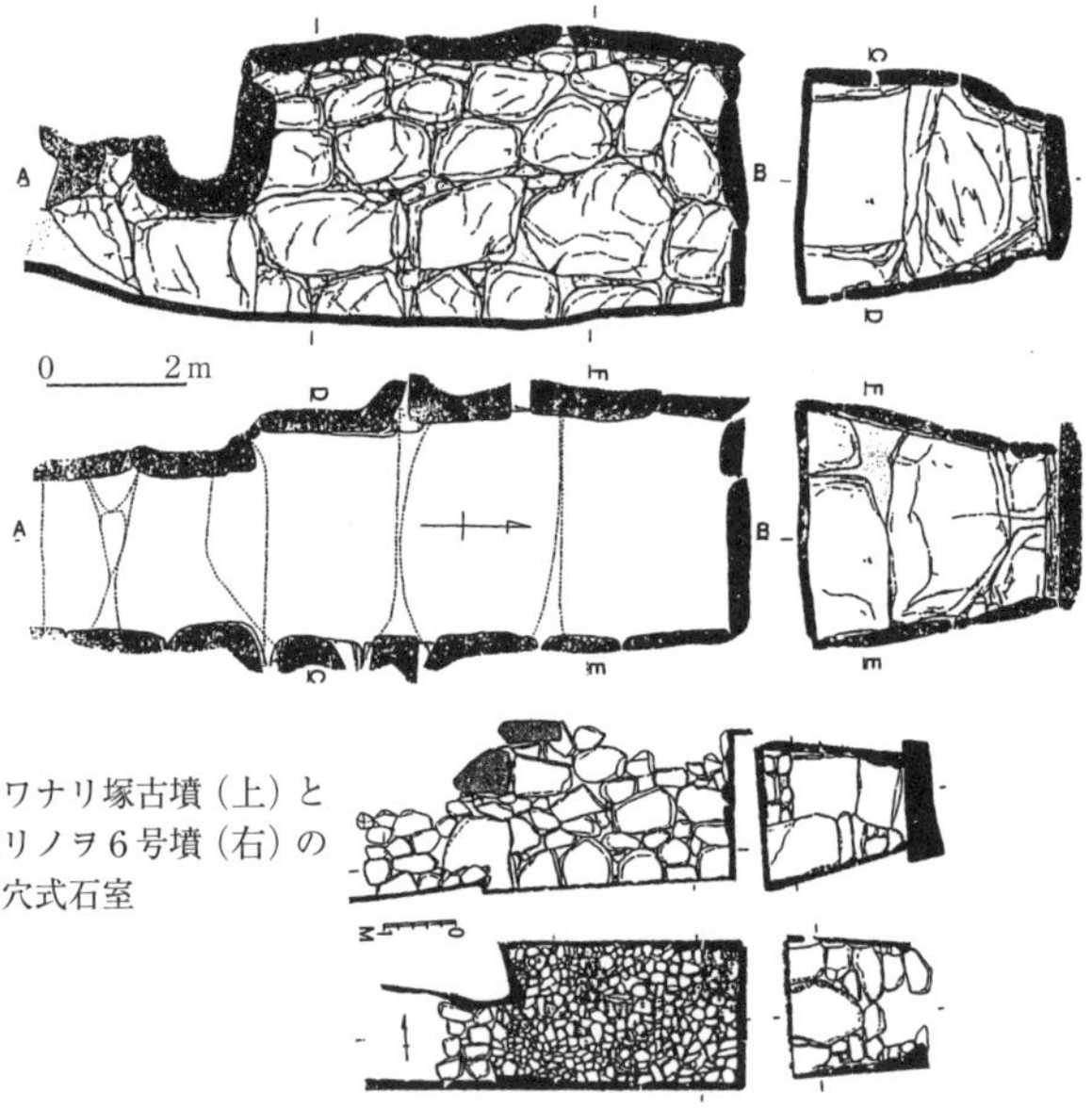


ウワナリ塚古墳（上）と
ホリノヲ6号墳（右）の
横穴式石室

ホリノヲ支群

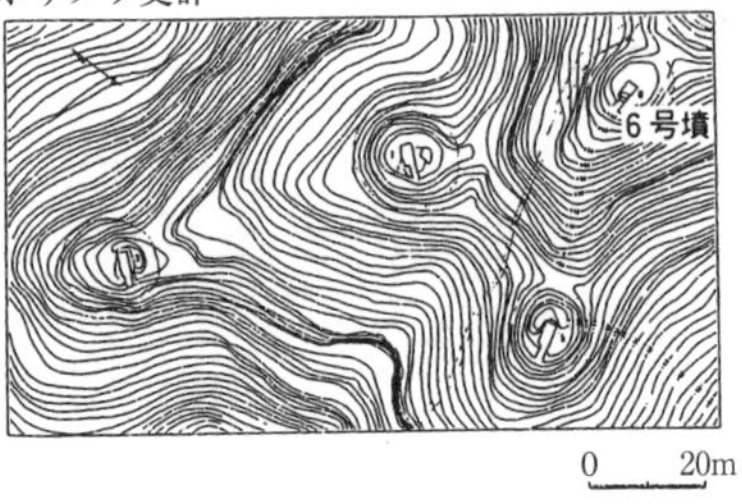


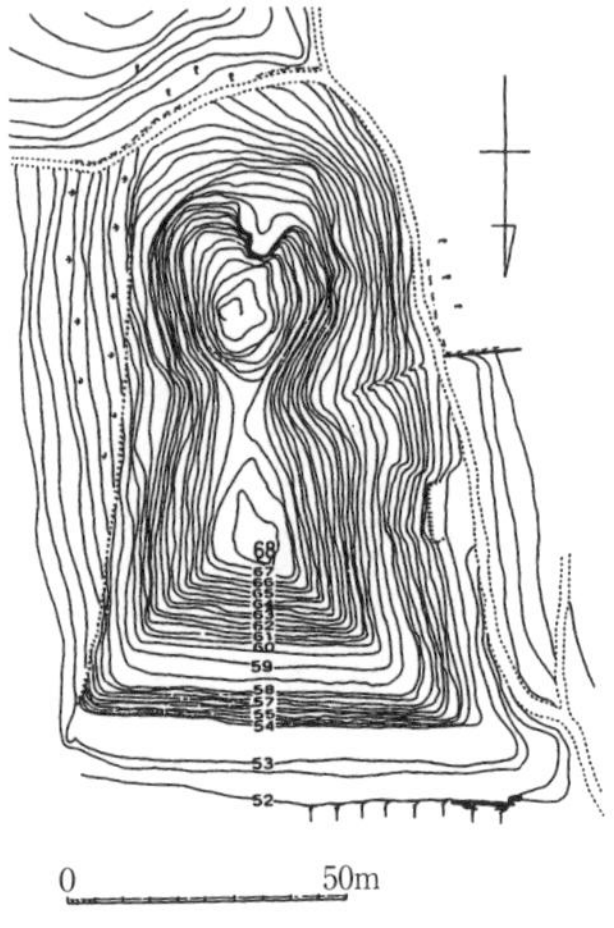


ウワナリ塚古墳

**図30**　ウワナリ塚古墳とホリノヲ6号墳

役割であった。

六～七世紀に列島各地で築造された群集墳は、個別経営にもとづいて経済的に成長してきた家族層、そのなかでも有力な家族層を大和政権が直接に掌握した、有力家族層までの支配対象の拡大という新しい地方支配方式の成立を表す、とみなされてきた。そして、階層的に成長してきた有力家族層が既存の首長的支配を脅かす、とも解釈されてきた。

「擬制的同族関係を、在地の中小共同体の首長層、さらにその有力成員層にまで拡大し、彼等にもそのことの表現としての古墳の造営を許すことによって、彼等をその族制的体制の中に包含、その支配の強化、貫徹」をはかった（白石一九六六）。

「生産労働に従う人々の側における余剰の相対的増加による私有、それに基づく家父長権の伸張を示すと同時に、各地支配層を通して大和王権が打ち出した収奪確保の政策を意味する」。「後期古墳秩序は、大王権の卓越と各地部族首長の弱体化にもかかわらず、部族諸集団の武装状態の強化の中に進行したことを示すものである」。ここにいたって「大和政権は、広範な古墳造営の承認、擬制的同族関係設定の集団成員への拡張という新しい方策を打ち出すことになった」（近藤一九八三）。

上述した事実は、白石や近藤ら既往の通説的解釈を脅かす。古墳を媒介にした政治秩序を群集墳が体現していたとみなすならば、直接的か間接的かを問わなければ、それは中央政権による地方統治の一環をあらわす蓋然性が高い。首長と「民衆」の間に結ばれていた人と「もの」をめぐっての支配・従属関係を明らかにしていく必要があるが、言えることは在地の支配秩序は武力行使だけでは難しかったのであろうということだ。前方後円墳と小型円墳が共存した大型群集墳をみても、首長の地域統治にたいする「民衆」、少なくとも有力な農民層らの同意・納得がないと、それはスムーズに進行しなかったのではなかろうか。同族関係が擬制されたかどうかの形式はともかく、群集墳は首長と「民衆」の観念的な一体性、おなじ政治的共同体への帰属意識、それらを前提とした人的結合的な統治方式を表出していた蓋然性が高い。現実には支配・被支配の関係にありながらも、彼我の間には葬送観念を共有したイデオロギー的一体性、観念的親縁性が形づくられていたと考えたほうが、事実に即している。

もうそろそろ、〈権力・政治・支配〉などの概念を、あたかも「執拗低音」（丸山一九六一）のように研究者の思考的基層を規制している、マルクス主義的範疇から解き放ったほうが有益なように思う。階級支配のための暴力だけが権力ではないし、政治や支配もそうである。そもそも、人間社会の歴史を「階級社会の形成」的視座だけでは叙述できないのは、獲得経済の社会を射程におさめればすぐに了解されることである。次のような権力概念もあるのだから。

「社会において権力を基礎づける二つの力のうちで、長期的にこの権力を維持させ、発展させる最強の力は、支配者が被支配者に行使するあらゆる形態の暴力ではなくて、被支配者が支配者にあたえるあらゆる形態の同意、ある点までは被支配者をこの支配の再生産に協力させている同意にほかならない」（ゴドリエ一九八六）。

「権力の本質は、ルール（法、慣習等）を守らせる威力と実力ということであって、その成立根拠は、ルソーがはっきりと示したように、たとえそれが幻想的なものであろうと盟約的・暗黙的な民衆の一般的『合意』以外にはない。良くは集団的な統治の必要のあるところに不可欠であって、権力を取り払えば自立した自由な主体が互いに他を尊重しあって生活しうると考えるのは、ロマン的表象にすぎない」（竹田二〇〇四)。

それぞれが意志と欲望をもった一人ひとりの人間が、それでもなにがしかの共同体をつくりながら生きていかねばならないとき、人びとの利害衝突でそれが雲散霧消しないために執行される強力が権力である。すなわち、人びとが生活していくために不可欠な共同体を維持するための第三権力を問題にしないと、あまりにも人間社会の現実とは乖離してしまう。もちろん、それは暴力をともなう強制力がなければ機能しないが、同時に大方の成員の同意を必須とする。そのような権力を中核にすえながら、集団内—間の秩序を維持していくのが政治である。

権力や政治や国家などの基礎的概念を整理しつつ、それらが時空の座標軸を獲得したときに生まれる歴史的範疇としての支配類型を、前方後円墳をとおしてどのように描いていくかを、これからの考古学の課題にしたいものだ。

## 3 地方首長層の動向

各地の首長墓の消長をとおして、地方首長層の動向を二、三考えてみよう。前述したのと一部重複するが、栃木県の那須地域では、1期の駒形大塚古墳(推定六四)にはじまって、2期の吉田温泉神社古墳(約五〇)、3期の那須八幡塚古墳(約六八)と下侍塚古墳(八四)、4期の上侍塚北古墳(四八・五)と上侍塚古墳(一一四)にいたるまで、六基の前方後方墳が一代一墳的に六代にわたって首長墓系譜を形成している(図31)。しかも、歴代の前方後方墳では最大級の墳丘規模をもつ下侍塚古墳を最後に首長墓は姿を消す。それ以降は六世紀後半になるまで、この地域では前方後円(方)墳は築かれない。大分県豊前地域

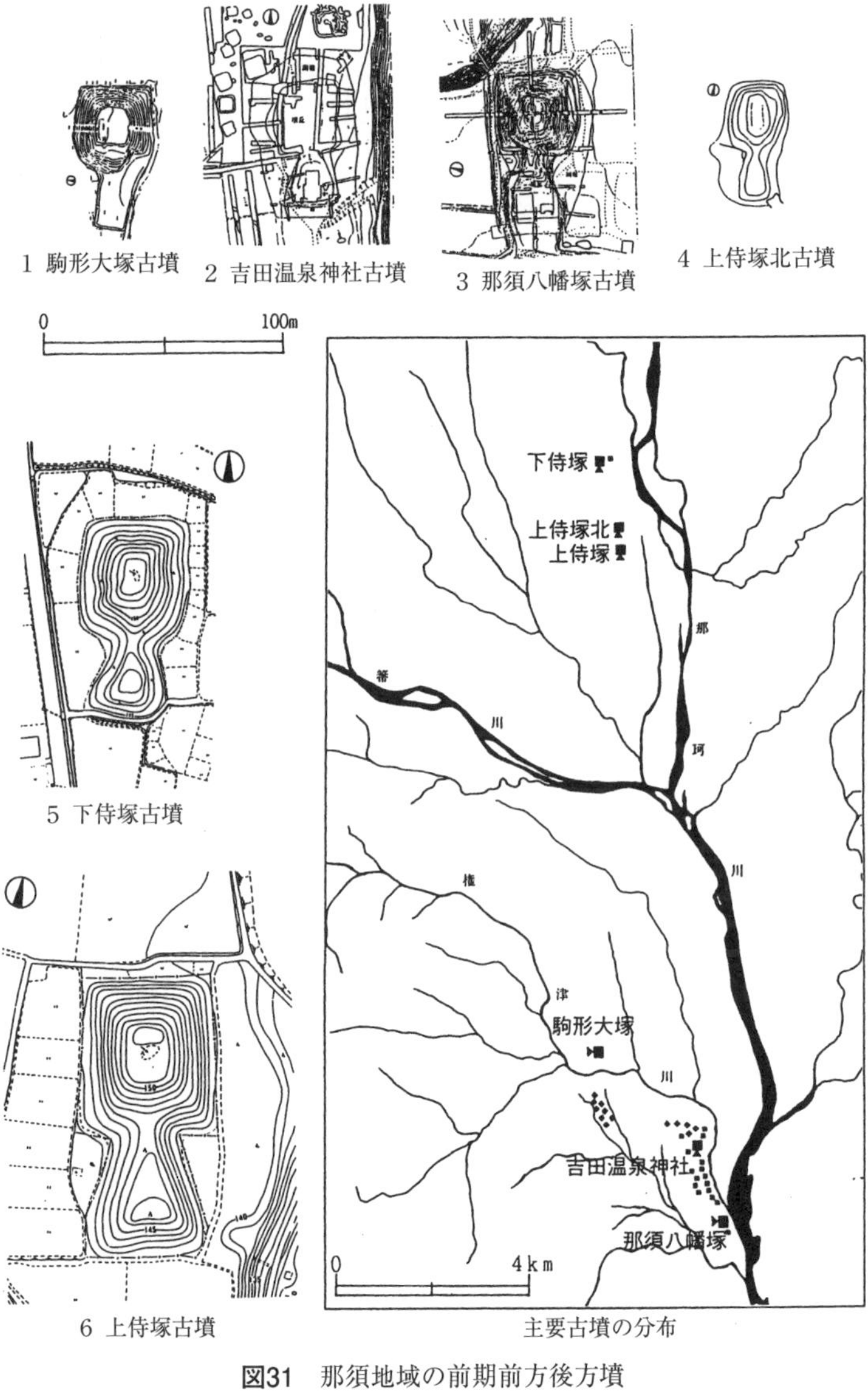


**図31**　那須地域の前期前方後方墳

の川部・高森古墳群でも、1期の赤塚古墳（五七・五）、2期の免ヶ平古墳（五二・五）、3期の車坂古墳（五八）、3～4期の角房古墳（四六）、4期の福勝寺古墳（七八）と一代一墳的に五代におよぶ前方後円墳がみられるが、ここでも4期を最後に首長墓系譜は途絶えてしまう。これらを〈途絶型首長墓系譜〉とよんでおく。

東京都の多摩川下流域の左・右岸では宝莱山古墳（九七）、白山古墳（八七）、観音松古墳（七二）、亀甲山古墳（一〇七）の四代の大型前方後円墳が、1期から4期にかけて築造されつづける。ところが5期になると、前方部が矮小化された帆立貝式古墳に墳形が変更される。野毛大塚古墳（八二）がそうであるが、後円部の大きさは直径六八m、高さ一一mと大きく、それまでの前方後円墳にくらべても遜色ない土量が使用されている。そして、四基の埋葬施設にはあわせて鉄剣一〇、直刀三三、鉄槍一四、鉄矛四、鉄鏃二四三、衝角付冑二、短甲二と、すこぶる多量の鉄製武器・武具が副葬されていて、在地での首長の実力はむしろ強大化しているようにみえる。その後、御岳山古墳（五七）や亀塚古墳（四八）など、その墳形が数代つづく。このほかに、単独墳が輪番的に首長墓系譜を形成するもので、大阪府和泉北部地域の首長墓系譜も同様の事例である。これらを〈墳形変更型首長墓系譜〉とよぶ。

いわゆる帆立貝式古墳については、それを「小方部墳」（帆立貝古墳）とよぶ沼澤豊と、「帆立貝形古墳」とよぶ宇垣匡雅の見解を紹介しておこう。

「倭王権の一元的造墓活動統制」があって、それは「中央、地方の豪族の統制と序列化を図ろうとした倭王権の政策的必要上、新たに創出された墳形」で、四、五世紀段階のものは「朝鮮半島などにおける軍事活動などを契機に、各地の諸勢力を直接掌握して軍事活動に参加させ、あるいは後方支援に当たらせるという倭王権の政策によって、はじめて王権と政治的関係を結ぶことになった地方中小豪族の墓」の可能性が高い（沼澤二〇〇六）。

「中小首長に広範に前方後円墳の築造が許容されるにあたってやや低い格付けを表示する墳形として帆立貝形古墳が導入され、新興の首長層、さらに首長の傍系親族などの墳形として用いられたと考える」（宇垣二〇〇四）。

中期の5・6期になると、複数の首長墓系譜が統合されたかのような大型前方後円墳が目につく。たとえば、複数系譜型古墳群の宮崎県西都原古墳群では、前期には七系譜にもおよぶ小型の前方後円墳が5期になって一系譜の大型前方後円墳に収斂され、女狭穂塚古墳（一七八）、男狭穂古墳（一三〇）と二代つづく（柳沢一九九五）。京都府久津川古墳群では数系譜におよぶ前期の前方後円墳と前方後方墳などの首長墓系譜が、5期の久津川車塚古墳（一八〇）、6期の芭蕉塚古墳（一一〇）と一系譜になって二代つづく。一個の古墳群にかぎらず、一定の地域のなかで、複数の首長墓系譜が大型前方後円墳に統合されるものを〈統合型首長墓系譜〉とよぶ。もっとも、これらはけっして長期におよぶ系譜を形成しない。

単独、もしくは二基ぐらいで分布する大型前方後円墳には、ほかにも鹿児島県唐人大塚古墳、同横瀬古墳、福岡県御所山古墳、広島県三ッ城古墳、香川県富田茶臼山古墳、徳島県渋野丸山古墳、兵庫県壇場山古墳、同雲部車塚古墳、千葉県内裏塚古墳、群馬県天神山古墳、同女体山古墳などが挙げられる（原島・石部・今井・川口一九八一）。これらのなかには、天神山古墳などのように地方政権説が唱道されるものもあるが、巨大前方後円墳をささえる中小古墳や「陪塚」などがさほど多くはない。つまり、政務を分掌したであろう中小の首長層が見あたらない。しかも、これら新しく出現する大型前方後円墳は、地域色を色濃くみせていた前期のものとは異なって、畿内様式の墳丘を採用するという事実がある。

〈途絶型首長墓系譜〉〈墳形変更型首長墓系譜〉〈統合型首長墓系譜〉ら、首長墓系譜の消長の画期が、4期と5期の間に集中する傾向がつよい。その事実をどう理解するか。各地でばらつきがあって、一斉に終焉を迎えるわけではないが、前述してきたように、東国や東海などではこの画期を経由して前方後方墳が、おおむね姿を消す。そして、注意すべきなのが5期になって新しく出現する大型前方後円墳や帆立貝式古墳は、段築、葺石、円筒埴輪列、さらには造り出し、周濠などの外部表飾をそなえた畿内様式の前方後円墳という共通項をもつ。それ以降、各地ではそうした様式の古墳築造が一般化する。そのような事実がある。

そうした現象をもたらした要因が自律的か、他律的か、といった問いが、ここでも提出される。在地首長の力量がいちじるしく減衰して、もはや前方後円墳や前方後方墳を築造するだけの富をもたない、という事情が一方に考えられる。他方、中央政権の側に理由があるとみなす立場では、地方首長の古墳築造に規制をかけたのだ、といった学説（小野山一九七〇）や、さらにそれは河内政権の成立と連動するのだ、といった学説（都出一九九八ａ）などがある。いずれにせよ在地側の事情、個々の地域の自律性だけで説明するには、汎列島的、広域的な事象だけに、いささか難しい。「規制説」の延長上ではあるが、中央政権による地方政策の発動を考えておきたい。

千葉県上総地域の一例を傍証に挙げておく。祇園・長須賀古墳群では6期の高柳銚子塚古墳（一一〇～一三〇）、7期の祇園大塚山古墳（一〇〇）と二基の大型前方後円墳が、内裏塚古墳群では7期の内裏塚古墳（一四四）、8期の上野塚古墳（四五）の大・小型の前方後円墳が、豊浦古墳群では5期の三之分目大塚山古墳（一一二三）などの大型前方後円墳が、さらに姉崎古墳群では6期の前方後円墳、二子塚古墳（一〇三）が、各々五世紀代に造営された後、いずれも六世紀前半から中ごろにかけては前方後円墳の空白期がつづく。その後、六世紀後半ごろになって（姉崎古墳群だけはやや早くて六世紀中ごろから）再び前方後円墳が築造されだす。このような複数の首長墓系譜を通底した、いわば不連続の連続とでもいうべき動向を、それぞれの首長の自律的な意志に基因しているとだけみるのは、いささか難しい（広瀬二〇一二a）。

上記した一連の現象を整合的に理解するためには、「古墳文化は前期から中期へ、そして後期にかけて発展していく」や、「未熟な政治制度しかもちえなかった古墳時代像」などの通説をいったん棚上げしたほうが、理解がしやすい。すなわち、四世紀後半から末ごろにかけての時期に、中央政権が地方首長を政治的に再編成した、そのような政策を実施した、と考えてみてはどうだろうか。たとえば、途絶型首長墓系譜では対象となった地域首長の没落のほか、他地域への強制的移住や、畿内への上番といった背景を想定できるし、墳形変更型首長墓系譜では国家的秩序のなかでの政治的地位の下降などが考えられよう。いっぽう、統合型首長墓系譜ではそれまでの複数の小首長を対象としていた地域統治から、彼らをたばねた大首長への方針変更があった可能性もある。その背景には首長層の階層化が進行していて、それを中央政権が認めた場合や、中央政権がそういった情況を促進した場合などもあったであろう。

古墳時代の地方統治を考えるうえで、重要な事実を二、三あげておこう。

第一、1期から4期の讃岐地域や播磨地域では、おおむね墳長五〇m未満の小型前方後円墳が、あたかも律令制下の一～二郷単位ぐらいの狭い範囲、いいかえれば一個の農耕共同体ぐらいの単位で併立している。10期の後期後半の東国でも同様である。つまり、前期と後期という時期を問わずに、そして地域ごと

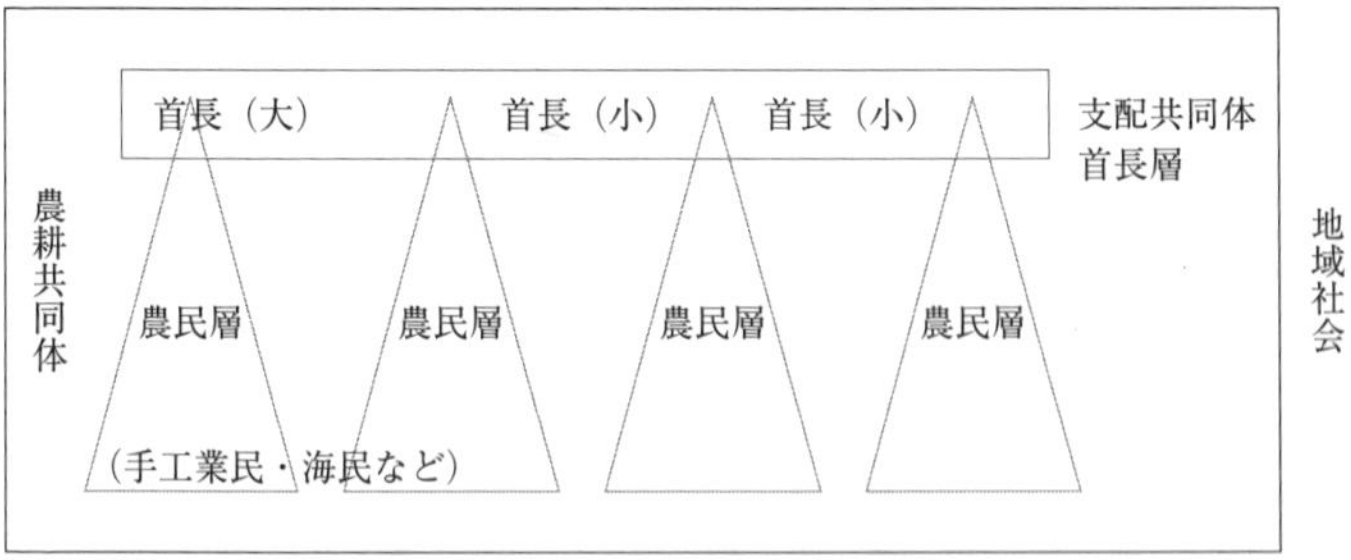


図32　古墳時代地域社会の構造

の粗密を含みつつ、小首長を対象にした政治秩序が、古墳時代をつうじて広範に展開していたのである。

第二、そうした事実は中期には認めがたい。個々の小首長が前方後円（方）墳を築造した讃岐地域や播磨地域は、中期になると大首長が造営した富田茶臼山古墳や壇場山古墳などに統合されるのは前述した。また、前期や後期にくらべて中期の前方後円墳が圧倒的に少ない地域は多いし、汎列島的にみても中期を中心につづいた古墳群は、三重県美旗古墳群や岐阜県野古墳群などを除くとさほど多くはない。

大首長と小首長などとよんできたが、どちらかが統治対象になることで、前方後円墳の築造は大型であったり小型になったりする。その存在基盤をどうみるかで、古墳時代の地域社会のとらえかたが変わってくる。

古墳時代の各地には、深さ一m内外の中小河川の流域に、首長（小首長）と農民層で構成された運命共同体とでも言うべき農耕共同体が展開していた。当然のことながら、一個の農耕共同体では鉄や塩などの生産・生活物資が自給できないから、それらを入手するための交易や、さらには婚姻などをめぐって、小首長と小首長の間に、河川流域などのまとまった平野ごとに密接な関係ができていたに違いない。すなわち、小首長同士はみずからの利益を保持していくために、支配共同体とでもよぶべき首長同士の地域的まとまり（首長層）をつくりあげていた。そして、前方後円墳や前方後方墳をとおして中央政権との政治秩序に組み込まれていた。図解すると図32のようになろうか。

第三、小首長を対象にした場合でも、複数系譜型古墳群のように小首長同士の政治的結合を解体せずに、中央政権はそのまま統治する場合もあった。また、大首長を対象にした場合でも小首長との政治的な上下関係はけっして固定的ではなかった。これらから考えられるのは、小首長も、大首長も、どちらも首長層の一員としての地位であったということだ。すなわち、地域社会のなかで第一義的なのは、首長層という政治的結合体であった。そうした首長的結合は畿内五大古墳群をみれば明白なように、中央政権でも例外的ではない。

地方首長層のなかでの大首長と小首長の関係は、分立段階から統合への一元的変化とは限らない。また、大首長を媒介したり、しなかったり、首長的結合は可塑的であった。たとえば、10期における東国の後期前方後円墳の激増は、他地域から多数の首長が移住してきたことを考えないかぎり、在地の小首長の経済的成長もあったであろうが、大首長のもとで分立していた小首長への統治対象の転換という政策をみないと理解しにくい。

第四、前期の前方後円墳や前方後方墳には往々にして方形周溝墓や方墳が付随している。たとえば、先にあつかった吉田温泉神社古墳の周囲には、二一基の方墳（方形周溝墓）が2〜4期にかけてつくられている。そのなかには一辺三〇ｍの観音堂古墳もあって、主墳の前方後方墳とさほど大きな懸隔は認めがたい。おなじく赤塚古墳には、一部五世紀代に下降しそうなものまでふくめて一八基の方墳（方形周溝墓）

がみられるが、そのなかの一号墓には禽文鏡・鉄剣などが副葬されている。また、墳長一四〇mの3期の前方後円墳、京都府蛭子山古墳には、外見では弥生時代後期の方形墳墓と変わらない小型の方墳が相互にほぼ接した状態で数基随伴している。東国の前期前方後方墳とそれに随伴した方形周溝墓に言及した沼澤豊の言説が興味深い。

「方形周溝墓は従来の慣習、共同体の内在的論理によって営むことができるが、定型化した前方後方墳の築造は大和政権との接触、従属を機にはじめて可能になるものと考えられ、かかる体制下に編入されたのちは、構造的には方形周溝墓と変わらないものであってもその構築にはある種の規制が加えられたのではないか」。つまり、「共同体内部における階層分化によって、すでに首長層が台頭していたと思われるが、前方後方墳の被葬者が、従来の方形周溝墓に葬られた人々より格段と超越した存在であるとは考えがたい」(沼澤一九七八)。

中央―地方の政治秩序を体現したのが、前期では前方後円墳と前方後方墳、さらには一部の大・中型円墳だった。それらを築造したのは播磨・讃岐地域などを除くと、地域首長層のなかで彼らに共立された大首長だった。それを一次的政治関係とよぶ。いっぽう、大首長のもとに「連合」していた小首長たちは、弥生伝統をひいた方墳（方形周溝墓や方形墳墓などの系譜的延長にある）を築造することで、地方のなかでの首長同士、場合によっては首長と中間層の一体的帰属意識を表明した。そして、前方後円（方）墳を営造した一人の大首長と、方墳をつくった数人の小首長、もしくは中間層は、おなじ古墳群をつくることで観念的一体性を表した。それを二次的政治関係とよぶ。古墳時代前期にはそうした政治関係が、各地で重層していた。もっとも、先述した讃岐地域や播磨地域などでは、ほとんどの首長が前方後円墳や前方後方墳を築造していたから、ここでは政治秩序は一次的政治関係に一元化されていたことになる。このように古墳時代前期の政治構造は重層化していた、と考えてみてはどうだろうか。

第五、中央―地方の政治秩序を表象した首長墓系譜の消長は、第一義的には中央政権の地方政策に基因しているが、その原因が地方首長の側にあったとすれば、それは石野博信が言うように「反乱」の可能性ではないか。もっとも、吉田晶は「国土統一戦争」とみるべきと言う。

「おそらくこの時期、文献に記録されていない各地の争乱が相ついだのではないかと思われる。それを検証するためには、より小地域ごとに、大型古墳だけではなく小古墳の消長も含めて検討すれば、各地の争乱の実態が浮かび上がるであろう」(石野一九九〇)。

「この『反乱』はすでに成立していた古代国家に対する反乱といわれるようなものではなく、国家形成期に行われた『国土統一戦争』とみるべきである」。「五世紀後半期に吉備勢力が、倭王権を中心とする畿内勢力によって制圧されたことは否定しがたい」(吉田二〇〇五)。

『日本書紀』には「筑紫君磐井の乱」、「吉備上道臣田狭、吉備下道臣前津屋の乱」、「武蔵国造の乱」などの「反乱」伝承が記載されている。それらの個々の事実の正否はともかく、中央政権と地方首長の間がいつも平和裡に進行していたとは限らない。古墳副葬品にみるように、どちらも武器・武具を保有していたからだ。

古墳時代の地方支配の実態は、統治する側の中央政権の特性とも深くかかわってくるが、『日本書紀』に記述された「反乱」の態様を参考にして、首長墓系譜の消長を考えていくのも考古学の課題ではある。

## 4　地方統治の画期

大和川水系に盤踞していた有力首長層が構成した中央政権は、どのように地方首長層を統治したのか。その方式を明らかにするうえで、前方後円墳をはじめとした首長墓の消長における画期をどう評価するかがポイントになってくる。四世紀末ごろ、五世紀後半ごろ、六世紀後半ごろ、七世紀初めごろの画期について、ごく簡単に触れておこう。

まずは、第一の画期である。幾度となく記してきたように、首長墓には4期でその系譜が終了するもの、5期から新たに始まるものなどが顕著だし、それまではなかった段築・葺石・円筒埴輪列などの外部表飾を、畿内以外の前方後円墳も完備しはじめる。また、前方後方墳が出雲や東国のごく一部を除くと、姿を消してしまう。さらには、前方部が矮小化された帆立貝式古墳や大型円墳が首長墓として登場し、複数の首長墓系譜が単一のそれに統合されたりもする。こうした現象が、四世紀末ごろに集中するから、そこが大きな画期なのは大方が認めるし、その背景が論究されてきたのも前述したとおりである。

重要なのは、これらの画期は限られた地域だけにとどまらずに、広域の首長層に及んでいることである。それだけに、個々の地域の動向だけでは説明しにくい。いいかえれば、国内的な動きがそれをもたらしたというよりは、対外的な動向に基因するとみなしたほうが理解しやすい。

一つの仮説は、次のとおりである。加耶や新羅からの鉄素材入手ルートが、高句麗の南下で脅かされるという事態にいたったので、その恒常的確保のため大和政権は朝鮮半島へ援軍を派遣した。「派兵」が背景にあるという見方である。

全国各地から兵を集めるという、それまでになかった事態に際して、旧来の統治体制では対応できないので、中央政権の運営を四有力首長――佐紀・馬見・古市・百舌鳥の四古墳群に表される一大政治集団を率いた――に固定し、そのもとに畿内各地の首長層を系列化させ、地方統治などの政治機能を分掌させるという政治刷新をはかった。そして、伝統的な地方首長の力量を見直したり、新しく台頭してきた首長層を採用したり、といった地方政策の変更が実施された。

その傍証の第一は、「而倭、以辛卯年、来渡□、破百残、□□新羅、以為臣民。」と記された高句麗の広開土王碑文である。そこには、辛卯年（三九一）の倭軍進出が記されている。仁藤敦史は「高句麗の南下政策に百済が抵抗し、倭は百済の後ろ盾として朝鮮半島に度々派兵したことは疑いない」と言う（仁藤二〇〇五）。

第二は金官伽耶の王墓といわれる大成洞古墳群、その数基に副葬された筒形銅器、巴形銅器、碧玉製鏃の存在である。筒形銅器は槍の装飾石突、巴形銅器は木盾の装飾金具で、ともに倭首長層の儀式用武器・武具である。それらが彼地の王墓に副葬されたのは、倭と金官加耶との間に「盾と槍（矛）を収める」、「干戈を交えず」、すなわち政治同盟があったことの証しではないか。このほかにも、百済の武寧王陵や陵山里古墳群のコウヤマキ製木棺、新羅王墓の王冠に懸垂された翡翠製勾玉なども、それに相似した事実と言えようか。

第三は、四世紀末ごろからの乗馬の風、鉄鋌、須恵器生産・鋲留・鍍金の技法など、怒濤のごとき朝鮮半島系文物の渡来である。こうした事象を朝鮮半島から日本列島への一方的な渡来、古墳文化の側の一方的受容という視点だけでは十分ではない。大和政権による朝鮮半島への派兵と、それにたいする見返りとしての諸製品や諸技術の渡来とみる、すなわち「もの」と人の互酬的かつ等価交換的な交通があった、という視点を導入したほうがわかりやすい。

第四は、四世紀末から五世紀前半ごろにかけて、加耶と同一歩調をとった鉄鏃の長頸化——刺突力の強化を意図した——の事実である。それと密接に関連した戦闘方式の変化——騎馬戦、甲冑の増加——や、武威の発揚たる武器・武具の副葬である。第五は、百舌鳥古墳群と古市古墳群、明石海峡に面した五色塚古墳、紀淡海峡に面した西陵古墳と宇度墓古墳が、あいまって形づくった巨大古墳の環大阪湾シフトである。四世紀末ごろになって、大王墓をふくんだ多数の巨大・大型前方後円墳などが、明らかに西方指向の配置をしめすことである。このような四世紀末ごろから五世紀代をつうじて生起したいくつかの現象を、個々ばらばらに把握するのではなく、一つの真実における多数の姿とみて論究したほうが生産的であろう(広瀬二〇〇七)。

以上の事実に、四世紀後半ごろから六世紀後半ごろまで、海のカミに航海安全を祈った国家的祭祀、沖ノ島祭祀を重ね合わせると、海を越えての「もの」と人の交流がみえてくる。ここには異質な文化や他国家との交渉をふくめた国家フロンテイアのありかたや、戦争もふくめた外交をどうみるかといった問題が通底している。

第二の画期だが、埼玉県の埼玉稲荷山古墳の「辛亥年」(四七一)鉄剣の銘文が象徴的である。それと熊本県江田船山古墳の「治天下」銘銀象嵌大刀とがあいまって、ワカタケル大王のときには東国に杖刀人、西国に典曹人など、中央に上番した地方首長がいたことが確実とされている。さらに倭王武が宋順帝昇明二年(四七八)に宋の皇帝に送った上表文の「わが先祖は、代々みずから甲冑をまとって幾山河を踏みこえ、席の暖まる暇もなく戦ってきた。東方の毛人を征すること五十五国、西方の衆夷を服すること六十六国、海を渡って北方を平らげること九十五国にものぼった」（山尾一九七四）と、『日本書紀』をあわせて、五世紀後半ごろにはワカタケル大王（倭王武・雄略大王）の政治的版図は東西に広くおよんだ、とみなされてきた。

それらの文字史料と、前方後円墳はどのように関連するのか。一つは、中央政権を共同統治した四有力首長が率いた各政治集団を表象した百舌鳥古墳群、古市古墳群、佐紀古墳群、馬見古墳群の消長である。それらのうち、古市古墳群の南群を除いたほかの古墳群は五世紀後半ごろに終息する。その後、摂津地域の今城塚古墳、河内地域の河内大塚古墳、大和地域の平田梅山（欽明陵）古墳と見瀬丸山古墳など、六世紀の大王墓は古墳群を形成しないで単独で造営される。そのような動向からは、四有力首長の共同統治から、多数の首長層の上位に聳立した最有力首長の隔絶性を、読みとることも可能である。いま一つは、さきたま古墳群のような地方首長の古墳群が、五世紀後半ごろから群形成を開始しはじめるのも、さほど多くはないが認められる。地方首長層の政治的再編があったのであろうか。

中央と地方の政治秩序とは別に、「治天下大王」を自称した中央首長層の意識改革が注意をひく。それは、五世紀をつうじて朝貢しつづけた中国南朝からの脱却を指向した、倭王の新しい天下観を表す。熊谷公男は「倭王権が中国の皇帝から相対的に独立した独自の権威を保持」し、「冊封体制から離脱し自立への道を歩み出す決意」（熊谷二〇〇二）であった、と指摘する。東アジア世界での前方後円墳国家の地位と中央首長層のイデオロギーを物語る一齣だが、考古学的には畿内五大古墳群の消長や、「もの」や人の往来をふくんだ外交の問題として考察していく必要がある。

第三の画期は六世紀後半ごろである。この頃、東国首長層が政治的に再編成された、すなわち経済的かつ政治的に力量を高めた東国首長層を直接統治するという政策が施行された、と前述した。ここではその直接的な契機が問題になるが、一つの解は新羅にたいする外交政策にある。加耶諸国を統合して朝鮮半島で台頭した新羅にたいして、六世紀後半ごろから七世紀前半ごろにかけて、国境防衛と外交の拠点が壱岐島に設けられ、北・中部九州首長層の多くが一体となってそれをバックアップし、瀬戸内地域や東国の首長層がそのヒンターランド的機能、兵站基地的な役割を果たした。そうした一連の動きが中央政権の主導性で推進された、という理解である。

ここで少し、壱岐島の古墳に触れておこう（広瀬二〇一〇b）。荒波の玄界灘に浮かぶ東西約一五km、南北約一七km、狭隘な平野しかない壱岐島には約三〇〇基もの古墳があって、そのほとんどが六世紀後半ごろから七世紀前半ごろに集中的に築造されている。前方後円墳の対馬塚古墳（六三）と双六古墳（九一）、大型円墳の笹塚古墳（六六）、兵瀬古墳（五三）、鬼の窟古墳（四五）、掛木古墳（三五以上）、以上六基が中核を担う。それらは全長が一一～一六mほどの複室構造・三室構造の巨石横穴式石室をもつ（図33）。狭い地域にこれだけの巨石墳が集中しているのは、ほかには大和南部地域ぐらいである。また、横穴式石室からは金銅製の飾り馬具や飾り大刀をはじめとした豪華な副葬品が出土しているが、なかでも新羅土器や白釉緑彩円文碗などが注目される。

さらに注意をひくのが、直径一〇～二〇mほどの小形円墳が二〇〇基以上もあって、規模や石材の大小などの格差をもちつつ、首長墓と同一形式の横穴式石室を採用している事実である。すなわち、首長と中間層（有力家族層）が共通の石室形式でイデオロギー的一体性を表現しているわけで、しかも首長墓も群集墳も六世紀後半ごろにほぼ一斉に出現し、七世紀前半ごろに一気に終焉を迎えるという、きわめて法則

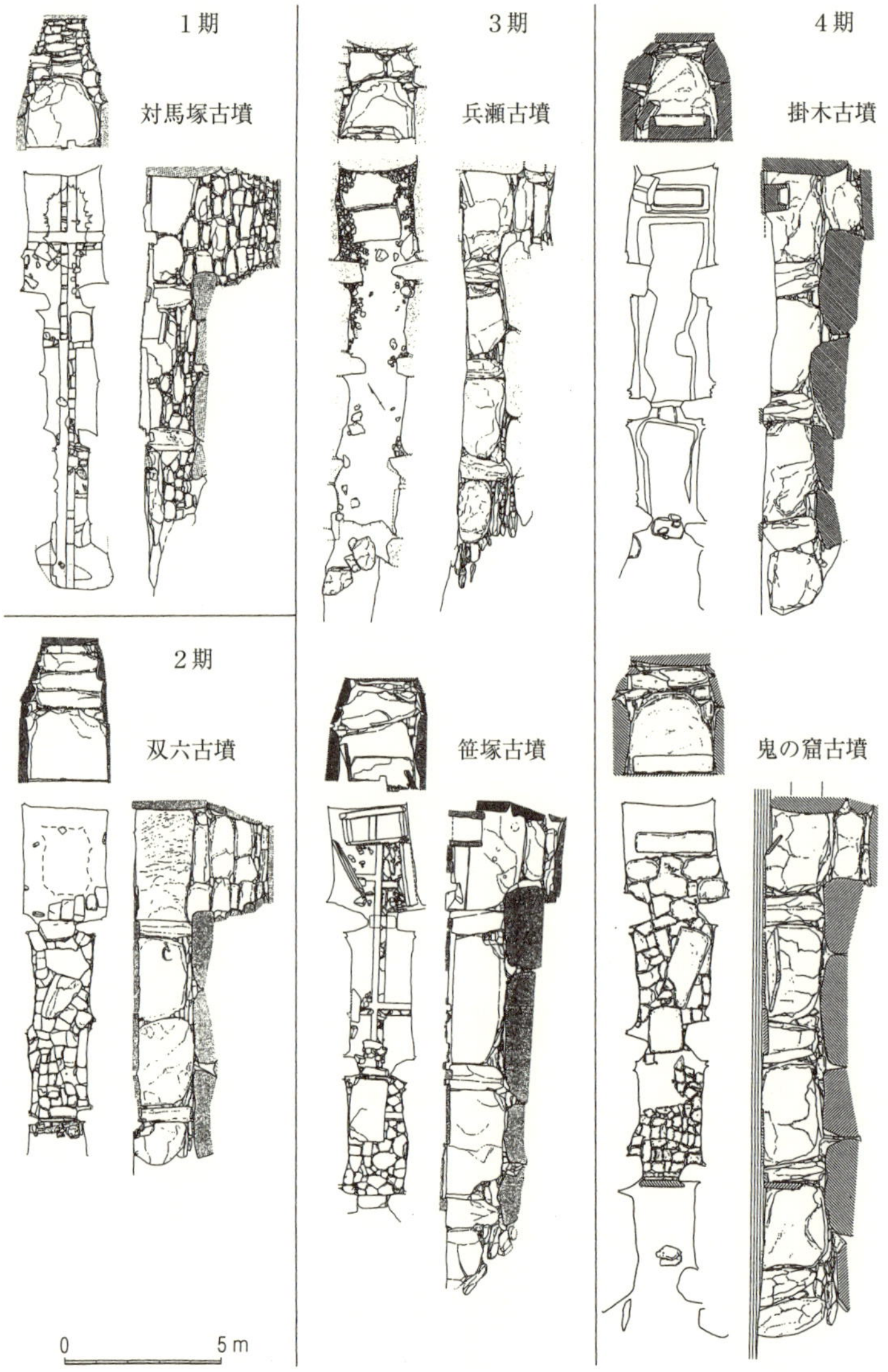


図33　壱岐島の大型横穴式石室

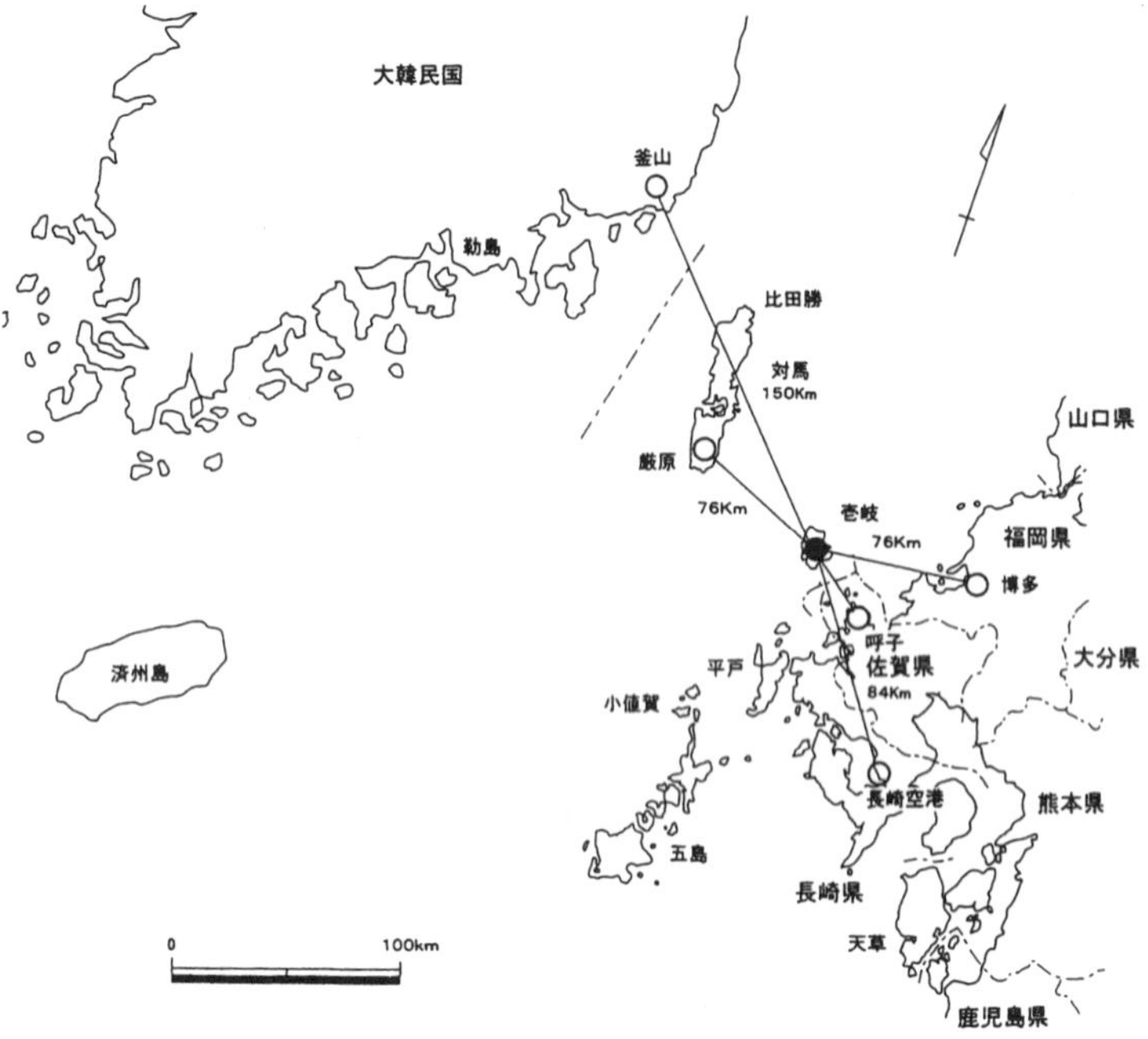


図34　壱岐島の位置

的な動静をしめしている。もちろん、これだけの古墳を支持するだけの生産基盤は、壱岐島には見あたらない。横穴式石室の形式からすれば、北部九州の首長層が多数の中間層を率いて移住してきた（させられた）蓋然性が高い。

そのような動向に加え、博多から約七六km、プサンまで約一五〇kmという地政学的位置（図34）からすれば、外的な契機を考えたほうが合理的な解釈に到達しやすい。ちなみに、『日本書紀』には次のような記載がある。

崇峻四年（五九一）に「差紀男麻呂宿禰・巨勢猿臣・大伴　連・葛城烏奈良臣、為大将軍。率氏々臣連、為裨将・部隊、領二万余軍、出居筑紫。遣吉士金於新羅、遣吉士木蓮子於任那、問任那事。」、推古一〇年（六〇二）「来目皇子為撃新羅将軍。授諸神部及国造伴造等、并軍衆二万五千人」、推古一一年（六〇三）「更以来目皇子之兄当摩皇子、為征新羅将軍」。

「五六二年には任那（加耶）地域は新羅・百済の支配下にはいり、倭国は朝鮮半島における影響力を完全に失った。欽明期以降、この『任那』に対する政策が大きな外交課題となり、新羅・百済からは『任那の調』を一貫して要求するとともに、新羅への出兵がたびたび計画された」（仁藤二〇〇五）。

重視しなければならないのは対馬塚古墳などから出土した新羅土器である（図35）。洪漕植は「六一〇年に新羅による対日遣使の派遣以降に展開した羅日交渉の産物であった可能性が高い」と指摘し、「壱岐の首長達が羅日交渉期に重要な役割を担うことができたのは、新羅と日本のいずれも壱岐の首長達を彼らの交渉において積極的に活用しようとしたから」と言う（洪二〇〇六）。

百済ほど友好的ではなかった新羅にたいする政策が、中央政権の俎上にのぼってきたようだ。加耶の滅亡にともない流動化した朝鮮半島は、五八一年の隋の統一でいっそう情勢を激動化させたが、そうした事態にたいして、中央政権は新羅を撃つべく、筑紫国までの大量出兵を幾度も実行したようだ。田中聡一と仁藤敦史は次のように述べる。

「壱岐島は半島・大陸に対する兵站基地もしくは交易中継地として重要視されていく過程で、兵士のみならず生産者・工人・商人なども多数移住してきたことによって社会の規模が拡大・複雑化した」（田中聡一二〇〇八）。

「『以備非常』ために『筑紫・肥・豊、三国屯倉』を中心に諸国から『那津官家』へ兵糧米が集積される体制が整備されたことを想定しなければならない。少なくとも二万人以上の兵士を約四年間も駐留できるだけの兵站能力が宣化朝以降に『那津官家』を中心に整備されていたことが確認される」(仁藤二〇〇九)。

六世紀後半ごろの壱岐島は、対新羅の前線基地――防衛と外交の拠点――の役割を負わされたのだが、それは中央政権がとった国家政策の一つであった。六世紀後半ごろから七世紀前半ごろにかけて、島内各所でたえず構築されていた横穴式石室は、首長の権威や権力を見せつけるステータスシンボルとして、武威の発揚とあわせて外交交渉に際しても効力を発揮したことだろう。

第四の画期は前方後円墳の終焉である。大和地域や東国や北・中部九州などを除いた各地では、六世紀をつうじて前方後円墳は徐々に減少していたが、六〇〇年を少し過ぎた頃を最後にまったく姿を消してしまう。もっとも、前方後円墳終焉後も方墳や円墳が築造され、数十年は安定的な首長墓系譜がつづいた東国の事例をみてもわかるように、在地首長層は凋落していない。つまり、在地の側に前方後円墳を消滅させる要因は認めがたい。中央政権による政治意志の発露を考えたほうが合理的だ。

三五〇年間の永きにわたった、前方後円墳をつうじた中央―地方の政治構造が、七世紀初めごろに廃棄された。それは限られた地域を対象にした政策ではないし、仏教の普及や大化薄葬令などで説明できるものでもない。前方後円墳国家を廃止し、新しい国家体制、律令国家に変換していく出発点が、前方後円墳終焉の政治的背景とみたほうがわかりやすい。

隋・唐の中国統一と朝鮮半島への進出、それと政治連合を結んだ新羅の朝鮮統一といった、風雲急を告げはじめた東アジア情勢が直接的な引き金になった。もっとも五世紀後半以降、浸透していった霊魂観によって、共同性を旨とした前方後円墳祭祀が形骸化し、共同体の再生産に力を発揮した亡き首長のイデオ

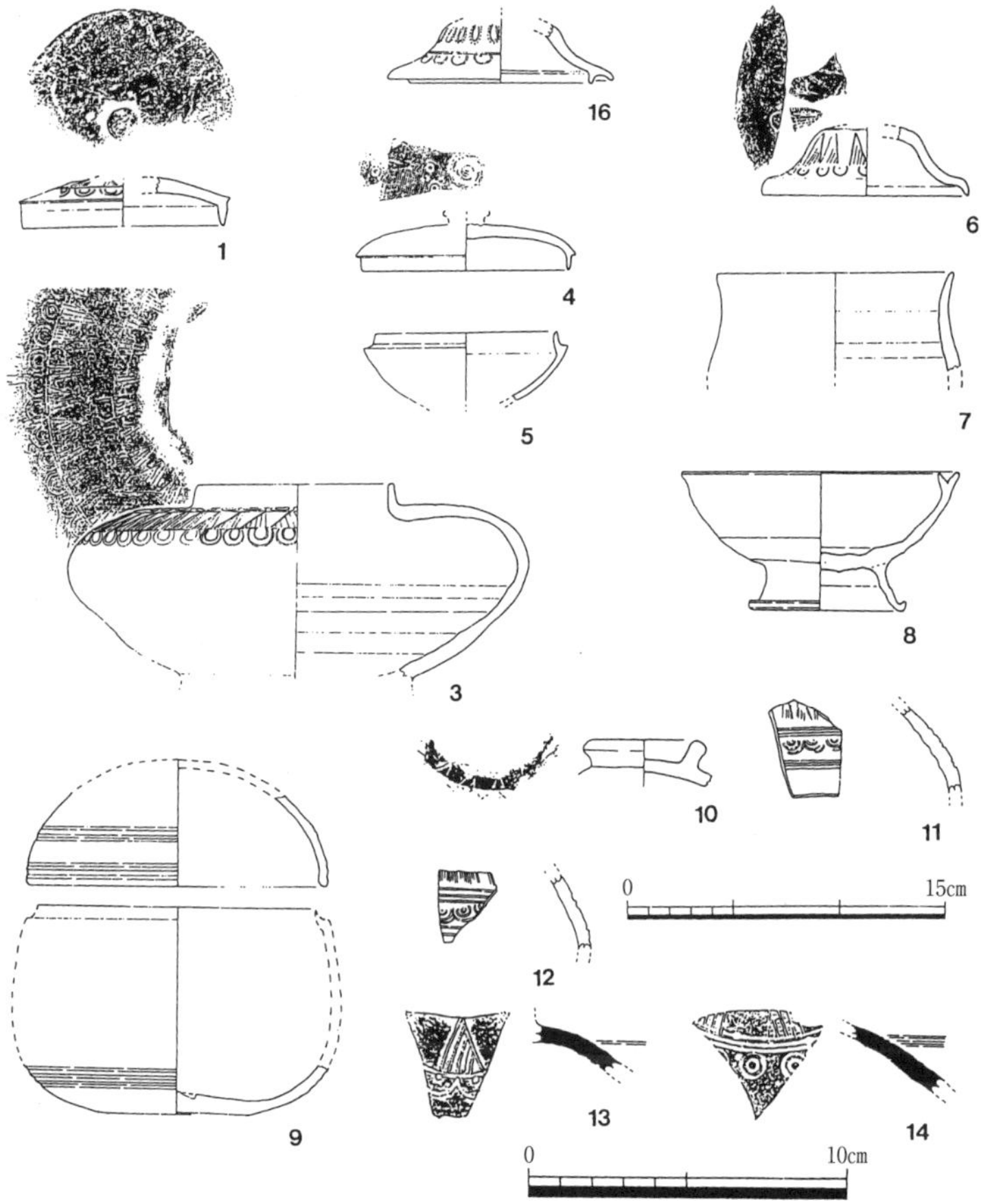


図35　壱岐島出土の新羅土器

ロギー的地位が低下した、といった内的な原因も前提にあった。そうした内外の要因にもとづき、六一〇年前後に前方後円墳祭祀を根幹にした政治秩序がついに終焉した。その後の急進的な政治改革は古墳が語るよりも、その頃に編纂されつつあった『日本書紀』が雄弁に物語ってくれる。

## 5　古墳時代と国家概念

前方後円墳に表現された首長同士の政治的結合体をどう呼ぶべきか、支配的であった政治権力をいかなる概念で把握すればいいのかが、次の問題である。「部族連合、部族同盟、首長連合、首長同盟、大和（ヤマト）政権、大和（ヤマト）王権、倭政権、倭王権、畿内政権、畿内王権、初期大和政権、河内政権、大和国家、初期国家」等々、枚挙にいとまがない。二、三挙げておこう。

「大王を頂点とする首長層の政治的結合を『首長連合体制』とよぶ」が、「長期にわたって安定的に古墳を築造する首長層が少ないことや、その変動が大王墳の移動とも関連することから判断すれば、王権と首長層の結びつきは人格的な従属関係が比重を占める、中期と比べれば比較的弱いものであったと推定される」。そして「ここで首長連合体制としたものは、ほぼ初期国家に相当するものと考えられる」（和田一九九八）。

「『起源』の国家論は一般理論として有効である」。それが「社会内部のあい対立する諸階級の諸運動によって、社会が解体することを防止するために生み出された一定の秩序であり、それによって社会を目に見える一団体として総括するものであるとともに、社会から疎外してゆく権力であるとしている点は、国家の本質の重要な特徴を指摘したものといえる」。そして「三世紀中葉から五世紀までを国家形成期とし、六世紀代から七世紀前半期までを律令制以前の古代国家」とみなす（吉田一九九八）。「ヤマトの政治勢力を中心に形成された北と南をのぞく日本列島各地の政治勢力の連合体、すなわち広域の政治連合をヤマト政権と呼ぶ」。また「畿内の首長連合の盟主であり、また日本列島各地の政治勢力の連合体であったヤマト政権の盟主でもあった畿内の王権をヤマト王権」と呼ぶ（白石一九九九）。「中央と地方、大首長と小首長といった関係が葬送儀礼においてもっとも明瞭にそして記憶に残る形で表示された。箸墓古墳は、相似形古墳の存在が示すように、圧倒的格差でもって中心—周辺関係を語り始めた最初の古墳だった」。「しかし、日本という国家の形成へ向かうためには葬送儀礼に勢力を注いで各地の倭人社会をつなぎとめ、古墳に社会の秩序を語らせた三五〇年間もまた必要であった。社会内部の十分な成熟を待たずして東アジアの国際舞台へ登場した倭国にとって、古墳時代とは早熟な王権形成がはらむ諸矛盾を儀礼のなかに解消しようとした時代だった」。「大和政権とは大和勢力が主導権を握った時期の畿内中央政権の別称」である（福永二〇〇一）。

前方後円墳が造営された時代を、各地の首長層が形成した政治的結合体で、大和を中心とした畿内の政治勢力がその中央にいたと理解することは、多くの研究者にほぼ共通したとらえかたといえそうだ。そして、若干のニュアンスは違っても、律令国家前段階の「未開的な」社会、前国家段階の「未熟な」政治体制が想定されているのも同様である。もっとも、前方後円墳に媒介された首長層の政治団体を同族関係に擬せられた首長同盟、もしくは首長連合などとよんだ場合、弥生時代後期の弥生墳墓に表わされるそれと、どのように異なっているのか、といった問いも出てくるが、そのあたりはさほど意識されていないようにもみえる。

人びとにたいする強制力の行使と、それを正統化させるためのイデオロギーとの統一としての政治権力が、王に収斂されるその一態様が〈王権〉である。そして、〈政権〉とは政治権力を執行するための権力集団で、国家を推進していく政府などともほぼ同義である。したがって、歴史的かつ空間的に形成された汎列島的首長層のような政治団体にたいする概念としては、いずれも的確とは思われない。

既往の「国家形成をめぐる理論問題」に詳しく検討を加え、「階級関係の形成、租税と徭役、中央首長と地方首長との関係、権力機構と人民編成、物資流通機構と政治権力」などを分析した都出比呂志は、三世紀から六世紀までの古墳時代を初期国家とみなす。そして、「国家とそれ以前の社会とを対比の理論で二分するだけでなく、両者の長い「移行過程」を歴史過程として解明」しようとした（都出一九九一）。それについては和田晴吾は次のように評価している。

「この時代をどう捉えるか」は、「考古学者のからの発言はきわめて少なかった。一九五五年に小林行雄氏が伝世鏡論や同笵鏡論をもとに古墳の発生に初期大和政権の成立を認め、考古学がこの時代の歴史研究にきわめて有用であることを示して以来、考古学は着実な進歩を遂げてきたが、時代全体を捉える理論的な枠組みをもつには至らなかったからである。しかし、一九八三年には近藤義郎氏がF・エンゲルスらの理論を基礎にこの時代を部族連合の段階として体系的な叙述を試み、一九九一年以降は都出比呂志氏がH・クラッセンやP・スカールニクらの初期国家論を批判的に受け入れ、前方後円墳体制を提唱している」（和田一九九八）。

都出比呂志の初期国家論の骨格は、律令国家にいたる移行過程としての古墳時代を、初期国家という概念で把握しようというものである。すなわち、律令国家は成熟した国家だが、その前の古墳時代は「未熟な」段階の初期国家であった、というわけである。そして、その特徴について次のように述べている。

律令国家だけでは「それ以前における国家形成の長い過程が説明できません。三世紀と五世紀における重要な変化の画期を正当に評価することが重要です。そこで、私は、律令国家を成熟国家と考え、それ以前の段階を初期国家と呼」ぶ。三世紀から六世紀までの「初期国家は、階層社会を基礎とし、また階層社会を生むほど多くの人口を擁し、恒常的余剰をもち、地縁原理が支配的で、強制力をもった政府があり、支配の正当性を支える共同イデオロギーをもつ社会段階である」。「卑弥呼の共立から倭の五王の時代前半の首長連合までの時代まで、倭人社会の首長たちは遠く離れた地域間で互いに同盟関係を結びました。鉄という必需物資が列島内で十分に充足できないことが、この広範囲の連携を促進し、地域首長が畿内の中央勢力に依存せざるをえない環境をつくった」。「五世紀後半の雄略大王の支配の諸施策は初期国家から成熟国家への飛躍を準備しました。しかしながら、それは急進的でありすぎたために、六世紀前半に短い反動期を迎えます。磐井の乱や継体大王擁立運動は、地域の支配権力を、いままでどおり維持しようとする伝統勢力の巻き返しといえます。六世紀中葉になって中央集権的施策が再び実行されはじめ、律令国家への歩みのスタートとなった」(都出一九九八b)。

古墳時代の新しい体系的な枠組みとして提出された都出の初期国家論は、文献史学の側からのつよい反応があって、『日本史研究』や『歴史評論』などで論争がなされた。いっぽう、考古学の側でもいくつかの論究があった(佐々木二〇〇四、土生田二〇〇六など)し、その後、「分節国家論」(新納二〇〇二)、「劇場国家論」(福永二〇〇五a)など多彩な国家論が提起されているのは佐々木憲一の整理するとおりである。

「近年の日本考古学における国家論、国家形成過程の研究が多様化したことは大変喜ばしい。筆者は古墳時代におけるヤマト王権の優位性は疑わないものの、ヤマト王権と地方首長の関係は多様であって、また日本列島内の地域社会の進化の筋道もいろいろあったと考えている」(佐々木二〇〇四)。

古墳時代の政体を国家とみなすかどうかなど、古代国家論をめぐる諸問題については、機会を改めたい。ここでは、古代史学界に大きな影響力を行使した都出の初期国家論について問題の所在を指摘するにとどめたい。

第一は、エンゲルスの『家族・私有財産・国家の起源』の階級史観に依拠した国家論についてである。そこでは、生産力の発達で生み出された余剰、その所有をめぐって形成された階級支配や、それを維持していくための権力の様態といった内的構成が重視されるが、それらを含めた外的側面が軽視されがちである。

すなわち、階級関係が成熟していようが未熟であろうが、一個の集団が他の集団と対峙するときに、みずからをどのように組織するかという統合の原理や、それが維持されつづけるための再生産装置——軍事や外交やイデオロギー的一体性など——についての視点がさほどつよくない。すなわち、当該社会の内部が階級対立していようといまいと、一定の地域的まとまりをつくった集団を一個の政治団体とみなし、それが他の政治団体と対抗していることについての理解である。

共同体—内—国家と共同体—即—国家の統一として、滝村隆一は国家をとらえた(滝村一九七一、二〇〇三)。政治的まとまりをもった共同体の内的構造がどうであれ、それが一個の政治団体として他のそれに対峙するといった側面を見逃してはならない。そのような視座にもとづけば、〈もの・人・情報の再分配システム〉に基礎づけられた首長層の利益共同体、という古墳時代の政治的特質が俎上にのぼってくる。(3)

第二は、古墳時代の政治秩序は、首長（層）と首長（層）、もしくは首長と民衆という、人と人との関係に基軸を置いている。いっぽう、律令国家はそれを基礎にしながらも、土地を媒介にするものである。つまり、古墳時代の政治システムと律令国家のそれは、異質な原理にしたがっていたわけである。七世紀になって外部から持ち込まれた土地をつうじての領域的支配の淵源を、それとは無縁の社会秩序にしたがっていた古墳時代に求めることは、そもそも不可能なのである。甘粕健も次のように述べている。

「血縁から地縁へという統合原理の変化が初期国家のメルクマール（指標）として重視されていますが、前方後円墳体制下の領域支配とはどういうものなのか、よくわからないところがあります。ヤマト王権と地方との関係は、古墳の造営によって相互に承認された人格的な隷属関係が基本で、領域支配は副次的にそれについてくるものではないでしょうか」（甘粕二〇〇七）。

そうした問題とは別に、発展史観や階級史観にもとづく場合、古墳時代の生産力の発展が既往の生産関係を転換させたことになるのだが、そこにいたった必然的な動態についての説明は、これまでの考古学ではかならずしも明確にはされていない。もし、古墳時代の社会が律令国家への移行を実現したとみるのであれば、それはすこぶる緩やかに形成されてきたことになる。そうであれば、古墳時代前・中・後期のそれぞれは、どのように律令国家と関係づけられるのであろうか。そもそも、日本考古学では「変化」が「発展」に置き換えられがちであるが、前期から中期へ、中期から後期へと、いったいなにがどのように「発展」して、国家が形成されていったのであろうか。

戦後日本歴史学界のなかで、体系的な叙述にとって重要な地位を占めてきた唯物史観の退潮は、ほとんどそれに依拠していた国家論の衰退をもたらした。考古学界でも事情は変わらず、遺跡・遺物を資料とした古代国家への論究はさほどの高まりをみせていないが、国家概念を明確にしないまま、国家の成立を議論しようという研究者が少なくはない、というところにも原因があるように思う。概念化と体系化が学問には不可欠な要因だが、どのような共同体を国家とみなすのか、との問いは意外と一般的ではない。水林彪の「重要な概念ほど、定義なしに、あるいは、意味がきわめて曖昧なままに使用される傾向があり、このことは不可避的に議論に混乱をもたらすことになるが」、「その一つが『国家』概念ではなかろうか」（水林二〇〇六）との指摘をふまえつつ、いくつかの言説を参考のため紹介しておこう。

「力による階級支配が組織化された時、これを政治といってよいだろう。支配階級の内部にも、階級支配の維持に適合した職務・身分の分化がおこり、政治組織は強化され、階級支配は確立する。このような社会を国家とよぶ」（直木一九九六）。

「機構や制度の成立が、国家成立の指標の一要因になることはいうまでもない」（吉村二〇〇六）。

「国家についてのどのような理論も、歴史的に存在した個々の国家について厳密に検証されなければならず、それにたえない理論はすてられなければならない。これが学問の約束であろう。そのさい、われわれがもっている国家についての諸理論が主として古典古代から近代国家にいたる西欧型の国家の歴史から帰納され、抽象された理論であること、したがってそれを歴史的性質が異なる東洋的社会から発生した日本の古代国家の成立史のなかで検証しようとするとき、検証はもはや検証にとどまっていることはできず、理論と事実との緊張関係のなかから新しく何かを生み出す作業にならなければならない。理論や概念の『適用』という安易な道ではなく、所与の国家の歴史自体からわれわれの古代国家論をつくり上げてゆく必要がある」（石母田一九七一）。

国家とは「人種民族にかかわらず成員の共通利益を配慮しあうために設立された共同体」である（西一九九八）。

「国家とはさまざまな側面を持ったルールや習慣や価値の共有された集合体」で、「内に向かっては、共通の法や習俗を持った政治秩序であり、外に向かっては、ある集団をなした人々の防衛体にほかならない」。「国家は主権を持ち、統治機構を持ち、その意味では内外に対して政府の意志によって権力を発動する。権力行使の目的はとりわけ対外的には集団的な利益の実現である。同時に国家は、歴史的に形成され文化や日常生活の中に保持された価値を持っている」（佐伯二〇〇一）。

## 6　〈前方後円墳国家〉とはなにか

一定の領域をもって軍事と外交とイデオロギー的一体性で保持され、利益を共有した一個の政治団体を国家として把握する。ある政治団体を維持させる共同性には、歴史的に形成されてきた文化伝統や民族意識や宗教性などがあるが、まとまりを形づくった集団の再生産を保証するのが国家という政治団体である、と考えるわけだ。それは所属している人びとの共通利益が他の政治団体から侵されないように、軍事と外交を中核にすえた正統的な暴力機構を有し、〈われわれ意識〉をもちつづけるための観念装置をそなえている。

二世紀後半ごろから三世紀前半ごろ、西日本を中心とした各地で、旧国かそれより大きめの地域を単位に、共通した墳墓祭祀で〈われわれ意識〉や帰属意識を表わした地域政権（首長層）が、いくつか併立していた。たとえば、北部九州、出雲、丹後、吉備、播磨、大和などの諸地域がそうである。それらは長い時間をかけて形づくられてきた〈「もの」・人・情報の首長ネットワーク〉に基因するものだったが、三世紀中ごろに各地域政権の利害調整のための汎列島的な利益共同体、広域におよぶ政治団体が、大和川水系の有力首長層の主導性で結成された。その具体的なプロセスはまだよくわからないが、それによって鉄素材などの権力財や各種威信財や特産物、新しい技術や労働力などの入手という、共通利益を享受しうる広域の首長的共同体が誕生したのである。それは、内部秩序を維持していくための政治権力と、他者の侵害からみずからの共通利益を防御するための軍事権と外交権をもっていた。いいかえれば、中国鏡や碧玉製品や鉄製品などを中心とした〈もの・人・情報の再分配システム〉のスムーズな運行のための政治秩序や、朝鮮半島や中国王朝にたいしての利益保持を、武力や外交で防衛——民衆支配というには膨大すぎる鉄製武器を保有——し、安定的に維持していく政治団体を、大和政権が運営するという国家が、三世紀中ごろに日本列島に誕生したのである。

近代国家のような線引きされた国境は確認できないが、時期によって多少の出入りがある国家フロンティアをもち、モザイク状に空隙もあった領域——宮城県（一部の時期は岩手県南部）から鹿児島県まで——をもち、〈軍事権・外交権・イデオロギー的共通性をそなえ、大和政権（大和の有力首長層）に運営された首長層の利益共同体を前方後円墳国家〉とよぶ。律令国家に先行した古代国家を、即物的な呼びかたかもしれないが、前方後円墳国家と概念づける。

「首長層が政治的にまとまって形成した利益団体が国家である」。つまり、「〈もの・人・情報のネットワーク〉の保持という共通の利益にもとづいて、その不断の再生産を目的に結合し、他の政治的統合体から利益を侵害されないため領域を定め、軍事と外交でそれを防衛していく共通の価値観をもった政治団体、それを国家とよぶ。すなわち、分業生産と交易の再分配システムという共通利益を保持した人びとがつくりあげた共同体、その秩序を堅持していくための権力――内的には国家の成員たる首長層の利害対立時に、外的には朝鮮半島での利益保持に際して、主に武力として発動された――と、自己利益を他者から守っていくための軍事権と外交権とイデオロギー装置をもつ団体を国家とよぶならば、三世紀中ごろに形成された大和政権を中軸にすえた列島首長層の支配共同体は、まさしく国家というべき結合体であった。それは魏王朝や朝鮮半島の政治集団にたいして、みずからの社会の再生産のために不可欠な『もの』・人・情報の獲得をめぐっての一個の利益共同体に自己を仕上げたし、続縄文文化や貝塚後期文化の集団との交易に際しても、統一した政治勢力として対峙しはじめたのである」(広瀬二〇〇三a)。

前方後円墳国家を担った各地首長層のメンバーシップを前方後円墳は体現していた。それは「威力の視覚化、あるいは視覚による威力の確立」(多木二〇〇二)として、三世紀中ごろから七世紀初めごろまで可視的な国家、〈目で見る王権〉の役割を果たす。つまり、前方後円墳祭祀を共有することをとおして階層的序列を表現するような国家、前方後円墳を頂点とした多彩な古墳形式が政治秩序を表象した国家、それが前方後円墳国家である。その内容については、前章までに中央政権と地方首長層とにわけて述べてきたが、特性をいま一度略述しておこう。

第一、地方首長層の「同盟」と「服属」という両義性が、前方後円墳には包摂されている。先に、共通性と階層性を見せる墳墓が前方後円墳だ、と述べたが、前者は首長同士の「同盟」的側面、後者は「服属」的側面、二つの政治性がそこには表わされている。前者から後者への時期的移行という通説は、方法的には導びきがたい。「同盟」か、「服属」か、どちらの要素が強いかは、個々の前方後円墳などの特徴と、各地の首長墓系譜のコンテクストのなかでしか判断できない。先験的に五世紀後半以前が「同盟」的で、それ以降が「服属」的だ、などとはとても言えない。

第二、古墳時代には中央—地方の政治関係が成立していたが、中央政権も地方首長層も、基本的には首長と首長の人的結合が強い。一人の首長は、あくまでも首長層の一員として、大首長であったり小首長であったりして、政治的有効性を発揮する。ちなみに、「原初的」であろうが、「未熟」であろうが、汎列島的な「もの」・人・情報の再分配システムが、一定の機構を確立させずに実現するはずはないが、その内実は人と人のつながりを第一義的にしていた。土地を媒介とした地縁的な結びつきは、前方後円墳などの墳墓をつうじては見えてこない。

それと関連して、古墳以外の古墳時代の墓制をどうみるか、といった問いが発せられる。前方後円墳をはじめとした古墳の重要な要素である墳丘をもたない横穴墓や地下式横穴墓、あるいは先述した大寺山洞穴墓などの洞穴墓などをどう理解するか、という問いである。六〜七世紀の墳丘をもたない横穴墓のなかには、静岡県宇洞ヶ谷横穴墓や福島県中田装飾横穴墓のように豪華な副葬品をもつ首長墓もあるし、平面プランが横穴式石室のそれと相似したものも多々存在する（池上二〇〇〇）。横穴墓が首長層との文化的一体性をあらわすのは否めないが、それをもって古墳という政治的墳墓様式にふくめるか否かは、前方後円墳国家の地方統治の実質と深く関連する。機会を改めて言及したい。

第三、各地首長層が形成した利益共同体が前方後円墳国家だが、前方後円墳や前方後方墳などのありかたからみると、そこに参画する首長層には地域的粗密があったようだ。しかも、大寺山洞穴墓で象徴的に触れたように、そして古墳時代の統治方式が領域支配でないだけに、前方後円墳国家の「版図」には各地に隙間があった。ただ、六世紀後半以降の東国では、ほとんどの小首長がそのなかに組みこまれたようなので、その結果として網羅的な地域支配の対象になった蓋然性は高い。さらには、六世紀後半以降の群集墳によるかぎり、おなじような動向が各地で進行していたようにもみえる。

第四、続縄文文化や貝塚後期文化を除く古墳時代の日本列島は、弥生文化の練度、あるいは地形や気候といった自然条件などで、食料生産や手工業生産の技術水準や経済水準に格差があったのは当然であろう。そして、生活様式や観念的伝統などにも偏差があったに違いないが、前方後円墳などに表わされた政治秩序は、それらを平準化する役割を担っていた。すなわち、前方後円墳国家の一員となった首長を支えた経済的構成は、かなり不均等であった蓋然性が高いが、前方後円墳などの政治的墳墓はそれを直接には表出しなかったというわけだ。経済的社会構成の跛行性は考古学的に解明されていくだろうが、それにしたがって政治的社会構成との地域社会の統一的把握も試行しなければならない。今後の大きな課題である。

## 7　前方後円墳国家のフロンティア

前方後円墳国家の国家フロンティアはどうなっていたのか。人的な統治にもとづく前方後円墳国家の「国境」はいったいどのように線引きされていたのか、いなかったのか。それは、沖縄諸島の貝塚後期文化と北海道・北東北の続縄文文化という網羅型獲得経済、それ以外の広範な地域に拡がっていた選択型生産経済の古墳文化、それら三つの異質な文化、藤本強によれば北の文化、中の文化、南の文化（藤本一九八八）が、三～七世紀ごろの日本列島でどのように共存していたのかという問題でもある。

鉄器などを使用しながらも、採集・狩猟・漁労の獲得経済を基調にしていた続縄文文化は、竪穴住居や掘立柱建物、あるいは井戸や溝といった生活痕跡をほとんど残さないので、生活様式や各種生産の態様はよくわからない。楕円形土壙墓とよばれる墓を遺しているぐらいである。それは直径一～二m、深さ一m未満ほどの土壙のなかに直接、遺骸を埋葬するもので、木棺の使用痕跡は認められない。また、盛土や周溝などはいっさいなくて、古墳のようなビジュアル性に富んだ墳墓ではない。数基～三〇基ほどが狭い範囲にまとまって造られるのが普通だが、墓域の標識のようなものも認められない（阿部二〇〇八など）。人の埋葬施設としてはもっともシンプルな構造を呈している。しかも土壙墓相互の格差はまったく見いだしがたいから、続縄文文化の墓制をとおして政治的な動きを読みとることはできない。それらを共通にしていた人びとが、一個の政治的なまとまりを形成していた形跡はどこにも遺されていない。

注意をひくのは、青森県森ヶ沢遺跡や宮城県木戸脇裏遺跡などの楕円形土壙墓のように、鉄製品や大阪府の和泉陶邑窯産の初期須恵器など、古墳文化に基因する品々の出土があることだ。この文化がけっして閉鎖的でなかったことを示している。そうした事実と関連して、古墳文化と続縄文文化の接触地帯、北上川上流域で注目すべき遺跡が見つかっている。岩手県中半入遺跡がそうで、五世紀の「方形区画遺構」（最北端の小型方形居館）の内外から、続縄文文化と古墳文化の双方に基因する製品が多量に出土している。まず続縄文文化に含まれるものでは、皮鞣し用の黒曜石製ラウンドスクレーパーや、玉原料の岩手県久慈地方産琥珀剥片などがある。ついで古墳文化を構成するものには、ガラス玉や陶邑窯産の初期須恵器が見られる。さらには、居館周辺の竪穴建物では鉄鍛冶もおこなわれている。

北方の続縄文文化地域から集積された動物の皮や琥珀の原石がここで加工され、皮革製品や玉類が西方の古墳文化地域へ運ばれた。いっぽう、陶邑窯産の初期須恵器――ＴＫ二一六～ＴＫ四七型式の杯・高杯・壺・器台・甕など――や、ここで鍛造された鉄製品などが、続縄文文化地帯に供給された（図36）。それらのいくつかは、森ヶ沢遺跡や木戸脇裏遺跡をはじめとする、北東北各地の楕円形土壙墓に副葬されている。

小型方形居館と相前後した時期にその近辺で、前方部の矮小化された墳長四五ｍの前方後円墳で、７期の岩手県角塚古墳が築造されている。前方後円墳国家のメンバーシップを表した前方後円墳の造営からすれば、国家フロンティアが一時期ここまで拡張されたことになる。もっとも、岩手県における前方後円墳は古墳時代をつうじてこの一基だけで、それにつづくものは一切なくて、首長墓系譜は形成されていない。安定した前方後円墳造営の北限は、宮城県の大崎平野あたりである。重要なのは、前方後円墳国家という政治団体にたいして、政治的まとまりが看取できない続縄文文化の集団がどのように交易したのか、ということである。

「一方的な収奪関係ではなく、続縄文社会側においても対価品として古墳社会の文物を入手できるメリットが存在した」。中半入では「古墳文化圏との密接な関係を保ちながら物資の流通、生産を掌握した地域首長が存在し、その実権の高揚による首長権執行の場としての方形区画遺構構築がなされ、更には時期的に併行すると考えられる角塚古墳築造へとつながっていく」（高木二〇〇二）。

「北上川中流域から大崎平野に至る、南北約六〇キロメートルの範囲において、古墳文化と続縄文文化の考古資料は、相互に入り組んだ形での分布域を形成する」。「角塚古墳は、それまでの古墳分布域を北へ拡大することになったため、古墳文化の伸展としてとらえられる場合が多いが、続縄文文化の後退を伴う訳ではない」。「湯ノ倉産黒曜石を利用した生産と、それによる生産物やその対価品の流通への依存が両者ともに進み、角塚古墳もこのような相互依存関係に支えられて築造された」(藤沢二〇〇七)。

確かに、中半入遺跡での初期須恵器や鉄鍛冶のありかたからみると、前方後円墳国家の側の続縄文文化にたいする「一方的な収奪」は考えがたい。武力をさほど保持していたと認めがたい北上川流域の続縄文文化集団が、「対等」に交易したということになる。多くはこれからの課題になるが、北上川上流域には北東北の続縄文文化と前方後円墳国家との交易拠点があった。藤沢敦や高木晃が説くように、そこでは食料獲得方式、生活様式、葬送観念、宗教儀礼、政治秩序などの総体としての異なる文化をもった人びとが、各々の特産品の交易を介しながら日常的な交流をもっていたわけだ。

続縄文文化の社会は、けっして閉ざされてはいなかった。文化の優劣はともかくとして、さまざまな技術の段階や物資の集積、あるいは政治権力の集中性や武力の卓越性など、二つの文化には明らかな格差があるにもかかわらず、支配—被支配の関係は考古資料から読みとれない。二つの文化は交易を介して共存していたのである。

ところが、前方後円墳が終焉した七世紀前半ごろ、そうした関係に一大変化が訪れる。周溝をめぐらせた直径一〇m未満、高さ一m内外の低墳丘の円墳で、玉や鉄製武器など——一部には馬具などもみられる——を副葬し、須恵器や土師器を供献した「蝦夷」の墳墓、「末期古墳」が、かつての続縄文文化地域の北東北一円につくられはじめる。しかも、青森県阿光坊古墳群や同丹後平古墳群や岩手県猫谷地古墳群のような、一〇〇~二〇〇基にもおよぶ大型群集墳もめずらしくはない。埋葬施設には木棺直葬と石室の二通りがあって、前者は七世紀前半ごろから九世紀後半ごろの長期にわたって、北東北一円におよぶ。いっ

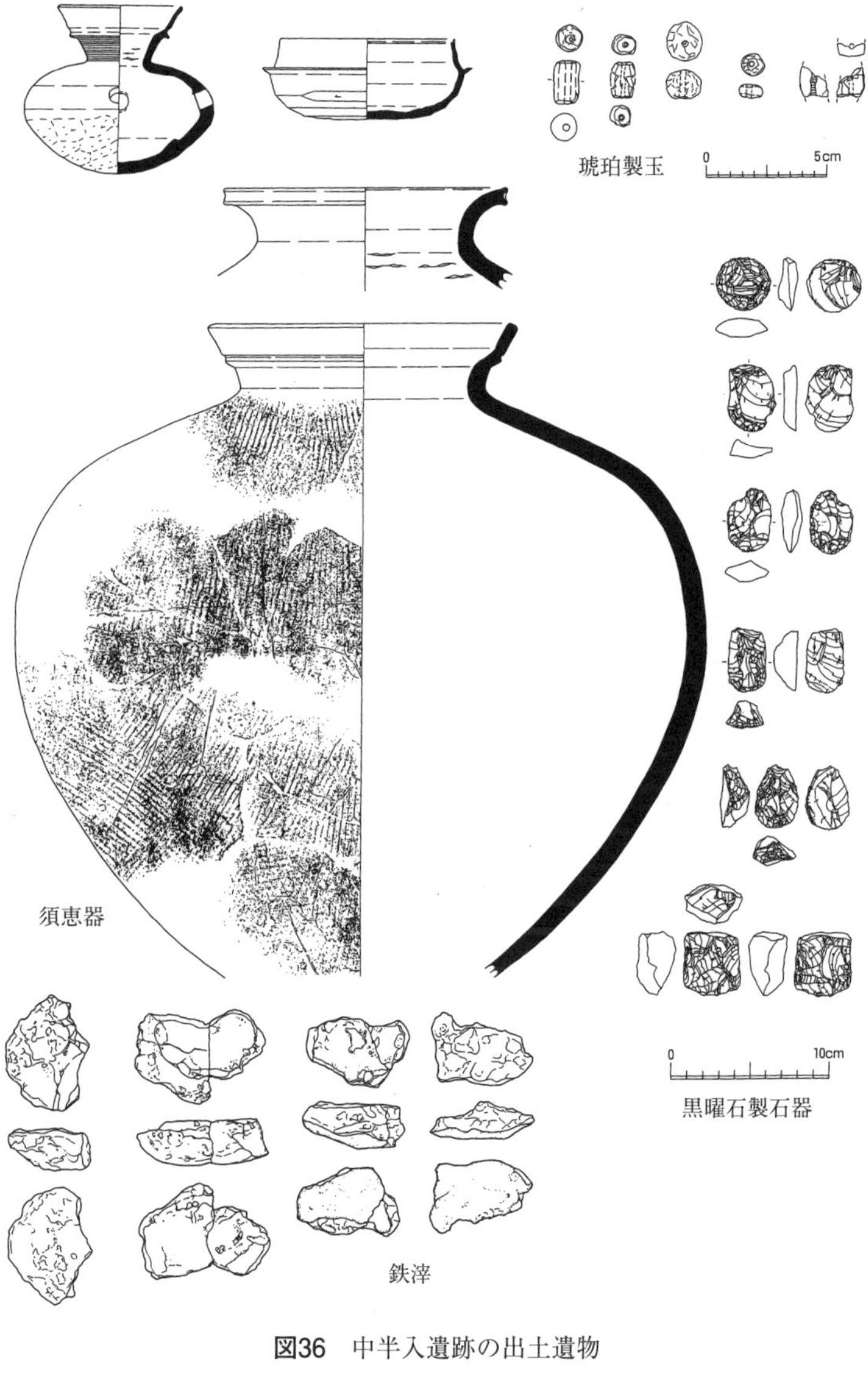


図36　中半入遺跡の出土遺物

ぽう、石室墳はそれに遅れて八世紀初めごろに始まり、九世紀にはつづかないようだし、分布域は北上川流域に限られている（松本二〇〇六、小谷地編二〇〇七など）。しかし、そうした相違にもかかわらず、外見はまったく画一的な装いをみせていて、それまでの続縄文文化の楕円形土壙墓と相似したところは何もない。むしろ、東国や南東北などの七世紀の群集墳との共通性がつよい。

七世紀になって初めて、北東北の人びとは一個の文化集団としての自己主張を、ビジュアルな墳墓を用いて表現しはじめた。「末期古墳」はそのときの〈集団表象〉としての役割を発揮したように見える。しかし、そこから首長墓は抽出しがたいから、前方後円墳などがもっていた〈共通性と階層性を見せる墳墓〉の特性から、「階層性」を捨象し、「見せる」を希薄化させたのが「末期古墳」ということになろうか。それらのなかには、銙帯や和同開珎のような律令国家からの「下賜」品をもつものもあるし、どうやって入手したのかが興味深い、朝鮮半島産の可能性が高い獅噛式環頭大刀を副葬した丹後平一五号墳なども含まれている。

横穴式石室の系譜をひいた川原石積み石室墳は、羨道がなくなった段階のもので、北側壁（奥壁）は形骸化した「鏡石」を据え、南側壁は閉塞石のようなしつらえをもつ。それは構造からすれば、東京都瀬戸岡古墳群のなかでも、末期の羨道がつかない矩形の石室などに酷似している。そのような知見からすれば、南武蔵地域などの東国に淵源をもった移住民と推測することも許されそうだ。ただ、木棺直葬墳はその数の多さからは在地の人びとの築造になった蓋然性が高い。さらに言うと、北上川下流域の大崎平野には、七世紀後半ごろから急増し、総計で三〇〇基にも達する小円墳群の宮城県色麻古墳群があるが、こちらの横穴式石室は川原石積み胴張り構造で、北武蔵地域を中心にした地域の人びとが大量に移住したと見ても大過はない。

埋葬施設や副葬品などの十分な分析が必要だが、七世紀以降の北東北には在地の人びとと、東国の武蔵地域などからの移住民が、日常的な交流をつうじて共存していたようである。そうした経緯のなかで、みずからの集団的一体性に目覚めた続縄文文化の人びとが、墳墓でそれを表す方法を学んだのではないか。ただ注意をひくのは、八世紀になると東国などからの移住民との親縁性も、そうした墳墓で同時に表現されている。そうだとすれば、律令国家に「反乱」した「蝦夷」との関係はどうなるのか、律令国家の側から書かれた文字史料とは違った世界が、考古学的方法で描けるのかどうか。

七世紀後半以降のあいつぐ城柵の設置や「末期古墳」の存在にみられるように、北東北にたいして律令国家は軍事と同化で異文化支配をしようと試みた（今泉一九九二）。そのようないわば古代の帝国主義（石母田一九七一）に対抗して、北東北の人びとはよりいっそう集団的帰属性を強化して、〈われわれ意識〉を高揚させた。ことに石室墳が木棺直葬墳と併存していた北上川流域は、律令国家によって「柵戸」、「蝦夷」、「俘囚」とよばれた人びとが混在した異文化共存の地域であった可能性が高い。そうであれば、律令国家の国境は一本のラインとはみなせない。北上川流域一帯に広がる〈国境帯〉ともいうべき装いを呈していたのである。

首長と首長の間に形成された支配・被支配の関係、人的な統治を根幹にした前方後円墳国家は、異文化である続縄文文化と共存していたが、そこには領域という意識はさほど強固ではなかった。したがって、国境という観念もなかったかもしれない。しかし、人的支配を基礎としながらも、そこに領域支配を加えた律令国家は領土観念をもち、その拡大を国家政策とした。

| 北東北 | 北上川流域 | 南東北以南 |
| --- | --- | --- |
| 続縄文文化 | 交易場・皮革・琥珀×鉄器・須恵器 | 前方後円墳国家 |
| 楕円形土壙墓 | 中半入遺跡 | 前方後円墳・円墳・方墳等 |

| 北東北 | 北上川流域 | 南東北以南 |
| --- | --- | --- |
| 「蝦夷」 | 国境帯・<蝦夷・俘囚・柵戸> | 律令国家 |
| 末期古墳 | 末期古墳・城柵 | 都宮・官衙・寺院等 |

図37　東北における異文化接触の様相

前方後円墳国家と律令国家、それらはまったく異質な統治原理を有した二つの国家だから、国境にたいする観念も異なっていた。そのあたりの事情を図解すると図37のようになろうか。

ここで留意しておきたいのは、「中心―周縁」もしくは「中央―辺境」という概念で、北東北の続縄文文化をとらえることの是非についてである。それは、一個の文化が同心円状に拡大していく、いわば文化伝播論的な方法での歴史の見方ともいえる。

水田稲作や畠稲作の生産経済を基盤とし、首長に統率された農耕共同体が各地で展開し、階層的関係にある首長同士が前方後円墳などの古墳に表象された政治的共同体を形成した社会と、採集・狩猟・漁撈の網羅型経済に依拠し、政治的墳墓をつくらなかった社会は、明らかに異質な構造をもった社会である。それらが交易を介して相補的な関係を結んでいたから、同一の文化でつながっていたように錯覚しがちだが、そうではない。そもそも異質な文化である古墳文化と続縄文文化を、同一の文化地域に適用される中心―周縁の関係で把握するのは適切ではない。

前方後円墳国家のフロンティアについて、もう一つ触れておかねばならないのが、長鼓山古墳や月桂洞一・二号墳などのような、近年あいついで見つかった朝鮮半島南西部の前方後円墳である。ほかに造山古墳などのような「倭系」円墳も数基ある。栄山江流域を中心とした韓国南西部に築造された一三基のなかで判明している埋葬施設は、北・中部九州系の横穴式石室が多い（柳沢二〇〇一）。それらは五世紀後半ごろから六世紀初めごろの北・中部九州の首長たちが造営した確率が高い。もっとも、在地首長説や倭系百済官人説など、目下のところ百家争鳴状態であって（岡内ほか一九九六、東二〇〇一など）、詳しくは稿を改めたいが、そのあたりの事情については朴天秀が的確にまとめている。『日本書紀』の解釈への疑義はあるけれども、「古代韓半島南部を植民地化したという日本の認識のみではなく、一方的に日本列島に文化的な恩典を施したという韓国の認識も歴史的な事実ではない」。古代の「韓日関係を客観的に理解することこそ、これからの両国間の関係を考える出発点」だ、という主張は重要である（朴二〇〇七）。

もし、韓国の前方後円墳の被葬者に北・中部九州の首長たちをあてるのが妥当であれば、古墳時代後期前半の一時期に限って、前方後円墳国家の版図は朝鮮半島の南西部にまで拡大されたことになる。しかし、その後はついぞ前方後円墳は営造されなかったから、前方後円墳国家の領域は再び縮小したようである。そのような事態は東北地方でもおなじである。先述したように、五世紀後半ごろの岩手県角塚古墳の一基だけ、前方後円墳の築造が北上川上流域にまでひろがっている。つまり、前方後円墳国家の「国境」は可塑的であった。そういった意味ではまさしくフロンティアであったわけだ。

本書の趣旨との関連で付け加えておきたいのは、韓国の前方後円墳に論究する場合は、さほど確たる理由が挙げられることもなく、そしてなかば無意識裡にであろうか、倭王武上表文の「渡りて海の北を平らぐること九十五国」は無視され、忘却の彼方にとどめられているかのようである。『日本書紀』の記述への信頼性とは、あまりにも違いすぎはしないだろうか。いまでは古代史研究からは追放された「任那日本府」についても、渡来文物の詳細な分析・研究はあっても、考古学の側からは一顧だにもされない。時代は遡及するが、前述した四世紀後半ごろの大成洞古墳群に副葬されていた巴形銅器や筒形銅器、さらには碧玉製鏃なども含め、彼地における倭系遺物の解釈もさほど活況を呈しているとはいいがたい。ちなみに、同一の形態や構造をもったものは、同一の関係性を表象しているとみなすのが、考古学の型式学的方法ではなかったのだろうか。

# 終章

「三・四世紀の大和政権はさほど強力ではなく、各地の首長層と政治的な『同盟』を結んでいた。大王を中心とした畿内有力首長層の統治はやがて各地へも拡大し、『磐井の乱』のような『反乱』を制圧しながら強大化し、五・六世紀をつうじて地方勢力を制圧し、中央集権化への歩みをはじめる。いっぽう、地方首長層はかつての同盟から服属へと、隷属の途をたどって律令国家へと社会は発展していく」というのが古墳時代にたいする強固な通説である。

中央勢力だけが一方的に強大化し、地方首長層は徐々に自律性を奪われ没落の途をたどる、といった律令国家形成への道程が、これまでの古墳時代像といっても大過はないだろう。もっとも、前方後円墳のどこを指して「同盟」を言い、「服属」というのか、必ずしも明らかにされてはいないのだが。つまり、おなじ墳墓様式にたいする認識が、前期と後期というだけで変更されているし、「変化」がいつの間にか「発展」に置き換えられているようにもみえる。そもそも中央政権もしくは大和政権と「同盟」するだけの政治勢力が、たとえば東国などの前・中期の前方後円墳や前方後方墳から読みとれるのかどうか。そのあたりの事情が、考古資料を駆使して論理的に説明されたかというと、けっして十分ではない現状がある。

既往の古墳時代像は、大筋のところで『日本書紀』の記述に規制されているが、加えて未開から文明へと歴史は発展していくという、〈未開―文明史観〉的な歴史観が強力に作用している。それらが相乗して、古墳時代は律令国家の形成過程である、その前史である、というイメージが醸成されてきた。すなわち、「未熟な政治システムの古墳時代は、古代国家の形成過程にすぎない」、「古墳時代が順調に発展して律令国家が成立した」といった謂いがその基底に横たわっていて、前方後円墳などの解釈に際しての外在的論理として、大きな影響力を行使してきたのは幾度となく述べてきたとおりである。

巨大前方後円墳や威信財・権力財の集中などから、古墳時代に〈中央―地方の関係〉が成立していたのは明白だし、その政治秩序が首長と首長の人的な結合で維持されていたのも動かない。さらに、『記紀』などが表す国造・ミヤケ・部民の地方統治システムも、中央と地方の人的関係にもとづく政治制度である。複数の畿内有力首長が各々中小首長層を統率して中央政権を共同統治した〈人的統治システム〉の古墳時代と、国家的土地所有にもとづく〈領域的統治システム〉を理念とした律令国家の統治原理は、異質な政治システムなのである。それらがどのように、いかなるプロセスで移行したのか、という問いにたいする解が提出されていないのに、三五〇年間もの長期におよぶ古墳時代が律令国家への道程に収斂されてしまう、といった通説に、日本考古学はいつまで支配されつづけるのであろうか。

本書では、『日本書紀』を下敷きにした歴史ストーリーが、発展史観に基づいて叙述されていることをI章で明らかにした。すなわち、「古墳時代は未開で、律令国家が文明である」という枠組みが、いわば所与の事実としてアプリオリに研究者の眼前に立ちはだかっていて、そうした知的営為が意識されずに進められている、というところに問題の所在がある。もしそうであるのならば、その実体を考古資料の分析をつうじて展開しなければならない。

Ⅱ・Ⅲ章ではその具体的な問題を繙いた。大和政権の具体像やその変遷についての二、三の問題に触れたが、発展史観の影響はことに東国の評価に大きくあらわれている。そこでの初期前方後円墳と前方後方墳の造営、前方後方墳の地域的偏差、後期前方後円墳の激増、七世紀の大型方墳・円墳などの評価は、現行の古墳時代像には見事に抜け落ちている。そもそも、律令国家に収斂される古墳時代像の形成という観点からは、「遅れていた」東国の歴史などはさほど大きなウエートを占めてはこなかったのである。

Ⅳ章では古墳時代像の体系的把握に向けて、いくつかの論点を整理した。前方後円墳とはなにか、その成立と消滅、あるいは前方後円墳に媒介された政治秩序などである。たとえば、前方後円墳が東国もふくめた広域におよんで、最初から階層性をもって「同時多発」的に成立した事実は、大和政権の段階的支配に再考をうながす。すなわち、首長層の支配共同体が1期から成立していたのだが、可耕地に乏しいところに築造された前方後円墳などをみてもわかるように、「もの」と人の交通の掌握が首長層の優先的な利益であった。

最初から最後まで、中央―地方の政治秩序が維持されたのが古墳時代だが、中央政権を担ったのは大和川水系の有力首長層である。そして、前方後円墳などで形成された首長墓の消長をみるかぎり、地方首長層の政治的地位はさほど安定しているとはみなせない。もっともそれは首長層の力量というよりは、中央―地方の関係性を表出しているからであって、そこからは直接的には中央政権の地方統治方式が読みとれるにすぎない。さらに、そこではいくつかの画期を認めることができるが、背景には朝鮮半島の政治動向とそれに対応した施策、というような外在的要因が作用している。前方後円墳の終焉もふくめた諸画期は、内在的要因を前提としつつも、東アジア的動向への対応といった側面を無視しては、整合的な解釈にはなかなか到達しない。

そうした動向の実証的な論述が次の作業となるが、そこでは時期とか地域とかの形容詞を恣意的に冠するのではなく、前方後円墳の属性を分析することをとおして本質を探っていくのが肝要である。いわば前方後円墳についての一貫した論理の構築が要請される。もっとも、前方後円墳だけでそういう作業ができるのか、といった批判が予想されるが、政治的と経済的との統一としてある社会構成の解明の方法としては、それらは鋭く峻別されねばならない。いうまでもなく、古墳時代の政治動向に論究できるのは前方後円墳などの政治的墳墓である。これについては一書を用意したい。

もう一つ、前方後円墳に媒介された政治を詳述するに際しては、いくつかの概念が明瞭にされる必要がある。日本考古学はここのところの意識が希薄である。概念化が不十分であると、国家のようなもの、都市のようなものを論じているだけで議論がうまくかみ合わない。したがって、諸説が併立して論点が深まらない。国家の構成要素を提出してその存否を考古資料で説明するのも大事だが、やはりその前に国家とはなにか、の概念規定がいる。

さて、一九七〇年代から進行してきた「記録保存」のための発掘調査も、その原因となる国土開発が下火になって一段落してきた。それと歩調をあわせて「隆盛」をきわめてきた考古学研究も、安定期にさしかかったようにみえる。しかし、掘り出された「もの」の故事来歴を明らかにするための個別形態論的研究は、埋蔵文化財行政の進展に付随した研究者の増加もあいまって、いっそう精緻の度合いを高めている。それと相即不離の関係で進められてきた地域研究も微に入り、細を穿つかのような装いをみせている。

いっぽう、遺跡と遺跡、遺物と遺物を統合する研究はまだまだ少ないし、地域と地域を横断的につなぐ研究や、前期と中期などをとおした時間幅の長い研究も、さほど目にはつかない。多様性と地域性がキーワードと化したかのような現状だけでは、前方後円墳のもっている三五〇年をつうじての共通性と階層性が説明できない。

そもそも個別研究を総和すれば、一個の体系ができあがるわけではない。精緻で細分化された研究を一定の歴史的文脈にはめこんでいかなければ、一つの時代像は見えにくい。これからは分析的研究から統合的研究へ、細かく小さくにたいして、広く大きく歴史をみようという試行がもっとあっていいだろう[4]。研究の二つのベクトルである分析と統合の繰り返し、個別的と体系的の往還としての考古学を、そろそろ意識的に試行していくべきではなかろうか。

大量に蓄積された考古資料を、論理的かつ整合的に説明することで一個の体系的解釈を構築し、前方後円墳が造営された時代を一つの独立した時代ととらえていく。そうした作業によって歴史を組み立てる研究が、古墳時代像の再構築にとって喫緊の課題である。そのときどきの経済制度や文化的練度をふまえつつ、誰がどのようなシステムで社会をまとめ維持させたのか、それを『日本書紀』を意識しつつも、その記述をいったん離れて、前方後円墳だけで徹底的に考える、というのも一つの方法である。何度も言うが、律令国家の正統性を著した『日本書紀』の体系的な叙述と、考古学・古代史研究者を無意識裡に規制してきた発展史観から、みずからの観念を意識して解き放たねばならない。そして、膨大な考古資料をもとに、墳墓に政治が表象された古墳時代の三五〇年間を、一個のまとまった時代として、先験主義に陥らずにその特質を解明していかねばならない。それはまさしく既往のパラダイムの転換であるが[5]、いま求められているのはその一歩を踏み出すことである。

註

（1）「記録保存」のための発掘調査が、都道府県や市町村やその外郭団体などで実施されつづけたことで、自治体を単位にした資料の集成や研究が盛行してきた。そして、それらがあいまって、〈自治体主義〉とでもいうような研究動向を生み出した。そして、それが中央—地方の関係性そのものを希薄化させてしまった感があることは前述した。そこでは特定の地域しか研究の対象にされないから、中央も地方も意識の埒外なのである。あえていうならば、非〈中央—地方〉史観とでもいうべき情況があって、そうした傾向を良しとする風潮さえもが、考古学界には蔓延しているかのようである。その一つが、けっして特定の地域だけでは理解できない前方後円墳を、在地首長の自律性だけで説明しようという研究動向である。

（2）「卑弥呼の墳墓」や狗奴国と前方後方墳の問題には、「倭国大乱」をめぐっての解釈が大きく作用する。それまで北部九州勢力が掌握していた鉄資源の入手ルート、もしくは交渉権を、吉備勢力と連合した畿内勢力が二世紀後半ごろに武力で簒奪した、というのが通説的解釈である。ところが、弥生時代後期の西日本各地の墳墓をみるかぎり、北部九州勢力と吉備・畿内勢力の対抗、といった二元論では、もはや前方後円墳出現前夜の政治情勢は語りきれない。九州から東海にかけての列島各地では、相対的に自立した複数の首長層が、鉄素材などの非自給物資の交易をつうじて共存していた、というのが実情のようにみえる。

（3）近・現代社会をみても、名目的には私的所有にもとづく階級対立がない、いわゆる社会主義国家同士でも、それぞれが独立した国家として併存する、という事実がある。さらに、私たちが経験的に知るうる国家成立の原因をみても、移民国家であったり、民族自立であったり、宗教的一体性であったりというふうに、階級対立に基因するものはさほど多くはない。つまり、階級支配のための機構や暴力装置だけが国家成立の要因ではないのは明白である。また、国民というイデオロギーに民族・階級・文化・職掌・出自などが包摂されてしまった国民国家のような、内的構成がさほど問題にならない国家概念と、あたかも外的構成が欠落したかのような古代国家との概念の落差は大きい。

（4）「『現代思想』は、人間の『理性』にもとづく『体系』的な思考を信用しておらず、むしろ信用してしまうことの危険性を強調する傾向があり、理路整然としている『体系』を整えているかのような記述は行わない。『体系』を回避する、強い言い方をすれば、次第に脱・体系化もしくは脱・中心化していく傾向にあるのが、『現代思想』的な思考様式だと言うこともできる。——中略——そして、『体系』化を拒否するせいで、『現代思想』はなかなか『解答』に向かって接近しているようには見えない。というより、『解答』という形の最終的な『目的＝終焉end』に向かっていくつもりがそもそもないようにさえ見える」（仲正二〇〇六）との言説は、日本考古学もその埒外ではないという点では、意味深長である。

また、「明確な共通の世界像が壊れてしまったこの時代のなかで、私たちの一人ひとりが〝どこからどうやって〟自身の世界像をつくりあげていけばよいのか、さらに、社会全体としてもどうやって共有しうる世界像と方向をつくりあげていけばよいのか、これこそがいまもっとも大切な課題だ」（西・佐藤二〇〇四）との指摘に、考古学はどのように関わっていくのか。

（5）　パラダイムとは、提唱者のトーマス・クーンによれば「一定の期間、研究者の共同体にモデルとなる問題や解法を提供する一般的に認められた科学的業績」（クーン一九七一）を言う。科学哲学の野家啓一は、わが国では、「西欧近代科学を歴史的形成過程抜きに、まさに『パラダイム』と一体のものとして受容したのであり、そのパラダイムを歴史的に相対化して見る視点は、初めから持ちようがなかったのである」（野家二〇〇八）と指摘するが、古代史（考古学）研究の世界もその例外ではなさそうだ。

その課題を担うためには、「社会科学はこれまであまりに『分析的（analytic）』であり、またそうであろうとし過ぎた。しかし、今日求められているものは、『統合的視点（integrated view）』である。それはまた目の前にある現実問題と抽象的な理論の間の「統合（integration）』でもある」（佐伯二〇〇五）との視点に立つことが大切ではないか。また、「歴史が学として成立する上で重要な条件が想像力と構想力にある」のだが、「歴史とは、常に解釈された歴史である。事実の集まりがただ歴史を構成するわけではない。歴史をどう見るか、ここに人間の解釈がはいる」（佐伯一九九七）。こういった観点も、近年の考古学研究には希薄なように思えてならないのは、筆者だけであろうか。

参考文献
赤塚次郎　一九九六「前方後方墳の定着―東海系文化の波及と葛藤」『考古学研究』43－2
秋元陽光・大橋康夫　一九八八「栃木県南部の古墳時代後期の首長墓の動向―思川・田川水系を中心として」『栃木県考古学会誌』9
東　潮　二〇〇一「倭と栄山江流域―倭韓の前方後円墳をめぐって」『朝鮮学報』一七九
穴沢咊光　一九九五「世界史のなかの日本古墳文化」『江上波夫先生米寿記念論集　文明学原論』
阿部義平　二〇〇八『国立歴史民俗博物館研究報告　寒川遺跡・木戸脇裏遺跡・森ヶ沢遺跡発掘調査報告（上）（下）』第一四三集、一四四集
甘粕　健　一九六七「古墳時代の展開とその終末」近藤義郎・藤沢長治編『日本の考古学Ⅴ　古墳時代　下』河出書房
甘粕　健ほか　一九七九「ヤマト政権と東国の古墳」井上光貞ほか『シンポジウム鉄剣の謎と古代日本』新潮社
甘粕　健　二〇〇四『前方後円墳の研究』同成社
甘粕　健　二〇〇七「日本の古代史研究の発展と古代国家の形成過程の解明」（吉田晶・小笠原好彦との座談会）『前衛』八二二
甘粕　健・久保哲三　一九六六「関東の古墳文化」近藤義郎・藤沢長治編『日本の考古学Ⅳ　古墳時代　上』河出書房
甘粕　健・小宮まゆみ　一九七六「前方後円墳の消滅」『考古学研究』23－1
網野善彦　二〇〇〇『日本の歴史　日本とは何か』講談社
荒井秀紀　一九九四「「東国」とアヅマ―ヤマトから見た「東国」」関和彦編『古代東国の民衆と社会』名著出版
池上　悟　一九九二「南武蔵における古墳終末期の様相」『国立歴史民俗博物館研究報告』第四四集
池上　悟　二〇〇〇『日本の横穴墓』雄山閣
石野博信　一九九〇『古墳時代史』雄山閣出版

石野博信編　一九九五『全国古墳編年集成』雄山閣
石部正志　一九五八「副葬用陪塚の発達」『考古学手帖』3
石母田正　一九六二「古代史概説」家永三郎ほか編『岩波講座日本歴史1　原始及び古代1』岩波書店
石母田正　一九七一『日本の古代国家』岩波書店
一瀬和夫　二〇〇二「倭国の古墳と王権」鈴木靖民編『日本の時代史2　倭国と東アジア』吉川弘文館
今泉隆雄　一九九二「律令国家とエミシ」『新版古代の日本9　東北・北海道』角川書店
今尾文昭　二〇〇八『律令期陵墓の成立と都城』青木書店
井上光貞　一九六〇『日本国家の起源』岩波新書
井上光貞　一九六五a『日本の歴史1　神話から歴史へ』中央公論社
井上光貞　一九六五b「日本における古代国家の形成」『日本古代国家の研究』岩波書店
井上光貞　一九六五c「大化改新と東国」『日本古代国家の研究』岩波書店
井上光貞　一九七四『日本の歴史3　飛鳥の朝廷』小学館
井上光貞　一九八〇「雄略朝における王権と東アジア」井上光貞編『東アジア世界における日本古代史講座』学生社
岩崎卓也　一九九〇a「総論」『古墳時代の研究Ⅱ　地域の古墳Ⅱ東日本』雄山閣
岩崎卓也　一九九〇b『古墳の時代』教育者歴史新書
上田正昭　一九九五『大和朝廷』講談社学術文庫
宇垣匡雅　二〇〇四「吉備の帆立貝形古墳」広瀬和雄ほか『古墳時代の政治構造―前方後円墳からのアプローチ』青木書店
宇垣匡雅　二〇一一「古墳文化の地域的諸相―山陽」広瀬和雄・和田晴吾編『講座日本の考古学7　古墳時代（上）』青木書店
江上波夫　一九九一『騎馬民族国家―日本古代史へのアプローチ』中公新書
大久保徹也　二〇〇四a「讃岐の古墳時代政治秩序への試論」広瀬和雄ほか『古墳時代の政治構造―前方後円墳から

のアプローチ』青木書店
大久保徹也　二〇〇四b「古墳時代研究における「首長」概念の問題」広瀬和雄ほか『古墳時代の政治構造―前方後円墳からのアプローチ』青木書店
大塚初重　一九八六「東国古墳文化研究の回顧と展望」『東国の古墳文化』六興出版
太田博之　二〇〇六「北武蔵における後期古墳の動向」佐々木憲一編『関東における後期・終末期古墳群の諸相』明治大学古代学研究所
大津　透　一九九二「大化改新と東国国司」戸沢充則編『新版古代の日本8　関東』角川書店
岡田精司　一九九九「古墳上の継承儀礼説について」『国立歴史民俗博物館研究報告』第80集
岡内三真ほか　一九九六『韓国の前方後円形墳』雄山閣出版
岡田英弘　二〇〇一『歴史とはなにか』文春新書
岡本東三　二〇〇六「海上他界観と海食洞穴墓―天鳥船はどこへ行く」『季刊考古学　特集古墳時代の祭り』96　雄山閣
小沢　洋　一九九二「上総南西部における古墳終末期の様相」『国立歴史民俗博物館研究報告』第44集（『房総古墳文化の研究』二〇〇八、六一書房所収）
小野山節　一九七〇「五世紀における古墳の規制」『考古学研究』16－3
金井塚良一　一九八〇『古代東国史の研究』埼玉新聞社
金井塚良一　一九八九『金井塚良一対談集　古代東国の原像』新人物往来社
川田順造　一九七六『無文字社会の歴史』岩波書店
川西宏幸　一九八八『古墳時代政治史序説』塙書房
河野一隆　一九九八「副葬品生産・流通システム論―付・威信財消費型経済システムの提唱」『中期古墳の展開と変革』第4回埋蔵文化財研究集会実行委員会
岸俊男・田中稔・狩野久　一九八二「銘文の釈読と解説」『埼玉稲荷山古墳辛亥銘鉄剣修理報告書』埼玉県教育委員会

岸本直文　一九九二「前方後円墳築造企画の系列」『考古学研究』39－2
岸本道昭　二〇〇〇「播磨の前方後円墳研究序説」『播磨学紀要』6
岸本道昭　二〇〇四「後期前方後円墳の時代」広瀬和雄ほか『古墳時代の政治構造―前方後円墳からのアプローチ』青木書店
北野耕平ほか　一九六四『河内における古墳の調査』大阪大学文学部
鬼頭清明　一九九三「六世紀までの日本列島」大津透ほか編『岩波講座日本通史』2　岩波書店
草野潤平　二〇〇七「下野における後期・終末期古墳の地域設定と動向」佐々木憲一編『関東の後期古墳群』六一書房
久保哲三　一九八六「古墳時代における毛野・総」近藤義郎ほか編『岩波講座日本考古学』5
熊谷公男　二〇〇一『日本の歴史03　大王から天皇へ』講談社
神野志隆光　二〇〇七『複数の古代』講談社現代新書
小林行雄　一九四九a「黄泉戸喫」『考古学集刊』2　東京考古学会
小林行雄　一九四九b『古墳の話』岩波新書
小林行雄　一九五九「古墳がつくられた時代」『世界考古学大系』第3巻　平凡社
小林行雄　一九六一『古墳時代の研究』青木書店
小谷地　肇編　二〇〇七『阿光坊古墳群発掘調査報告書』青森県おいらせ町教育委員会
近藤義郎　一九六六「古墳とはなにか」近藤義郎・藤沢長治編『日本の考古学Ⅳ　古墳時代（上）』河出書房
近藤義郎　一九八三『前方後円墳の時代』岩波書店
近藤義郎　一九九八『前方後円墳の成立』岩波書店
近藤義郎編　一九九二～二〇〇〇『前方後円墳集成全6巻』山川出版社
佐伯啓思　一九九七『市民とは誰か』ＰＨＰ新書
佐伯啓思　二〇〇一『国家についての考察』飛鳥新社

佐伯啓思　二〇〇五『倫理としてのナショナリズム』ＮＴＴ出版
坂本多加雄　一九九八『歴史教育を考える』ＰＨＰ新書
坂本太郎・小島憲之　一九九三「書名・成立・資料」『日本古典文学大系　日本書紀』岩波書店
佐々木憲一　二〇〇四「古代国家論の現状」『歴史評論』六五五
佐々木憲一編　二〇〇六『関東における後期・終末期古墳群の諸相』六一書房
下垣仁志　二〇〇四「河内王朝論と玉手山古墳群」岸本直文・高志こころ編『玉手山7号古墳の研究』
白石太一郎　一九六六「畿内の大型群集墳に関する一試考」『古代学研究』42・43合併号
白石太一郎　一九九二「関東の後期大型前方後円墳」『国立歴史民俗博物館研究報告』第44集
白石太一郎　一九九九『古墳とヤマト政権』文春新書
白石太一郎　二〇〇〇『古墳と古墳群の研究』塙書房
白石太一郎、赤塚次郎、東潮、車崎正彦、高木恭二、辻秀人　一九九八『シンポジウム日本の考古学　古墳時代の考古学』学生社
真保昌弘　一九九九『那須吉田新宿古墳群発掘調査概要報告書』栃木県小川町教育委員会
杉山晋作　一九九二「有銘鉄剣にみる東国豪族とヤマト王権」戸沢充則編『新版古代の日本8　関東』角川書店
鈴木靖民　二〇〇二「倭国と東アジア」『日本の時代史2　倭国と東アジア』吉川弘文館
鈴木靖民編　一九九六『古代王権と交流1　古代蝦夷の世界と交流』名著出版
鈴木靖民編　二〇〇八『古代日本の異文化交流』勉誠出版
高橋一夫　一九八五「前方後方墳の性格」『土曜考古』10（『古代東国の考古学的研究』六一書房、二〇〇三、所収）
高木　晃　二〇〇二「遺構・遺物の検討」『中半入遺跡・蝦夷塚古墳発掘調査報告書』
高谷英一編　二〇〇八『岩屋古墳―町内遺跡（龍角寺１０４号墳・１０５号墳）測量調査報告書―』栄町埋蔵文化財発掘調査報告書第6集
多木浩二　二〇〇二『天皇の肖像』岩波現代文庫

滝村隆一　一九七一『マルクス主義国家論』三一書房
滝村隆一　二〇〇三『国家論大綱第1巻（上）（下）』頸草書房
竹田青嗣　二〇〇四『人間的自由の条件』講談社
辰巳和弘　二〇〇二『古墳の思想』白水社
舘野和己　二〇〇四「ヤマト王権の列島支配」歴史学研究会・日本史研究会編『日本史講座第1巻　東アジアにおける国家の形成』東京大学出版会
田中晋作　一九九三「武器の所有形態からみた常備軍成立の可能性（上）（下）」『古代文化』45－8・10
田中晋作　二〇〇八「古墳時代における軍事組織について」『古代武器研究』9
田中聡一　二〇〇八『壱岐の古墳』壱岐市教育委員会
田中　琢　一九八六「総論―現代社会のなかの日本考古学」近藤義郎ほか編『岩波講座日本考古学』7
田中　琢　一九九一『日本の歴史2　倭人争乱』集英社
田中　裕　二〇〇四「前方後方墳」『千葉県の歴史　資料編考古4　遺跡・遺構・遺物』
田辺昭三　一九六六『陶邑古窯跡群Ⅰ』平安学園クラブ
朝鮮学会編　二〇〇二『前方後円墳と古代日朝関係』同成社
辻　秀人　一九九六「蝦夷と呼ばれた社会」鈴木靖民編『古代王権と交流1　古代蝦夷の世界と交流』名著出版
都出比呂志　一九九一「日本古代の国家形成論序説―前方後円墳体制の提唱―」『日本史研究』343
都出比呂志　一九九五「日本考古学の国際化の前提」『展望考古学』考古学研究会
都出比呂志　一九九八a「古墳時代首長墓系譜の継続と断絶」『待兼山論叢』22史学篇
都出比呂志　一九九八b『人間大学　古代国家の胎動』日本放送出版会
寺澤　薫　二〇〇〇『日本の歴史2　王権誕生』講談社
寺澤　薫　二〇〇三「首長霊観念の創出と前方後円墳祭祀の本質―日本的王権の原像―」角田文衛・上田正昭編『古代王権の誕生Ⅰ　東アジア編』角川書店

利根川章彦　一九九四「東国の群集墳」原島礼二・金井塚良一編『古代を考える　東国と大和王権』
豊島直博　一九九九「古墳時代における軍事組織の形成」『国家形成期の考古学』大阪大学考古学研究室
直木孝次郎　一九七五「古代史概説」『岩波講座日本歴史1　古代1』岩波書店
直木孝次郎　一九九六『日本古代国家の成立』講談社学術文庫
中井正幸　二〇〇四「二つの前方後方墳―群構成からみた東海の前方後方墳」広瀬和雄ほか編『古墳時代の政治構造―前方後円墳からのアプローチ』青木書店
中井正幸　二〇〇五『東海古墳文化の研究』雄山閣
仲正昌樹　二〇〇六『集中講義日本の現代思想―ポストモダンとは何だったのか』NHKブックス
新納　泉　二〇〇二「古墳時代の社会統合」鈴木靖民編『日本の時代史2　倭国と東アジア』吉川弘文館
西川修一　二〇〇二「南関東における古墳出現過程の評価」『月刊文化財』四七〇
西川修一　二〇〇五「東日本における古墳出現期に対する「評価」について」東北・関東前方後円墳研究会編『東日本における古墳の出現』六一書房
西川　宏　一九六四「吉備政権の性格」『日本考古学の諸問題』考古学研究会
西　研　一九九八『哲学的考察』頸草書房
西　研・佐藤幹夫　二〇〇四『哲学は何の役に立つのか』洋泉社新書
西嶋定生　一九六一「古墳と大和政権」『岡山史学』10
仁藤敦史　二〇〇四a「古代日本の世界観」『国立歴史民俗博物館研究報告』第一一九集
仁藤敦史　二〇〇四b「ヤマト王権の成立」歴史学研究会・日本史研究会編『日本史講座第1巻　東アジアにおける国家の形成』東京大学出版会
仁藤敦史　二〇〇五「第1章　古代王権の成立」歴史学研究会編『日本史史料1　古代』岩波書店
仁藤敦史　二〇〇八「六・七世紀の地域支配」広瀬和雄・仁藤敦史編『支配の古代史』学生社
仁藤敦史　二〇〇九「古代王権と「後期ミヤケ」」『国立歴史民俗博物館研究報告　古代における生産と権力とイデオ

ロギー』第一五二集
沼澤　豊　一九七八「結語」『佐倉市飯合作遺跡』（財）千葉県文化財センター
沼澤　豊　二〇〇六『前方後円墳と帆立貝古墳』雄山閣
野家啓一　二〇〇八『パラダイムとは何か―クーンの科学史革命―』講談社学術文庫
朴天秀　二〇〇七『加耶と倭』講談社選書メチエ
橋本博文　二〇〇六「古代史の舞台　板東」上原真人ほか編『列島の古代史1古代史の舞台』岩波書店
土生田純之　一九九八『黄泉国の成立』学生社
土生田純之　二〇〇六「国家形成と王墓」『考古学研究』52－4
花田勝広　二〇〇二『古代の鉄生産と渡来人―倭王権の形成と生産組織―』雄山閣
林巳奈夫　一九八九『漢代の神神』臨川書店
原島礼二　一九九四「古代東国の歴史的位置」原島礼二・金井塚良一編『古代を考える　東国と大和王権』吉川弘文館
原島礼二・石部正志・今井堯・川口勝康一九八一『巨大古墳と倭の五王』青木書店
広瀬和雄　一九八一「考古資料」『能勢町史』4
広瀬和雄　一九八三「古代の開発」『考古学研究』30－2
広瀬和雄　一九八七、一九八八「大王墓の系譜とその特質（上）（下）」『考古学研究』34－3、34－4
広瀬和雄　一九九二「前方後円墳の畿内編年」近藤義郎編『前方後円墳集成　九州編』山川出版社
広瀬和雄　二〇〇三a『前方後円墳国家』角川選書
広瀬和雄　二〇〇三b『日本考古学の通説を疑う』洋泉社新書
広瀬和雄　二〇〇三c「大和の後期前方後円墳」『シンポジウム後期古墳の諸段階』関東・東北前方後円墳研究会
広瀬和雄　二〇〇七『古墳時代政治構造の研究』塙書房
広瀬和雄　二〇〇八a「六・七世紀の民衆支配」広瀬和雄・仁藤敦史編『支配の古代史』学生社
広瀬和雄　二〇〇八b「六・七世紀の東国政治動向―上総・下総・下野・武蔵地域の横穴式石室を素材として―」『奈

良女子大学21世紀COEプログラム報告集Vol.18　古代日本の支配と文化』奈良女子大学21世紀COEプログラム古代日本形成の特質解明の研究教育拠点
広瀬和雄　二〇一〇a『カミ観念と古代国家』角川叢書
広瀬和雄　二〇一〇b「壱岐島の後・終末期古墳時代の歴史的意義―六～七世紀の外交と国境―」『国立歴史民俗博物館研究報告』第一五八集
広瀬和雄　二〇一一a「下野地域の後・終末期古墳の歴史的意義―六～七世紀の東国統治の一事例―」『国立歴史民俗博物館研究報告』第一六三集
広瀬和雄　二〇一一b「東国」『季刊考古学』一一七、雄山閣
広瀬和雄　二〇一一c「前方後円墳とはなにか」広瀬和雄・和田晴吾編『講座日本の考古学7　古墳時代（上）』青木書店
広瀬和雄　二〇一二a「東京湾岸・「香取海」沿岸の前方後円墳―五～七世紀の東国統治の一事例―」『国立歴史民俗博物館研究報告』第一六七集
広瀬和雄　二〇一二b「多摩川流域の後・終末期古墳―七世紀における東国地域の一動態―」『国立歴史民俗博物館研究報告』第一七〇集
広瀬和雄・池上悟編　二〇〇七『武蔵と相模の古墳』雄山閣
広瀬和雄・太田博之編　二〇一〇『前方後円墳の終焉』雄山閣
福永伸哉　二〇〇一『大阪大学新世紀セミナー　邪馬台国から大和政権へ』大阪大学出版会
福永伸哉　二〇〇五a「倭の国家形成とその理論的予察」前川和也・岡村秀典編『国家形成の比較研究』学生社
福永伸哉　二〇〇五b『三角縁神獣鏡の研究』大阪大学出版会
福永伸哉・岡村秀典・岸本直文・車崎正彦・小山田宏一・森下章司　二〇〇三『シンポジウム三角縁神獣鏡』学生社
藤沢　敦　二〇〇四「前方後円墳の変質」広瀬和雄ほか『古墳時代の政治構造―前方後円墳からのアプローチ』青木書店

藤沢　敦　二〇〇七「倭と蝦夷と律令国家」『史林』90－1
藤沢長治　一九六六「古墳時代研究のあゆみ」近藤義郎・藤沢長治編『日本の考古学Ⅳ　古墳時代（上）』河出書房
藤田和尊　二〇〇五「古墳時代中期における軍事組織の実態―松木武彦氏の批判文に応えつつ―」『考古学研究』41－4
藤田和尊　二〇〇六『古墳時代の王権と軍事』学生社
藤本　強　一九八八『もう二つの日本文化』東京大学出版会
北條芳隆　一九八五「墳丘に表示された前方後円墳の定式とその評価―成立当初の畿内と吉備の対比から―」『考古学研究』32－4
北條芳隆　二〇〇〇「前方後円墳と倭王権」北條芳隆・村上恭通・溝口孝司『古墳時代像を見直す』青木書店
松木武彦　一九九四「古墳時代の武器・武具および軍事組織研究の動向」『考古学研究』41－1
松木武彦　二〇〇五「日本列島の武力抗争と古代国家形成」前川和也・岡村秀典編『国家形成の比較研究』学生社
松崎元樹　二〇〇六「古墳時代終末期の地域構造―多摩川流域の石室墳および横穴墓の検討」『考古学論究』11
松本建速　二〇〇六『蝦夷の考古学』同成社
丸山真男　一九六一『日本の思想』岩波新書
右島和夫　一九九四『東国古墳時代の研究』学生社
右島和夫　一九九五「「上野型埴輪」の成立」『研究紀要』12（財）群馬県埋蔵文化財調査事業団
水野　祐　一九五四『増訂日本古代王朝史論序説』小宮山書店
水林　彪　二〇〇六『天皇制史論―本質・起源・展開』岩波書店
村上恭通　一九九八『倭人と鉄の考古学』青木書店
森　浩一編　一九九六『天皇陵古墳』大巧社
森貞次郎　一九五六「筑後国風土記逸文に見える筑紫君磐井の墳墓」『考古学雑誌』41－3（『九州の古代文化』一九八三、六興出版に所収）

森貞次郎　一九七七「古墳文化からみた磐井の反乱」『古代の地方史1』朝倉書店（『九州の古代文化』一九八三、六興出版に所収）
柳沢一男　一九九五「日向の古墳時代前期首長墓系譜とその消長」『宮崎県史研究』9
柳沢一男　二〇〇一「全南地方の栄山江型横穴式石室と前方後円墳」『朝鮮学報』79
山尾幸久　一九七四「宋書倭国伝」『東アジア民族史一』平凡社
山尾幸久　一九七七『日本国家の形成』岩波新書
山尾幸久　一九八九『古代の日朝関係』塙書房
山尾幸久　一九九九『筑紫君磐井の戦争―東アジアのなかの古代国家』新日本出版社
山尾幸久　二〇〇二「五、六世紀の日朝関係―韓国の前方後円墳の一解釈―」朝鮮学会編『前方後円墳と古代日朝関係』同成社
山尾幸久　二〇〇四「古墳時代の研究における考古学と文献学―筑紫君の統治解明との関連で―」『熊本古墳研究』2、熊本古墳研究会
山田幸弘　一九九七「畿内五大古墳群における陪塚について」『西墓山古墳―古市古墳群の調査研究報告Ⅲ―』藤井寺市教育委員会
山中　章　二〇〇三「律令国家形成前段階の研究の一視点―部民制の成立と参河湾三島の海部」広瀬和雄・仁藤敦史編『支配の古代史』学生社
山本　清　一九五九「山陰地方村落古墳の様相」『島根大学論集』9
義江彰子　二〇〇五『つくられた卑弥呼―〈女〉の創出と国家』ちくま新書
吉田　晶　一九七二「日本古代国家研究の課題」歴史科学協議会編『歴史科学大系第3巻　古代国家と奴隷制』校倉書房
吉田　晶　一九七三『日本古代国家成立史論』東京大学出版会
吉田　晶　一九九八「日本古代国家の形成過程に関する覚書―初期国家論を中心として―」吉田晶編『日本古代の国

家と村落』塙書房
吉田　晶　二〇〇五『古代日本の国家形成』新日本出版社
吉田　孝　一九八八『体系　日本の歴史3　古代国家の歩み』小学館
吉村武彦　二〇〇六「ヤマト王権と律令制国家の形成」上原真人ほか編『列島の古代史　ひと・もの・こと8　古代史の流れ』岩波書店
若狭　徹　二〇〇二「古墳時代の地域経営」『考古学研究』49－2（『古墳時代の水利社会研究』二〇〇七、学生社所収）
和田晴吾　一九九四「古墳築造の諸段階と政治的階層構成」荒木敏夫編『古代王権と交流5　ヤマト王権と交流の諸相』名著出版
和田晴吾　一九九八「古墳時代は国家段階か」都出比呂志・田中琢編『古代史の論点4　権力と国家と戦争』小学館
洪潽植　二〇〇六「壱岐の新羅土器」『双六古墳』壱岐市教育委員会
フリードリヒ・エンゲルス（戸原四郎訳）一九六五『家族・私有財産・国家の起源』岩波文庫
エルンスト・H・カントーロヴィッチ（小林公訳）一九九二『王の二つの身体』平凡社
トーマス・クーン（中山茂訳）一九七一『科学革命の構造』みすず書房
モーリス・ゴドリエ（山内昶訳）一九八六『観念と物質』法政大学出版社

**図出典**

1、3、6、7、8、14、18、22、25、31は広瀬二〇〇三a、5、9は広瀬二〇〇七、11、12、15は広瀬二〇〇八b、13は広瀬二〇一一b、17は広瀬二〇一一a、19、20、21、23、24は広瀬二〇一〇a、25は広瀬二〇〇三a、27、28、29、30は広瀬二〇〇八a、33、34、34は広瀬二〇一〇bから転載した（原図は各報告書）。4は伊達宗泰『メスリ山古墳』、小島俊次『マエ塚古墳』、10は堺市市長公室文化部文化財課編『堺の文化財　百舌鳥古墳群』、16、26は『千葉県の歴史資料編考古4』、36は高木編二〇〇二から転載した。2は各報告書から作図した。いずれも一部改変を加えている。ご實如をお願いする次第である。

# あとがき

現代に生きる人びとの歴史意識の涵養に資する歴史像、それをつくっていくことが、これからの考古学研究の重要な役割ではないでしょうか。しかし、果てしなき資料の増加と歴史観の転換という、いわば外的な要因が生じて久しいにもかかわらず、新しい歴史意識の醸成につながるような古代史像が形づくられたとはとても言えません。そこに考古学をはじめとした、古代史学界の最大の難問が横たわっているように思えます。

近年の考古学研究は――歴史学のほかの分野でも同様のようですが――著しく細分化・専門化・個別化されていますが、それらを統合するような体系的な研究への指向性が、もう少しあってもいいのではないでしょうか。そのような視座のもと、古墳時代の政治的社会構成解明へのアプローチに言及したのが本書です。

「はじめに」でも記しましたが、研究者コミュニティを覆っている共同観念が、古墳時代研究にもパラダイムとして大きく作用しています。それはつきつめてみると、何度も言ってきましたが、『日本書紀』の編年体の記述にもとづく歴史像と、〈未開―文明史観〉とでもいうべき発展史観です。したがって、既往の古墳時代像の形成に大きな役割を果たしてきたそれらに、大幅な紙数を割きました。そして、今後の見通しも若干述べました。

〈考古学研究は有効なのか〉との疑義が出されていると、いま認識すべきですが、日本考古学はそのような情況と、十分に切り結んでいないようにも見受けられます。〈課題解決型〉の学問としての意識がいささか希薄である、というのがその一つの、そして大きな原因です。あたりまえのことですが、問いのないところに解はありません。資料の増加が研究の進展を促すというのは、所詮は幻想にしかすぎません。「古墳時代とはどういう時代なのか」という問いがなければ、そして概念化と体系化を視野におさめた方法論の開拓がなければ、こうした情況はいつまでも克服されないでしょう。

本書のテーマに即して言えば、しごく当然のことになりますが、各地での前方後円墳などの首長墓系譜を分析し、画期を設定し、それらの背景を中央と地方の関係を視野におさめた相互関係で論究していく必要性があります。そうした営為が、日本考古学が培ってきた型式学という方法と、様式論的な把握にもとづいて論理化されねばならないという、きわめて常識的な対応が第一義的になるでしょう。いいかえれば、与えられた資料を型式学と様式論を武器に、論理的かつ整合的な解釈をほどこす、ということに尽きるわけです。そしてその後、文献史学などの研究成果とつき合わせながら体系的な歴史像を構築していく、そのような試みが活発になされることを期待しています。

本書は、『国立歴史民俗博物館研究報告』一五〇集（二〇〇九年三月）に掲載した、「古墳時代像再構築のための考察」に加筆・修正をほどこしたものです。出版にあたっては、同成社の佐藤涼子さんにいろいろとご配慮をいただきました。図版作成を手伝っていただいた賀来孝代さんとあわせて、深く感謝の意を表します。なお、私事にわたって恐縮ですが、単行書を出すたびにいつも本当に喜んでくれた妻弘子（闘病のかいなく二〇一二年一月二四日に五九歳で他界しました）に、本書を捧げることをお許しください。

# 古墳《こふん》時代像《じだいぞう》を再考《さいこう》する

■著者略歴■

**広瀬　和雄**（ひろせ・かずお）

1947年、京都市生まれ。

1970年、同志社大学商学部卒業。

現在、国立歴史民俗博物館名誉教授、総合研究大学院大学名誉教授。文学博士（大阪大学）。

〔主要著作論文〕

『前方後円墳国家』角川選書、2003年。

『日本考古学の通説を疑う』洋泉社、2003年。

『古墳時代政治構造の研究』塙書房、2007年。

『前方後円墳の世界』岩波新書、2010年。

『カミ観念と古代国家』角川叢書、2010年。

『講座　日本の考古学 7-8 古墳時代』（共編）青木書店、2011年。

2013年９月20日発行

著　者　広瀬和雄
発行者　山脇洋亮
組　版　㈲章友社
印　刷　モリモト印刷㈱
製　本　協栄製本㈱

発行所　東京都千代田区飯田橋４—４—８（〒102—0072）東京中央ビル内　㈱同成社
TEL　03—3239—1467　振替00140—0—20618



ISBN978-4-88621-638-0 C3021